论印度族群关系治理

关系治理

以旁遮普问题为例
（1983-1994）

谢超 著

中国社会科学出版社

图书在版编目（CIP）数据

论印度族群关系治理：以旁遮普问题为例：1983–1994／谢超著.
—北京：中国社会科学出版社，2021.5
ISBN 978 – 7 – 5203 – 7954 – 0

Ⅰ.①论…　Ⅱ.①谢…　Ⅲ.①旁遮普人—民族问题—研究—印度—
1983–1994　Ⅳ.①D735.162

中国版本图书馆 CIP 数据核字（2021）第 034210 号

出 版 人	赵剑英
责任编辑	范晨星
责任校对	王佳玉
责任印制	王　超

出　　版	中国社会科学出版社
社　　址	北京鼓楼西大街甲 158 号
邮　　编	100720
网　　址	http://www.csspw.cn
发 行 部	010 – 84083685
门 市 部	010 – 84029450
经　　销	新华书店及其他书店

印　　刷	北京明恒达印务有限公司
装　　订	廊坊市广阳区广增装订厂
版　　次	2021 年 5 月第 1 版
印　　次	2021 年 5 月第 1 次印刷

开　　本	710 × 1000　1/16
印　　张	18.5
字　　数	308 千字
定　　价	99.00 元

凡购买中国社会科学出版社图书，如有质量问题请与本社营销中心联系调换
电话:010 – 84083683

摘　　要

　　自 1947 年独立以来，印度就面临多种形式的族群问题，历届印度政府面临的巨大挑战是如何将不同民族融入统一的世俗国家框架内。应该说，印度政府在族群治理方面的成绩是不错的，在历届政府的努力下，印度的国家建设得到了相对稳定的发展，国家统一和政治制度也相对保持稳定。在 20 世纪六七十年代，印度农业发展经历了一轮绿色革命，旁遮普邦从农业技术的发展和基础设施的改善中受益良多，农业经济的大发展使得当地人均收入始终位于印度各邦排名的前列。作为旁遮普的主导族群，锡克人从中受益匪浅。但是印度政府在族群治理方面的教训也不少，20世纪 80 年代初，在印度旁遮普邦出现锡克族群与印度教族群之间的激烈冲突，持续不断的族群问题成为制约旁遮普经济和社会发展的重要因素。

　　对于任何政府来说，族群关系的治理都需要关注族群发展与国家建设之间的平衡。当政府能够争取到足够多的当地人口支持时，激进组织就无法在族群内部招募到足够的人员，以补充在政府治理行动中损失的成员；而拥有民众支持的意义则在于，虽然有了民众支持并不必然能够治理成功，但是没有民众支持是无法治理成功的。根据族群关系各方的行为方式及其对当地民众支持的影响，本研究发现应通过观察中央政府、激进组织和当地温和派的策略选择来分析治理族群问题的效果，三者的互动将影响当地民众对于当地治理和社会发展方向的选择，从而决定中央政府族群治理策略的效果。

　　根据印度政府、锡克激进组织和温和派三方策略互动对当地民众支持走向的影响，本书将印度政府治理锡克问题分为四个阶段，以揭示一个族群治理的有效路径。第一阶段是 1983 年冲突发生后到 1984 年 10 月，当时的英迪拉政府并没有充分信任地方温和派，此阶段治理行动由中央政府主导，但是英迪拉时期的"蓝星行动"和"伍德罗斯行动"并没有得到当地民众的支持。此时中央政府打击了激进组织的同时也造成严重间接伤害，旁遮普的族群问题虽然有所缓和，但是这个阶段的治理行动并没有赢得当地民众支持，大量锡克青年无辜入狱。大量失业青年人口的存在成为治理当地族群问题的主要难题。

第二阶段是1984年10月拉吉夫·甘地接任后到1987年6月。关键性的证据之一印度政府与温和派达成的《拉吉夫—隆格瓦尔协定》（以下简称《协定》），但是拉吉夫政府并没有真正执行协议，这大大降低了地方温和派在族群内部的威信，激进组织趁势发起动员。1986年1月，激进组织重新进入金庙并第一次升起象征锡克独立的"卡利斯坦"（Khalistan，即独立的锡克国家）旗帜，4月，拉吉夫政府主导执行"黑色闪电I行动"，但由于政府并没有意识到宗教问题的敏感性，行动反而加剧了族群对立，地方温和派的影响力被削弱，根本无力制约激进组织在族群内的影响力。

第三阶段是1987年6月到1991年6月。1987年6月，拉吉夫政府再次宣布对旁遮普实行"总统管制"，中央政府行使宪法权力直接控制地方政府，拉吉夫政府决定放手让自己选择的地方政府发挥主导作用，关键性的证据是任命自己属意的旁遮普警察局局长吉尔（K. P. S. Gill），以及1988年4月吉尔发起的"黑色闪电Ⅱ行动"。整个行动体现了温和派同族群优势，当地警察特地邀请了当地电视台记者旁观并向普通民众直播政府的行动过程，展示了激进组织是如何利用神圣的宗教场所从事犯罪活动的。当地警方行动和当地媒体的介入赢得了锡克民众的支持，但是由于此时温和派警力有限，无法发起大规模的治理行动，族群问题仍没有得到根本治理。

第四阶段是1991年6月纳拉辛哈·拉奥（P. V. Narasimha Rao，1991年6月21日—1996年5月16日任印度总理）上任到1994年，关键性的证据是拉奥重新启用了此前被免职的吉尔担任旁遮普警察局局长。拉奥政府及时调整了在旁遮普的族群治理策略，强调信任和依靠旁遮普地方温和派，并提供了各种资源和政策支持。在吉尔的主导下，地方温和派经历了一个实力快速提升的过程，地方警察的数量得到极大的扩充，大量锡克年轻人被吸纳进入警察队伍，解决了青年人就业的同时也减少了激进组织对他们的吸引力。此次温和派主导的治理行动完全地发挥了同族群优势，此时开展的两个阶段"保护者行动",有效地打击了激进组织的有生力量,旁遮普的族群问题得到了初步解决。

长时期的族群紧张关系制约了旁遮普的经济和社会发展。在印度于20世纪90年代初开启经济自由化改革之后,旁遮普邦以农业为主的经济模式使得地方经济逐渐掉队,地方经济排名开始落后于相邻的哈里亚纳邦和喜马偕尔邦;到2012—2013年度旁遮普邦人均收入已经远落后于这两个邦,在全国的排名更是靠后。随着印度工业的逐渐发展,旁遮普与其他邦的经济差距在逐步扩大,锡克人当年的担心正成为现实。如何将旁遮普纳入印度经济发展的现行轨道,加大旁遮普与印度国家体系的融合程度,从而有效地化解当地民众对于族群命运和自身福祉的担忧,成为考验印度政府治理能力的现实问题。

关键词:锡克教原教旨主义;锡克问题;央地关系;族群治理;族群发展

缩 略 语

Akal Takht，永恒王座，锡克教五大王座中宗教地位最高的寺庙

Akali，阿卡利运动（意思是不死运动）

Akhand Kirtani Jatha，华嘉·辛格（Fuaja Singh）领导的锡克教激进派别

All India Sikh Student Federation（AISSF），全印锡克学生联合会

Amritdhari，哈尔萨践行者（参见 Khalsa 词条）

Anandpur Sahib，印度旁遮普邦的阿南德普尔萨希布

Anandpur Sahib Resolution，《阿南德普尔萨希布决议》

Baba，精神导师、睿智的

Babbar Khalsa，巴巴尔·哈尔萨

Babbar Khalsa International（BKI），巴巴尔·哈尔萨国际

Babri Majid，巴布里清真寺

Bhook hartal，绝食

Bhindranwale Tigers Force（BTF），宾德兰瓦里猛虎组织

Blue Star，蓝星行动

Border Security Force（BSF），边防安全部队

Brahmā，梵，是印度教所宣扬的宇宙灵魂

Central Bureau of Intelligence（CBI），印度中央情报局

Counter-Insurgency（COIN），反叛乱

Damdami Taksal，宾德兰瓦里领导的锡克教激进派别

Guru，上师，也称古鲁（锡克教导师或领袖）

Guru Granth Sahib，锡经圣典

Harmandir Sahib（也称 Darbar Sahib），哈尔曼迪尔·萨希卜，非正式

俗称为金庙

　　Home Guards，地方志愿军

　　Intelligence Bureau（IB），印度情报局

　　International Sikh Youth Federation（ISYF），国际锡克教青年联盟

　　Janata Party，人民党

　　Jana Sangh，人民同盟

　　Jathedar，锡克教五大王座的主事者，决定

　　Jathedar，（锡克寺庙）主事

　　Jats，贾特人

　　Keshdhari，指（锡克人中的）不剃发者

　　Khalsa，卡尔萨，又称哈尔萨，意为真正纯洁的组织，是一种锡克教内部准军事教团组织

　　Khalistan Commando Force（KCF），卡利斯坦突击队

　　Khalistan Liberation Force（KLF），卡利斯坦解放力量

　　Langar，（锡克教寺庙的）厨房、（免费）食堂

　　morcha，抗议

　　Nirankaris，尼朗迦利斯派（又称"无形派"），创始人巴巴·达耶尔（Baba Dayal，1783—1854 年）

　　Operation Rakhshak I and II，保卫者 I 行动和保卫者 II 行动

　　panchayats，"潘查亚特"，即乡村治理委员会

　　Pangat，共餐，锡克教徒聚会或在上师家中的聚集。所有人不论地位高低、家庭贫富，同坐在一块空地一起进餐，吃同样的食物。共餐所需的费用由教徒自愿奉献

　　Panth/pʌnθ/the Sikh community，锡克教社区

　　Panthic Committee，宗教委员会

　　Punjab Commandos，旁遮普突击队

　　Punjabi Suba movement，"旁遮普语建邦运动"

　　Rakshak I and II，守护者 I 和守护者 II 行动

　　Research and Analysis Wing（RAW），印度调查分析局

　　Sarbat Khalsa，哈尔萨大会，一般每两年举行一次，就锡克教重大事务做出决策

Special Police Officers（SPOs），特别警察

Takht，王座，锡克教中一共有五大王座寺庙，宗教地位高于其他普通锡克寺庙

the Armed Forces Special Powers Act（AFSPA），《武装力量特别权力法案》

the Dharam Yudh Morcha，"为正义而战"抗争运动

the Shiromani Akali Dal，最高阿卡利党

the Shiromani Gurdwara Prabandhak Committee（SGPC），最高锡克教寺庙管理委员会

目　　录

图表目录

第 一 章

锡克问题的缘起与既有解释

印度的旁遮普邦位于印度北部，是传统意义上的大旁遮普的一部分。印巴分治期间，大旁遮普被分为印巴两个部分，其中巴基斯坦旁遮普省继承了大部分工业基础，印度旁遮普邦则保留了农业的传统主导地位。1966年，印度旁遮普邦经历了分邦，分邦之后的新旁遮普邦（下文简称旁遮普或旁遮普邦）成为一个锡克人口占多数的地区。大约在15世纪锡克教产生于原旁遮普地区，与其他古老宗教相比属于相对现代的宗教。随着当地人口的迁徙，锡克人也进入欧洲和美洲等一些国家生活，海外锡克人成为锡克族群的重要组成部分。尽管如此，旁遮普邦始终被认为是锡克人共同的家园。

旁遮普邦北部与印控克什米尔地区相邻，东北部与喜马偕尔邦接壤，南部则是哈里亚纳邦和拉贾斯坦邦，其中喜马偕尔和哈里亚纳是1966年旁遮普建邦运动后新成立的邦。根据当时印度政府批准的分邦方案，原旁遮普邦是按照语言原则，根据印地语、旁遮普语和山地三个区域，被一分为三，新成立的旁遮普邦成为锡克教群众为主体族群的地方邦。新旁遮普邦的首府昌迪加尔被确认为联邦直辖地（Union Territory），只不过昌迪加尔同时也是哈里亚纳邦的首府，即两个邦共享一个行政首府。

第一节　研究背景和问题

根据印度人口登记与调查委员会（2011年）的人口统计，旁遮普邦总人口达到2770万人，其中信奉锡克教的人口占57.69%，约1600万人；信奉印度教的人口占38.49%，约1068万人；其他宗教信仰人口包括伊斯兰教、佛教、基督教和耆那教等。锡克教人口的分布的特点还在于海外锡克人的数量比较大，除了旁遮普作为锡克教的大本营之外，约有四分之一的锡克人生活在旁遮普之外，其中大量锡克教徒（约150万人）生活在印度国土之外，成为海外印度人的重要组成部分。① 在旁遮普，锡克人是多数族群，从印度全国范围来看，锡克人又是绝对的少数族群，这也造就了印度国内政治中独特的锡克人地位问题。无论是历史上，还是如今的锡克人地位问题，都是印度联邦政治中的重要问题，锡克人一直以来的奋斗目标是在印度联邦范围内争取更大的自治权。

在2016年5月的一次采访中，加拿大总理特鲁多表示，加拿大现任内阁中，锡克成员的数量比印度莫迪组建的内阁还要多。当时，特鲁多内阁成员有4名锡克人，而且是担任着包括国防部部长等重要部门的首脑，另外在议会中，锡克议员的数量达到17名；而当时印度莫迪政府，只任命了区区两名锡克人担任内阁成员。② 特鲁多的表态，体现了锡克人在加拿大的社会地位很高，还反映了海外锡克人关心印度同胞境遇的传统。他们往往通过所在国政府施压印度政府调整少数族群政策，这种施压效果与他们所在国的社会地位也有关系，加拿大是海外锡克人发展比较好的例子之一。

在加拿大的锡克人对当地政府有着比较大的影响力。例如，2015年4月当印度总理莫迪开始其就任以来对加拿大的首次国事访问时，加拿大境内的锡克教人权组织就举行了抗议游行，要求加拿大政府调查莫迪在2002年古吉拉特邦族群骚乱③中的失职行为。④ 2002年时，莫迪正担任古吉拉特邦首席部长，他领导的邦政府被指控对骚乱采取不作为政策甚至纵

---

① Shinder Purewal, *Sikh Ethnonationalism and the Political Economy of Punjab*, New Delhi：Oxford University Press，2000，p. 3.

② "I Have More Sikhs in My Cabinet than Modi：Canadian PM Trudeau", *The Indian Express*, March 13，2016.

③ 在印度政治研究背景下的"民主悬停"，指的是2002年2月27日开始发生在印度西部古吉拉特邦的族群骚乱，这也是印度发生的最严重族群冲突之一。根据官方数据，骚乱导致790名穆斯林和254名印度教徒死亡，另外还造成2500受伤，223人失踪。（"Gujarat riot death toll revealed"，BBC，May 11，2005）。

④ "Sikh Human Rights Group Pushes for Charges Against Indian PM", *Toronto Star*, Apr. 9，2015；"Sikh group seeks prosecution of Modi in Canada", *India Today*, Apr. 9，2015.

容袭击事件，造成上千人死亡和数千人受伤。[①] 历届印度政府都把锡克问题和锡克人地位问题当作外国政府不许染指的纯内政问题，莫迪政府对加拿大时不时地就这些问题在国际上发表看法的行为颇为不满。

　　为了扭转在锡克问题上的被动局面，印度情报部门发起反击，通过媒体指控加拿大容许境内设立锡克武装分子训练营。印度情报部门指出，在加拿大境内受训后的锡克激进分子，潜回旁遮普之后策划恐怖袭击事件，因此向加拿大提出严正交涉，要求后者采取措施，严厉管控和打击其境内的反印度政府组织。[②] 印度和加拿大之间关于锡克问题的交锋，为本就不顺的双边关系增添不确定因素的同时，也在提醒人们曾经肆虐印度旁遮普邦的锡克族群武装分离主义问题，当时兴起的锡克问题贯穿 20 世纪 80 年代并延续至 20 世纪 90 年代初，印度政府的治理过程历经十几年才得以基本恢复当地秩序。

　　实际上，锡克问题并不是印度面临的唯一族群治理问题。自 1947 年独立以来，印度就面临多种形式的族群问题，如何将不同民族融入统一的世俗国家框架内，是历届印度政府面临的巨大挑战。应该说，印度政府的应对成绩是不错的，因为至少在历届政府的努力下，除了在较少时间内出现民主悬停之外，印度的国家建设得到了相对稳定的发展，国家统一和政治制度也相对保持稳定。[③] 即便如此，印度的国家统一始终面临威胁，粗略估计印度曾经活跃过和正在活跃的武装叛乱多达 30 多起。无论是在历史上，还是在当前，印度政府在族群冲突领域的经验和教训，对于族群治理和治理问题研究都很有借鉴价值。

　　与其他多民族国家类似，印度面临的分离主义冲突问题往往受到政治、社会、经济和宗教等因素的交叉影响，冲突的性质和规模也因而不同。20 世纪 80 年代早期，印度旁遮普邦的锡克民众掀起了一场地区自治

---

　　① "Gujarat Riot Death Toll Revealed", BBC, May 11, 2005.

　　② "Khalistan Terror Camp in Canada Plotting Attacks in Punjab: India to Trudeau Govt", *The Times of India*, May 30, 2016.

　　③ 指的是 1975 年 6 月 25 日—1977 年 3 月 21 日的紧急状态。根据印度宪法第 325（1）款之规定，印度政府宣布由于面临国内危机而实施紧急状态。紧急状态下，印度民主制度陷入危机，选举被停止，英迪拉趁机把许多政敌送进监狱。政府还加强了对媒体报道的审查，这被认为是印度独立以来最具争议性的时期。Ramachandra Guha, *India After Gandhi: The History of the World's Largest Democracy*, London: Macmillan, 2007, pp. 493 – 521.

运动，但随后印度政府的强硬策略反而激起当地民众情绪的强烈反弹，导致在争取自治权运动之外，锡克教极端分离主义势力得以快速发展，最终演变成一场建立独立的锡克教"卡利斯坦"（Khalistan）国的武装分离主义运动。考虑到旁遮普地区当时刚经历了 20 年的农业大发展，包括锡克人在内的旁遮普已经发展成为印度最为富足的地区之一，在旁遮普被称为印度国家建设的样板地区的时候，这种从和平到冲突的转变让人诧异。

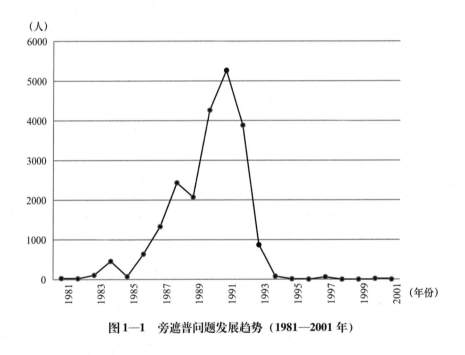

图1—1　旁遮普问题发展趋势（1981—2001 年）

同样让人诧异的，还有袭击活动在相对较短的时间就造成了巨大的伤亡。与族群治理有关的袭击活动集中出现在 20 世纪 80 年代和 90 年代初，而且伤亡者大部分是平民。有关统计数据显示（如图 1—1），从 1981 年旁遮普开始有组织地出现恐怖袭击活动开始计算，到 1993 年锡克冲突被认为实质性地平息，共造成了 21443 人死亡（包括 11694 名平民，1746 名武装部队士兵，8003 名激进分子）。本研究还注意到，旁遮普问题只是印度曾经出现和仍在活动的诸多冲突之一，但其活动轨迹表明主要的伤亡集中出现在较短时间内，例如 1983 年，冲突导致的年死亡人数首次超过100 人（当年死亡人数 108 人），第二年上升到 456 人，在 1985 年曾短暂下降到 73 人，但自此以后，死亡人数持续上升，从 1986 年的 636 人，在 1991 年达到最高值，当年共造成 5265 人死亡。

这场运动的另一个特点是能够在相对较短的时间内平息。1993 年恐怖袭击共造成 871 人死亡，这是这场冲突中最后一次能造成 100 人以上年死亡人数的年份，此后虽然还有零星的袭击出现，但成组织、成规模的袭击已经不再出现，已经符合冲突被平息的判断标准。但是正如这场运动本身从和平到冲突的过程让人惊讶一样，从冲突到和平的转变同样让人惊讶，在伤亡人数达到顶峰之后，冲突形势开始快速缓和，在此之后三年不到的时间内就接近平息状态。从世界范围对比来看，这场冲突最终能够相对彻底地得到平息，而且当地社会秩序能够回归正常，这是了不起的成绩。印度政府锡克问题治理战略的成功经验也因此被印度其他地区借鉴，例如印度东北部一些冲突活动旷日持久，恐怖袭击绵延不绝，而旁遮普问题取得的成功也是相对彻底的，即使在世界范围内对比，也可以被列入少数能够治理成功的案例之列。

面对严重的族群问题，人们有必要思考为什么武装分离主义运动在旁遮普消失得如此突然，人们似乎对于当初的斗士们没有任何的同情或眷恋。[①] 显然从锡克教群体的政治愿景，或者是传统的经济、阶级或政治分析等路径无法充分解释，因为整个运动前后，以上因素对应的很多客观条件并没有发生改变，在冲突平息之后，人们认为的那些导致分离主义运动发生的原因也并没有消除，甚至其中某些因素还有所增强。从政治制度方面来看，印度实行的是联邦制度，但冲突解决文献对于联邦制度保持和平的能力存在不同解读。一些学者认为联邦制度可以纳入国家和地方行为体双方的政治诉求，从而有助于维持两者之间的关系，另一些学者则认为联邦制度倾向于导致国内冲突或国家分裂。而且不容忽略的一个事实是，有些联邦制国家在避免国内分离冲突时做得很好，例如加拿大和美国，有一些则面临较多的冲突，例如俄罗斯，但即使是俄罗斯联邦，考虑到它包括多达 83 个地区，与大部分地方政府的关系良好，只是在车臣和其他几个地区面临分离主义冲突。

---

① Harish K. Puri, Paranmjit Singh Judge and Jarup Singh Sekhon, *Terrorism in Punjab: Understanding Grassroots Reality*, New Delhi: Har Anand Publications, 1999.

本研究认为应该从这些国家在治理成功时的策略角度，聚焦在哪些策略条件更有利于帮助治理成功。因此，本研究重点是从印度政府的族群治理策略的角度出发，研究锡克问题得以平息的策略条件。要回答这个问题，应该在理解锡克问题是如何由和平走向冲突，又是如何由冲突实现和平的基础上，充分理解印度政府锡克问题治理策略的演变过程，以及在此过程中与激进组织、当地温和派之间策略选择的互动关系。印度政府诸多族群治理实践的分化结果，使得研究其在锡克问题治理上的策略选择具备怎样的特征尤其重要，特别是分析其策略成功的外部条件，包括但不限于当地族群中不同派别的策略选择，有利于对印度政府锡克问题治理做出更加切合实际的理论总结。

锡克问题的治理策略之所以值得深入研究，还在于锡克教群体在短时间内经历了较激烈的身份认同变化。分离主义冲突造成的锡克教民族主义身份认同，其产生和发展是在较短时间内完成的，袭击活动随之出现并迅速增加，但是这种极端分离主义身份认同并没有持续很长时间。因此需要理解为何这一身份认同持续时间较短，虽然建立卡利斯坦是锡克教民族主义身份认同的重要方面，但是这一身份认同从明确提出到基本消亡，只经历了相对较短的十几年时间。印度政府的族群治理实践在改变当地族群身份认同上发挥怎样的作用，也是一个非常有意义的研究问题。

第二节　关键术语的定义

本节将对研究中主要涉及的核心概念进行界定和定义。首先是对不同族群冲突类型的区分，从而确定本研究涉及冲突类型和案例选择的标准，这有利于本研究将要展开的分析。其次是明确区别族群叛乱治理打击和无区别打击，在冲突已经发生的情况下，不同行为体的打击/袭击策略不同，特别是双方策略的互动和角力，将对民众支持的走向产生不同的影响，对此进行严格的定义将有助于确定文章的讨论边界。最后，本节还明确族群人口的分类和冲突取值，前者的目的是为了区分族群治理涉及的各类行为体，后者的目的是为衡量和区分族群治理的不同结果。

本书研究少数族群冲突的治理问题。族群冲突区别于殖民冲突和意识形态冲突，殖民冲突指的是第一次世界大战前后，持续到第二次世界大战后的宗主国或宗主国派驻殖民地的政府代表打击殖民地冲突的战争，当地出现的这种冲突往往以争取民族独立为目标；意识形态革命主要指的是冷战前后一些国家政权打击国内出现的意识形态革命，这种革命往往以推翻既有政权为目标；族群叛乱，或者称作族群武装分离主义，表现为少数族群对集聚区域提出主权要求，导致中央政府武力打击的武装分离主义冲突。① 对于殖民冲突来说，虽然面临的对手是更加强大的宗主国或其支持的武装力量，但由于民众支持带来的合法性优势和接受高伤亡的政治决心，大部分殖民地人民最终赢得了民族独立。意识形态冲突需要面对一个决心维持现状的保守政权，后者往往还保有一定的合法性优势，以及更好的政治和军事组织优势，因此，在相同条件下，意识形态革命成功的可能性要低于殖民地取得独立。

族群冲突兼具殖民冲突和意识形态冲突的特点：首先，与殖民冲突相似，族群激进组织在当地族群中拥有较大号召力和合法性优势，更容易获得当地民众的支持；其次，与意识形态冲突相似，族群武装分离主义面临的是一个很难在主权问题做出让步的中央政府，后者有维护国家领土完整的决心，拥有主体族群的支持，使得它可以在较长时间内承受较高的战争成本。因此，族群叛乱往往需要面对政府的强力打击，冲突结果也因政府应对措施而不同。

族群武装分离主义还区别于宗教恐怖主义。两者的相同之处在于行动主体都可能采取恐怖主义手段，当族群分离主义采取激进手段时也被称为族群恐怖主义，但此时的族群分离主义与宗教恐怖主义在根本目标上也是不同的。族群分离主义的目标强调族群独立建国或者高度自治，后者的目标是建立宗教共同体，这样的宗教共同体往往具备跨国界的特征，例如当前活跃在叙利亚和伊拉克等国家的"伊斯兰国"（ISIS），强调所谓"哈里发"国家属性，目标是建立跨国的穆斯林共同体（即"乌玛"，Umma）。② 而即便在那些涉及宗教身份认同的族群冲突中，"宗教也只是族群身份认同的标志之一"。③ 例如，巴勒斯坦国家权力机构主席哈巴斯，

---

① Shale Horowitz and Deepti Sharma, "Democracies Fighting Ethnic Insurgencies: Evidence from India", *Studies in Conflict & Terrorism*, Vol. 3 No. 8 (2008), p. 750.

② 刘中民，俞海杰：《"伊斯兰国"的极端主义意识形态探析》，《西亚非洲》2016 年第 3 期，第 41—61 页。

③ Bruce Hoffman, *Inside Terrorism*, New York: Colombia University Press, 2006, pp. 88-89.

乃至竞争对手哈马斯（Hamas）领导人都强调独立建国的目标，但并不包含建立跨国的穆斯林共同体目标。[①] 在印度，20 世纪 80 年代开始持续到 90 年代初的锡克武装分离主义冲突也属于族群分离主义冲突，当时锡克人的目标是建立自己的国家。还有一些具备宗教特征的族群冲突目标低于独立建国，只是希望建立一定程度的自治实体，例如摩洛伊斯兰解放阵线（又名莫洛伊斯兰解放阵线，Moro Islamic Liberation Front），这是菲律宾最大的穆斯林反政府民族武装组织，自 20 世纪 80 年代以来一直致力于在棉兰老地区建立一个"次国家"政府，最终菲律宾政府于 2012 年 4 月同意在当地建立一个内阁式的政府，但其国防、外交、外贸和货币政策等权力仍归菲律宾政府。[②] 对以上概念的区分有助于理解族群武装分离主义的治理。

本研究把冲突地区的人口分为激进组织、温和派和其他民众。激进组织是族群内支持并采用武力实现族群独立或高度自治目标的极端派所成立的武装组织，温和派指的是族群内能够对族群事务发挥一定影响力的政治和经济精英，他们可能支持族群独立、高度自治或留在国家体系内，因此温和派与激进组织的根本区别不在于所持的思想，而在于行为的不同，也就是说，拿起武器反对独立、支持独立但拒绝拿起武器付诸行动，都属于本书所指称的温和派范畴。那些不仅持有独立思想还已经拿起武器追求目标的激进分子，属于与温和派向对立的极端的激进组织范畴。其他民众指族群内非精英的平民，在更广泛的情况下本研究所指称的民众也包括生活在冲突地区的其他族群平民。当地民众的遭遇将影响他们对于政府行动的社会支持，也影响他们对激进分子的态度，前者关系到政府族群治理策略能否有效执行，后者关系到极端组织能否招募新的成员。

本研究重点研究印度政府为何能够成功治理锡克问题。20 世纪 80 年代，旁遮普的锡克问题成为制约印度社会发展和国家建设的重大问题，印度政府在族群治理策略的选择上有着很多教训和经验。在展

---

① Jerry Mark Long and Alex S. Wilner, "Delegitimizing al-Qaida: Defeating an 'Army Whose Men Love Death'", *International Security*, Vol. 39 No. 1 (2014), p. 160.

② 《菲律宾同意反政府武装建"次国家"》，环球网，2012 年 4 月 26 日，http://world. huanqiu. com/roll/2012 – 04/2667323. html。

开本研究的分析之前，有必要回顾既有文献是如何回答这一问题的。在有关文献中，宗教文化论强调冲突主体的宗教特征，即锡克人的宗教文化特点容易产生内部分裂，从而有利于印度政府治理成功。政治竞争论将视角聚焦于当时的主导政党国大党与旁遮普地方政党阿卡利党之间的竞争，以及阿卡利党内部不同派别之间的竞争，有竞争就有可能合作，最终和平谈判的方式为各方所接受。政党竞争论突出强调印度的联邦制度带来的协调机制，联邦制度有利于化解国大党与旁遮普地方政党阿卡利党之间的政治竞争。社会经济论则从经济角度审视旁遮普问题，族群问题是因经济因素而起，最终也因经济因素而平息，族群关系在经济发展的需求面前得到调和。外部干预论则是将印度国内问题归咎于外部力量，当印度政府掐断外部力量对锡克问题的支持，锡克问题也因此而平息。本章将总结以上观点并指出其中的不足，从而在下一章引出本书将要提出的解释框架。

第三节　既有解释之宗教文化论

宗教文化论强调锡克教的宗教文化特征，特别是锡克教原教旨主义与多元文化之间的矛盾，导致锡克内部难以团结一致实现特定政治目标。这类观点认为锡克族群的宗教文化特性也表现在族群问题上，锡克温和派与激进组织之间对于族群未来地位和维护族群利益的方式存在严重的分歧，并最终演变成一场族群内部斗争。

著名人类学家乔伊斯·佩蒂格鲁（Joyce Pettigrew）1995 年及以后的系列著作是有关研究的必读文献。佩蒂格鲁的研究系统地揭示了当时锡克分权运动是如何在宗教极端势力的裹挟之下走向武装分离主义道路的，他提出锡克内部不仅存在温和派与激进派之分，激进派别之间也存在难以调和的内部矛盾，这导致激进组织之间难以团结，在族群未来路径选择上的分歧难以调和，无法形成一股团结一致的力量。佩蒂格鲁指出，随着温和派在与印度政府关于地方分权的谈判中进展缓慢，激进势力在族群中的影响力开始上升，双方在关于族群未来的方向上存在分歧，正是在激进势力与温和派螺旋式上升的竞争势头中，激进思想得以生根发芽。① 至于锡克问题为何最终得到治理，他认为，激进组织主要是通过锡克教民族主义来争取锡克农村人口的支持，但是由于锡克教文化，特别是贾特人传统中强调的多元主义，使得锡克教内部派别林立，无法形成一个统一的合力，即内部不同派别之间的竞争削弱了激进组织团结和吸引更广大人群支持的能力，最终导致激进组织失败。② 佩蒂格鲁的观点也代表了早期的锡克问题研究专家们是如何从锡克人的宗教和文化看待他们在这场武装分离主义运动中走向消亡的过程的。

剑桥大学发展研究中心教授哈尼克·多尔详细回顾了宗教和锡克教民族主义对于锡克民众身份认同的影响，特别是自从1965年以来，锡克民众在争取更多地方自治权方面发起了多次重大政治运动，及至最后的武装分离主义冲突。③ 多尔认为在激进组织中占主导地位的贾特人属于锡克农民阶层，他们缺少取得独立所需的组织性，再加上内部派别争斗，使得激进运动最终走向失败。多尔认为，族群民族主义运动能够取得成功的关键在于争取民众的支持，特别是族群内不同阶层民众的一致支持，显然锡克激进组织在这一点上做得还不够好。多尔发现，在锡克问题的案例中，锡克教领导层和锡克精英之间有着强大的体制联系，主导了族群现有的政治和经济结构安排，使得他们无法支持一个旨在建立一个独立锡克国家的运动。④ 锡克人在宗教和文化上的这些特点，使得锡克激进组织在组织之间存在竞争，无法将族群民众团结动员到一个共同目标之下。

美国加利福尼亚大学伯克利分校的吉玛教授也注意到，阿卡利党在处理与国大党及其控制下的印度政府的关系时的不同立场。在冲突发生之

---

① Joyce Pettigrew, "Betrayal and Nation-building Among the Sikh", *Journal of Commonwealth and Comparative Politics*, Vol. 29 No. 1 (1991), pp. 25 – 43; "Martyrdom and Guerilla Organisation in Punjab", *Journal of Commonwealth and Comparative Politics*, Vol. 30 No. 3 (1992), pp. 387 – 406.

② 关于锡克激进组织之间的竞争，可参见佩蒂格鲁在旁遮普的实地调研之后撰写的代表作，Joyce Pettigrew, *The Sikhs of the Punjab: Unheard Voices of State and Guerrilla Violence*, London: Zed Books Ltd., 1995。

③ Harnik Deol, *Religion and Nationalism in India: The Case of the Punjab*, 1960 – 1995, London: Routledge, 2000.

④ Harnik Deol, *Religion and Nationalism in India: The Case of the Punjab*, 1960 – 1995, London: Routledge, 2000, pp. 175 – 176.

前，当时的阿卡利党选择与国大党的竞争对手合作，使得阿卡利党在当地的影响力日益上升，因此不得不面临英迪拉及其领导的国大党政府的不断打压，阿卡利党因此才开始了更具攻击性的族群动员。[①] 吉玛教授强调少数族群的分离运动能否成功取决于运动领导人与国家领导之间的互动，他们的行为受到结构压力的制约，同时自身行为和决策造成的影响最终将传导至族群与印度政府之间的关系上。[②] 在拉吉夫时期达成的《拉吉夫—隆格瓦尔协定》（Rajiv-Longowal Accord）中，印度政府做出的让步十分有限，这反而使得阿卡利党代表的温和派对与印度政府合作十分迟疑，也变相加强了极端分子的政治吸引力，温和派主张因此受到极端势力的更多诘难。主张谈判的温和派并没有能得到印度政府的有力支持，随着极端分子加大对温和派势力的打压和袭击，特别是隆格瓦尔的遇刺身亡，使得温和派的声音逐渐消失。缺少了当地温和派的支持，印度政府的打击策略无法得到有效执行，冲突势头并没有被有效遏止，只有当温和派在阿卡利党内部斗争中逐渐占据上风，在锡克族群中的影响力逐渐回升之后，分离运动的势头才最终得到遏制。

吉玛教授在锡克问题的研究上有着众多权威著作，他也认为锡克武装分离主义组织受到自身宗教和文化的影响，使得内部之间的斗争和分歧不断，无法保持激进组织之间意识形态的一致性，当这种内部分裂被印度政府发现和利用之时，激进运动走向衰亡就成为必然。吉玛指出，当时阿卡利党开展的各种抗议（morcha）活动，为锡克族群中的极端势力开展民众动员提供了基础条件，特别是在"蓝星行动"之前，锡克分离主义运动的最大特点是内部相对保持团结，团结的核心就是宾德兰瓦里。吉尔发现，作为前期锡克极端运动公认的领导人，宾德兰瓦里极具个人魅力，受到很多锡克人的欢迎。但是宾德兰瓦里在"蓝星行动"中被政府军击毙，不过在"蓝星行动"结束后的初期，锡克分离主义运动仍保持着团结，代替宾德兰瓦里领导地位的是一群人，他们来自一些"合法的"锡克极

[①] Jugdep S. Chima, "The Punjab Crisis: Governmental Centralization and Akali-Center Relations", *Asian Survey*, Vol. 34 No. 10 (1994), pp. 847 – 862.

[②] Jugdep S. Chima, *The Sikh Separatist Insurgency in India: Political Leadership and Ethnonationalist Movements*, New Delhi: Sage Publications, 2010.

端组织，对分离运动普遍持同情态度。这些人代表各自极端组织，组成了"宗教委员会"（Panthic Committee），在一段时间内为激进分子提供政治支持和帮助在锡克民众进行政治宣传，在一定程度上保持了激进组织之间的意识形态团结。但是随着极端势力内部的派别分立和新的激进组织不断出现，到20世纪80年代末期，在明面活动的锡克极端组织和在地下活动的锡克武装派别之间的分歧开始增加，宗教委员会内部也面临分裂，无法再继续在分离主义这个意识形态层面上保持一致，这也导致锡克问题进入群龙无首的阶段，最终被政府各个击破，激进运动走向衰亡。

实际情况也在一定程度上支持了宗教文化论的主要观点。到20世纪90年代初，"极端组织"已经分化为5个相互竞争的组织，武装派别分化为9个独立的武装组织，并且这9个组织之间又分为4个相互竞争的联盟。① 激进组织陷入相互乱斗，不同组织和联邦之间的武力争斗还一直延伸到村庄，到最后不同激进组织之间冲突的频率甚至已经超越他们与政府武装力量之间的冲突。到1991年年中，激进组织内斗的情况已经非常严重，甚至使得很多锡克政治领导人都搬离旁遮普，以便让锡克激进分子之间好好进行内斗。用一位警察局发展的线人的话说，"到90年代初，该发生都已经发生。他们（指的是激进分子）自相残杀，他们是不可能实现卡利斯坦的目标……人们（指的是锡克民众）也已经与他们决裂"；对于旁遮普警方来说，激进组织完全失去了政治和军事凝聚力，族群治理迎来了最好的机会。用一位曾经在旁遮普服役的军官的话说，"事实是锡克民众开始疏远激进分子，但是其中原因与治理行动无关。安全部门最终能够取得胜利，是因为族群治理规划之外的运气因素"。②

总体来看，宗教文化论注意到锡克教多元文化带来的内部派别争斗，及其对于激进组织发起的分离主义事业带来的负面影响，因此在理解锡克问题如何兴起和消亡时，宗教文化论具有重要的参考价值。通过借助对政治和宗教领导人以及激进组织领导人的个体层次分析，特别是在此理论引

---

① Jugdep S. Chima, *The Sikh Separatist Insurgency in India：Political Leadership and Ethnonationalist Movements*, New Delhi：Sage Publications, 2010, p. 202.

② 转引自 Jugdep S. Chima, "The Punjab Police and Counterinsurgency against Sikh Militants in India", in C. Christine Fair and Sumit Ganguly eds., *Policing Insurgencies：Cops as Counterinsurgents*, New Delhi：Oxford University Press, 2014, pp. 262 – 263。

领下，不同学者深入挖掘锡克问题内部之间的竞争，相关研究揭示了激进组织的内部纷争情况，以及政府部门是如何利用激进运动内部分裂而开展治理行动并最终取得一系列重大胜利的。

但是宗教文化论的局限性也是十分明显的。首先，锡克人的内部竞争一直就有，尽管如此，锡克人仍能掀起声势浩大的冲突，这本身就证明这种内部分裂并不必然导致激进运动失败。例如，宾德兰瓦里他个人就是作为时任印度总理英迪拉分化锡克人的工具而起家的，关于英迪拉及其国大党政府有意培植宾德兰瓦里作为与阿卡利党开展党争的工具，人们有很多猜测，[①] 因为正是在宾德兰瓦里受到谋杀指控的几次关键时刻，国大党政府及时地伸出了援手。但是冲突的兴起证明国大党的这种分化策略是失败的，正是宾德兰瓦里的存在，使得作为温和派代表的阿卡利党的立场也出现某种程度的极端化，至少是比之前的温和立场更加强硬，因此从某种程度上来看，当时族群内部不同观点之间的竞争是有利于激进组织进行民众动员的。

其次，宗教文化论还面临相互冲突的逻辑论点。持相关论点的很多著作都提到，锡克问题初期是有着相对一致的意识形态追求的，即建立卡利斯坦，也是有一个相对核心的领袖即宾德兰瓦里的，而并不是一盘散沙，而且宾德兰瓦里在"蓝星行动"中被击毙之后，激进组织并没有因此失去领导力，相反这种领导通过"宗教委员会"的形式实现了一定程度的制度化，即激进运动不再仅仅依赖于特定个人。实际情况也是如此，激进组织之间存在协调。有关研究显示，在当时的旁遮普，至少有 3 个宗教委员会在发挥协调作用，行使保持锡克人内部团结的功能。[②] 这也就说明在多种情况下，锡克教内部都存在克服内部分裂的能力，在这场武装分离主义冲突中的大部分时间里也都出现过，因此宗教文化论需要进一步解释为何激进运动在后期就突然陷入内部分裂并失去锡克民众支持的。同时对于宾德兰瓦里所发挥的作用，本研究认为虽然他的确是锡克教原教旨主义和

---

① Kuldip Nayar and Khushwant Singh, *Tragedy of Punjub: Operation Bluestar and After*, New Delhi: South Asia Books, 1985, pp. 57 – 61.

② Anne Noronha Dos Santos, *Military Intervention and Secession in South Asia: the Cases of Bangladesh, Sri Lanka, Kashmir, and Punjab*, Connecticut: Greenwood Publishing Group, 2007, p. 110.

袭击活动的代表人物，但是需要注意的事实是关于建立锡克教国家"卡利斯坦"的主张，是在1986年宾德兰瓦里已经被击毙一年多后才被正式提出来的。除了以上历史事实，本研究还注意到原教旨主义思想并没有随着族群冲突平息而消失，无论是在印度国内还是海外锡克人中间，锡克教原教旨主义思想仍一直存在，而且它的影响并不是减弱，反而在某种程度上加强了，因此还需要解释在原教旨主义继续发挥重要影响的情况下，旁遮普局势是如何由冲突实现和平的。

最后，宗教文化论存在事后判断之嫌，特别是对于贾特人的评价。在冲突初期，激进组织的族群动员是十分成功的，这也是为何冲突能够兴起的重要原因之一，也就是说在冲突发生之前和之初，贾特人是十分团结的，是致力于建立一个独立的锡克国家的，政府部门也无法渗透。而当激进运动失败，又出现贾特人无法保持内部团结的观点，因此有必要进一步厘清这种相互矛盾的论点。有研究指出，激进分子大部分是25岁以下的贾特人，都是来自较低的社会经济阶层，其实基于同样的事实，即激进组织的主体都来自同一阶层，都是具有相同的宗教和文化背景的年轻人，因此激进组织内部反而更容易保持团结，这一结论才是更合理更符合逻辑的。退一步来看，内部存在相互竞争的团体，并不妨碍分离主义的共同目标，例如南苏丹，自20世纪70年代以来，南苏丹就希望从苏丹共和国独立出来，经过多次内战，最终于2011年通过独立公投正式独立。南苏丹是在内部有相互竞争的多个种族的情况下实现独立的，后来南苏丹内部丁卡族和努维尔族再爆发内部冲突也是2013年的事情了，至少在此之前他们控制了内部分歧，共同合作实现了分离主义目标。因此，宗教文化论还需要分析为什么锡克教的内斗就影响分离主义目标的实现，为何锡克激进组织内部竞争在分离主义目标实现之前就进入无法控制的阶段。而且在锡克不同教派的内部竞争中，温和派多次都有胜出的机会，需要反思的是温和派为何没能在内部竞争中最终胜出。

综上所述，本研究认为，宗教文化对于族群动员有着重要的作用，是团结和动员锡克民众的有力武器。作为锡克教重要的教义之一，殉教是宗教教育的重要部分，历史上，锡克人曾经历了莫卧儿王朝入侵者的迫害，甚至几次走到种族灭绝的边缘。正是由于历史上数不清的灾难和无数锡克英雄的坚韧和牺牲，让这个民族拥有显而易见的受害者心态，宗教原教旨主义也正是通过渲染宗教迫害来吸引锡克教大众的。因此，与宗教文化论的主要观点相反，宗教文化因素的加入不会加大激进运动失败的可能性，反而是增加了族群内部团结的，是有利于提高激进运动成功的可能性的。

第四节　既有解释之政党竞争论

政党竞争论把研究视角集中在印度联邦制度下，控制印度政府的主导政党（锡克问题期间主要是国大党）和地区政党阿卡利党之间关于地区权力的竞争。在联邦制度下，地方政府提供的公共产品更受到民众的重视，原因在于它们更可能提供符合当地族群价值观的政策组合。联邦制度下，印度政府的族群政策将影响地方族群留在联邦内的期望收益。影响特定地区或群体分离主义倾向的重要因素主要包括身份认同和财富分配，因此可以通过考察联邦制度对这两者的影响来思考联邦制国家维持国内和平的能力。通过响应地方上关于族群身份和财富方面的诉求，印度政府可以影响当地民众对于留在国家体系的意愿，从而塑造自身的合法性。[1] 1966年旁遮普被一分为二后，旁遮普人第一次建立了一个以锡克人为主的旁遮普语邦，新旁遮普邦以旁遮普语为主体，这正是当地民众多年来与印度政府博弈而取得的理想结果，也就是说少数族群的政治诉求在联邦框架内是可以实现的，但到了 20 世纪 80 年代，旁遮普的锡克族群突然耗尽耐性，不愿意继续谈判而选择武力分离，激进派的主张主导了锡克人与印度政府的关系。

对于锡克人来说，分邦的历史遗留问题至少还包括，第一，昌迪加尔成为联邦管辖区，成为旁遮普邦和哈里亚纳邦的联合首府，旁遮普一直希望能独享昌迪加尔。第二，分治后的水资源分配权归属于印度政府，旁遮普希望更多水资源，以支持自身以农业为支柱的经济发展模式。另外，还有一些旁遮普语地区被排斥在新旁遮普邦之外，将它们纳入新旁遮普邦，是建立和完善旁遮普语认同的重要诉求。这些问题，特别是水资源分配导

---

[1] Michael Hechter, *Containing Nationalism*, New York: Oxford University Press, 2000, p. 143.

致了一系列冲突。为了寻求真正兑现联邦制下的央地权力分工，阿卡利党于1973年发布了《阿南德普尔萨希布决议》，要求印度在国防、外交、货币、铁路和交通等权力以外，将其他事项的管理权移交给地方政府。[①]虽然类似主张表明阿卡利党强调在印度联邦体系范围内解决锡克人问题，但是这场争权运动最终演变成分离主义冲突，在20世纪80年代初期，分离主义武装组织开始出现，它们利用锡克教神庙作为掩护开展袭击活动，最终在1984年6月印度政府发起的"蓝星行动"中遭遇重大打击。而促使印度政府1984年做出动用武力打击决定的，正是它们判断"一个分离主义的反国家运动正在成型"。[②]

华盛顿大学保罗·布拉斯（Paul R. Brass）教授从1961年开始就专注于印度政治研究，1991年出版的《族群与民族主义：理论与比较》中对于印度族群政治的研究，时至今日仍被奉为经典。[③] 布拉斯认为社会精英之间的激烈政治竞争是导致族群民族主义运动的主要原因，在印度的权力集中体系下尤其如此，因此他强调国家领导人与少数族群精英阶层之间的竞争。英迪拉在处理国大党与当地阿卡利党的关系时，展示出强硬的领导风格，这是促使锡克教武装分离运动兴起的主要原因。作为反面例证之一就是由于尼赫鲁更具协商精神的领导风格，使得地方分权运动产生不同的结果。例如，阿卡利党在20世纪60年代领导的"旁遮普建邦运动"（Punjabi Suba Movement）取得成功，而该党随后在80年代发起成立的"为正义而战"（the Dharam Yudh Morcha）却最终演变成一个分离主义运动。[④] 最终在拉奥上台后，在更具协商合作精神的领导风格下，锡克问题得以平息。

针对当时印度的政党竞争态势，伦敦大学亚非学院人文学院院长古尔哈珀·辛格（Gurharpal Singh）教授把旁遮普问题总结成"可控的骚乱"

---

① *Anandpur Sahib Resolution*, Authenticated by Sant Harchand Singh Longowal.

② V. Grover ed., *The Story of Punjab Yesterday and Today*, Vol. 2 (2nd edn), New Delhi: Deep and Deep, 1999, p. 323.

③ Paul R. Brass, *Language, Religion and Politics in North India*, New York: Cambridge University Press, 1974.

④ Paul R. Brass, *Language, Religion and Politics in North India*, New York: Cambridge University Press, 1974, pp. 325 – 326.

(Managed Disorder),① 强调在印度政府具有绝对军事优势的前提下，国大党和英迪拉是幕后的操控力量，证据在于印度情报部门资助了当地数个武装团伙，旁遮普警方还把自己的滥杀行为嫁祸给锡克教分离势力，当这些武装势力不再具备军事或政治价值之后，锡克问题又被强力打击。古尔哈帕指出，有证据显示当时的"秘密战争"中有政府安全部队和族群治理机构，直接参与、设立和控制了一些激进组织，而且政府的参与程度显然已经超越了"族群治理的需求"，一些高级警员甚至公开炫耀自己在"激进组织"的影响力。② 古尔哈帕特别强调1987年之后开始的"总统管制"和1992年地方选举的重要作用，前者使得印度政府掌控旁遮普地方事务，包括地方警察和安全部队；1992年地方选举之后，国大党在与阿卡利党的地方选举竞争中获胜，从而确保了央地两级政府都处于国大党的控制之下，族群治理策略得到更加彻底的执行。③ 后续研究也强调和支持了这一结论，正是联邦和旁遮普两个层次的国大党政府上台，加强了央地两级政府的族群治理决心和治理行动的协调力度，政府内部对卡利斯坦运动的同情者影响力也得以减弱，从而使得治理行动取得决定性的成果。

伦敦大学高级研究院的詹姆斯·曼诺尔（James Manor）教授也认为印度央地关系总体处于可控范围内的原因在于，当时国大党与阿卡利党有着各种官方和非官方的政治沟通渠道，确保了印度政府与旁遮普地方政府之间政治协商的持续进行。④ 在旁遮普问题上，无论印度政府与地方关系多么紧张，国大党代表的印度政府与阿卡利党代表的当地力量之间的对话和谈判并未中断，这也是政党竞争论认为其所反映的联邦制度精神所在，即在联邦制度下最终的谈判结果要么是印度政府做出让步，要么是地方力量从原有主张退却，也即所谓让步的美德。

马里兰大学教授特德·古尔（Ted Robert Gurr）是研究政治冲突的权

---

① Gurharpal Singh, "Punjab Since 1984: Disorder, Order and Legitimacy", *Asian Survey*, Vol. 36, No. 4 (1996), pp. 411 –412.

② Gurharpal Singh, *Ethnic Conflict in India: A Case Study of Punjab*, London: MacMillan, 2000, p. 70.

③ Gurharpal Singh, "Punjab Since 1984: Disorder, Order and Legitimacy", *Asian Survey*, Vol. 36, No. 4 (1996), pp. 413 –414.

④ James Manor, "Making Federalism Work", *Journal of Democracy*, Vol. 9, No. 3 (1998), pp. 22 –23.

威，他的观点强调剥削制度和意识形态等因素在导致冲突各因素中的主导作用。① 他提出联邦制度下控制族群治理的途径之一，是印度政府愿意向地方分散诸如语言、教育和文化等事务的决策权。背后的逻辑在于，如果特定族群认为他们的生存威胁是来自（主体族群控制的）印度政府及其政策，那么更有可能采取激进的方式维护自己的利益；此时如果印度政府将有关政策权力下放到地方层次，由于少数族群可以在地方政府层次施加更大影响力，有助于更好地控制由于族群歧视带来的社会问题，增强特定族群留在联邦体系内的收益，也使得地方精英们难以"打族群牌"。

伦敦大学学院克里斯汀·贝克教授（Kristin M. Bakke）也注意到印度联邦制度的相关变化，她强调这些制度变化赋予地方更多自治权，有利于缓和紧张的央地关系，这契合了阿卡利党在《阿南德普尔萨希布决议》中提出的诉求，即在旁遮普问题上实现真正的联邦制度安排，因此虽然之后还有极个别人或团体在呼吁"卡利斯坦"，但已经不足以起到大规模的族群动员效果。② 特别是 1989 年以后，印度政府层面开始出现政党联盟执政，地方政党在联盟中起到的作用日益显著，促进了地方治理权力的分散化，在很大程度上满足了地方的分权要求。因此，政党竞争论认为，虽然印度的联邦制度设计并不是完全没有问题，但是总体来说具备强大的解决分歧的能力，正如旁遮普问题中所体现出来的，国大党与阿卡利党先是双方分歧上升，出现冲突，并且随着分歧扩大，冲突有升级的态势，但最终在联邦制度下得到解决。

政党竞争论的优点在于正确强调了不同领导风格对于地方族群政策的影响，特别是在锡克问题的案例上，不同领导人对当时国大党与阿卡利党的政党竞争的态度不同，这对锡克教分离主义的发展产生了深远的影响。但是进一步的分析可以发现，联邦制度下的政党竞争中，所谓的让步其实是单方面的，因为两者的常规实力并不对称，最终还是处于弱势的一方让

① Ted Robert Gurr, *Peoples versus States*, Washington, DC: United States Institute of Peace Press, 2000.

② Kristin M. Bakke, *Decentralization and Intrastate Struggles: Chechnya, Punjab, and Quebec*, New York: Cambridge University Press, 2015, p. 179.

步，原因在于：第一，印度各邦之间存在巨大的社会、经济和文化差异，让很多地方无法形成分离主义成功所需要的全邦范围内的团结精神；第二，印度人具备的多种身份认同，一般至少包含宗教、种姓、语言和阶级四种常见身份认同，因此他们的主张也经常随着身份认同重要性的排序变化而变化，例如印度教与其他少数宗教群体、不同种姓之间的地位差别、印地语和非印地语地区，以及有产（有地）阶级与无产（无地）阶级之间的民众，在各自身份认同上有着巨大差异，这种差异又由于以上不同身份认同之间的相互交织，使得民众之间的身份认同差别进一步扩大。细化到锡克群体这个层次上说，需要进一步解释为何锡克教群体的身份认同重要性的排序会出现变化，以及出现了怎样的变化。

对于阿卡利党的描述也与事实存在差距。阿卡利党的票仓当然来自锡克族群，但是它在当地还一直面临国大党的竞争，后者也吸收了很多锡克人的选票，由此造成的情形是阿卡利党当时无法依靠锡克人的选票上台，因此不得不通过选择与印度教色彩浓厚的人民同盟（以及后来的人民党和重组后的印度人民党）结盟，以吸引一部分非锡克人的选票，从这一点看它的竞争策略与印度其他地区政党并无不同。① 特别是为了吸引非锡克人选票，阿卡利党的政治纲领实际上在减少政党的宗教特征，朝着更加世俗化的方向演变，例如主张将昌迪加尔全部归入旁遮普邦，以及吸纳在哈里亚纳邦和喜马偕尔邦里的旁遮普语群体，这两个诉求都会削弱锡克人在旁遮普多数群体的地位，从而有可能损害它的锡克教支持基础。又如，阿卡利党的另一大诉求是水资源的再分配和巴卡拉（Bhakra）大坝的电力资源，确保旁遮普邦可以有力地控制农业生产对水资源和能源的需求，这些主张都是为着全体旁遮普人民的，而不仅仅是为了锡克族群。

需要说明的是，政治斗争的结果并不仅仅是促使分裂一种结果，在一定条件下也起到政党结盟和融合的效果。其实印度选举政治本身就具有类似功能，例如在当时作为强调印度教民族主义的人民联盟（Jan Sangh，印度人民党前身），在旁遮普语建邦运动中，一直是坚定的反对派，给锡

---

① Paul R. Brass, *Ethnicity and Nationalism: Theory and Comparison*, New Delhi: Sage, 1991, pp. 176 – 177.

克人和阿卡利党的分权运动造成的阻碍最大。但是在选举政治的压力下，为了对抗国大党在锡克教贫困和无地农民中的强大号召力，双方多次合作甚至结盟，从而出现一个锡克教民族主义政党和一个印度教民族主义政党结盟的局面。双方结盟的效果也很不错，例如1969年阿卡利党就是在人民联盟的支持下才上台的，1980年，阿卡利党更是与人民联盟组建政党联盟才上台执政的；1997年，在国大党结束在旁遮普的短暂执政后（1992—1997年），阿卡利党再次与印度人民党联合并赢得地方选举。在这种政党联合中，阿卡利党的地方竞选纲领也不再单纯强调锡克人利益，开始更多地体现旁遮普整个地区的特点和诉求。这种促进政党融合的现象并不独在旁遮普才出现，印度其他邦也出现类似现象。因此将冲突的兴起与平息归咎于政党竞争的论点有失偏颇，从事实来看代表不同族群利益的政党之间结成联盟，对于缓和甚至促进族群关系至少是没有坏处的，因此本研究认为简单地将锡克问题的兴起和衰亡归咎于政党竞争的立论并不可靠，还需要进一步实证研究的支撑。

第五节　既有解释之社会经济论

注意到既有解释存在的不足，有学者从社会经济的角度出发审视锡克问题得以兴起又最终被平息的原因，强调各方行为体在激进运动中的经济利益，特别是成本收益考量，因此社会经济论主要是从经济因素审查各方在族群冲突中的行为，将经济竞争的视角拓展到锡克教与印度教的族群关系方面。例如，有研究发现，从20世纪60年代后期开始的绿色革命，与贯穿整个80年代的武装分离主义有着紧密的联系，原因在于绿色革命推动了印度现代化进程，同时也进一步固化了印度的政治、经济和社会不平等结构，从而导致当地锡克教和印度教群体的冲突。[1]

具体到锡克问题得以平息的原因，社会经济论认为通过正面经济激励或负面经济制裁，可以迫使目标群体改变自身的政治行为，进而影响族群的团结性和干扰激进组织的民众动员效果，也就是说族群治理的结果取决

---

[1]　Marco Corsi, "Communalism and the Green Revolution in Punjab", *Journal of Developing Societies*, 22：2（2006），pp. 85 – 109.

于叛乱方或政府一方对民众提供的正面和负面激励。① 特别是对于普通民众来说，意识形态的偏好可能会发挥影响，但决定他们行为的主要是两个考虑，一是获取物质利益，二是确保人身安全。② 因此如果族群冲突的任意一方能够在这两方面做得更好，那么就更可能获得民众的支持。传统上旁遮普就是印度富庶地区，到 20 世纪 90 年代初，冲突造成的经济停滞已经持续多年，激进运动越来越失去锡克教温和派的支持。③ 从族群治理过程来看，拉奥政府上台后，大大扩充了旁遮普警局的预算，一些首要分子被高额悬赏，警员们为了获得高额奖励而加大了抓捕力度。④ 警察力量的壮大和警察治理行动效率的提高，背后的支撑力量来自各级政府特别是印度政府的资金支持，政府提供的金钱激励因素发挥了作用。随着激进分子加大对族群内民众的袭击，锡克民众对激进运动的经济支持减弱，国内锡克人的态度也影响了海外锡克人，后者也改变了对激进运动的支持，特别是逐渐减少了对激进运动的海外汇款支持，从而加快了激进组织的消亡。

美国加利福尼亚大学伯克利分校加德普·吉玛教授（Jugdep S. Chima）在锡克问题研究上有着众多权威作品，在较早时期的研究中曾经提出侧重于宗教文化和联邦制度的解释，但其最新的研究中突出经济因素的作用。⑤ 吉玛认为，印度的政治制度使得印度政府拥有更加集中的权力，可以动用的资源更多，因此当印度政府最终找到了成功融合当地民众利益诉求的办法，就可以提供更好的经济激励，从而影响民众的物质利益和身份认同，帮助旁遮普警方控制了锡克武装分离主义势力。他提出经济上的不满与分离主义的政治动员之间的逻辑联系在于，由于绿色革命导致的农业

---

① Michael Hector, "Nationalism as Group Identity", *Ethnic and Racial Studies*, Vol. 10 No. 4 (1987), pp. 415 – 426.

② David T. Mason, "Insurgency, Counterinsurgency, and the Rational Peasant", *Public Choice*, Vol. 86 No. 2 (1996), pp. 63 – 83.

③ Shale Horowitz and Deepti Sharma, "Democracies Fighting Ethnic Insurgencies: Evidence from India", *Studies in Conflict & Terrorism*, Vol. 3 No. 8 (2008), p. 760.

④ Harish Puri, Paramjit Singh Judge, and Jagrup Singh Sekhon, *Terrorism in Punjab: Understanding Grassroots Reality*, New Delhi: Har-Anand Publications. 1999.

⑤ Jugdep S. Chima, "The Punjab Police and Counterinsurgency against Sikh Militants in India", in C. Christine Fair and Sumit Ganguly eds., *Policing Insurgencies: Cops as Counterinsurgents*, New Delhi: Oxford University Press, 2014, pp. 258 – 290.

生产方式转变，一些穷苦锡克教农民被进一步边缘化，当时的阿卡利党利用普通锡克人经历的社会经济挫折进行族群动员，以便开展与印度政府的政治斗争，同时印度政府的经济政策限制了旁遮普地区新兴的中产和大资产农民，导致了锡克教农业人口的进一步分化。[①] 因此锡克问题始终面临日益严重的阶层分化问题，随着激进运动的民众基础日益薄弱，激进组织也因此走向衰亡。

伦敦大学学院教授克里斯汀·贝克（Krisitin M. Bakke）提出族群团结和旁遮普的人口分布影响了国大党印度政府通过文化事务分权手段控制分离主义思潮的程度。[②] 阿卡利党早期的分权诉求更注重锡克文化生存，因此作为文化分权的一部分，印度政府于 1966 年同意旁遮普语建邦，在一定程度上或者至少在一定时期内，缓和了锡克人的自治运动发展势头。在新的旁遮普邦，虽然锡克人占多数，但毕竟还有 40% 的人口来自其他族群，因此旁遮普的人口结构决定了文化和教育等事务分权并不足以解决问题，经济事务才是决定性的，只有获得经济主导权才有可能让锡克人放弃独立主张。[③] 自从 20 世纪 70 年代以来，得益于农业绿色革命，旁遮普成为印度最富有的邦之一，但是总体来看，旁遮普农民收入水平从 70 年代初开始就逐渐下降，而且当时包括大米和小米在内的农作物价格却一直下降。

阿卡利党 1973 年提出《阿南德普尔萨希布决议》，其中大部分诉求（如水资源和电力资源再分配、扩大地方权力）都与农业有关，而该决议的目标就是"拉平农产品与工业原材料间的价格对比，消除对于工业原材料缺乏地区的歧视"。[④] 到 20 世纪 90 年代，印度政府开展的自由化改

---

① Jugdep S. Chima, "The 'Political Economy' of Sikh Separatism: Ethnic Identity, Federalism and the Distortions of Post-Independence Agrarian Development in Punjab-India", in Matthew J. Webb and Albert Wijeweera eds., *The Political Economy of Conflict in South Asia*, London: Palgrave Macmillan, 2015, p. 32.

② Krisitin M. Bakke, "State, Society, and Separatism in Punjab", *Regional and Federal Studies*, Vol. 19, No. 2 (2009), pp. 291–308.

③ Kristin M. Bakke, *Decentralization and Intrastate Struggles: Chechnya, Punjab, and Quebec*, New York: Cambridge University Press, 2015, p. 134.

④ 1973 年提出的《阿南德普尔萨希布决议》是阿卡利党历史上的重要文件，是该党的纲领性文件之一，反映了锡克教的集体愿景，本研究采用的是 1977 年经时任阿卡利党主席隆格瓦尔审定的版本（*Anandpur Sahib Resolution*, Authenticated by Sant Harchand Singh Longowal, http://www.satp.org/satporgtp/countries/india/states/punjab/document/papers/anantpur_sahib_resolution.htm）。

革开启了印度的工业发展道路，旁遮普以农业为主的经济模式开始掉队，这段时间正是锡克问题从兴起到升级的过程，农业革命带来经济繁荣也变成农业危机带来经济萧条，但印度经济却迎来了一个较长的增长时期。

20世纪90年代的印度财政结构也显示，旁遮普在联邦财政支出中所占的份额越来越小，然而此时印度政府在全印范围资助和支持的项目已经超过各个地方政府，联邦预算在地方经济中的作用日益吃重，也正是从这个时候阿卡利党开始提起"合作联邦主义"（Cooperative Federalism）的概念。也就是说，从这时候开始，是"旁遮普更需要印度政府"，而不是在此前的冲突持续期间，当地精英在族群动员动员中宣称的旁遮普需要摆脱印度政府。① 在此背景下，锡克武装分离主义走向衰落也就不可避免。

详细审视旁遮普当时的社会经济状况后，本研究发现事实与社会经济论的主要观点有所不符。旁遮普邦的兴盛得益于1966年后印度开展的绿色革命，在这场农业发展高潮中，印度大规模引入了高产农作物和提高了农业灌溉能力。② 旁遮普经济的代表性在于它以占印度仅3%的种植面积和1.5%的农业人口，生产了印度10%的大米，20%的小麦，占政府收购的小米和大麦的45%。③ 旁遮普也因此成为印度当时经济发展靠前的地区，1970年，旁遮普邦的人均收入是全印度最高的，为1070卢比，与此对照的是哈里亚纳邦为877卢比，喜马偕尔邦为651卢比，全国人均收入则为633卢比，旁遮普人均收入全印度排名第一的成绩一直保持到20世纪80年代中期。④

旁遮普长期是印度经济发展靠前的地区，如表1—1所示，即使在

---

① Kristin M. Bakke, *Decentralization and Intrastate Struggles*：*Chechnya*，*Punjab*，*and Quebec*，New York：Cambridge University Press，2015，pp. 176 – 177.

② Shinder Purewal, *Sikh Ethnonationalism and the Political Economy of Punjab*, New Delhi：Oxford University Press，2000，pp. 55 – 56.

③ World Bank，*Resuming Punjab's Prosperity*，by Poverty Reduction and Economic Management Sector Unit，South Asia Region，Washington，DC：World Bank，2004，http：//documents. world-bank. org/curated/en/391351468751535050/Resuming-Punjabs-prosperity-the-opportunities-and-challenges-ahead.

④ Government of Punjab, *Statistical Abstract of Punjab* 1988，Economic and Statistical Organization，Government of Punjab，1989，pp. 106 – 107.

1987—1992 年恐怖活动猛增的时期，旁遮普邦的农业产出虽然增速有所下降，但仍保持增长，充分显示了旁遮普经济发展的韧性。[①] 即使在冲突刚刚结束不久后的 1997—1998 年，旁遮普邦的人均产值达到 19500 卢比，仍远高于印度全国人均产值的 12782 卢比。[②] 虽然有分析指出这种经济繁荣的分布并不均衡，但是就印度各邦而言，旁遮普可能是贫富差距问题最轻的几个邦之一。

表1—1　　1970—2000 年旁遮普邦农业生产率变化情况（千克/公顷）

年　份	小麦产量	大米产量	年　份	小麦产量	大米产量
1970—1971	2238	1765	1985—1986	3531	3200
1971—1972	2406	2045	1986—1987	2966	3331
1972—1973	2233	2007	1987—1988	3540	3164
1973—1974	2216	2287	1988—1989	3667	2770
1974—1975	2395	2071	1989—1990	3593	3510
1975—1976	2373	2553	1990—1991	3715	3229
1976—1977	2430	2611	1991—1992	3803	3257
1977—1978	2538	2910	1992—1993	3770	3391
1978—1979	2716	2937	1993—1994	4011	3507
1979—1980	2797	2604	1994—1995	4089	3381
1980—1981	2730	2733	1995—1996	3884	3132
1981—1982	2932	2955	1996—1997	4234	3397
1982—1983	3004	3144	1997—1998	3853	3465
1983—1984	3015	3063	1998—1999	4332	3152
1984—1985	3289	3073	1999—2000	4696	3347

The Government of Punjab, India, *Human Development Report* 2004, *Punjab*, Government of Punjab, 2004, p. 200.

在 20 世纪 90 年代初，印度开启经济自由化改革之后，旁遮普以农业

---

① World Bank, *Resuming Punjab's Prosperity*, by Poverty Reduction and Economic Management Sector Unit, South Asia Region, Washington, DC: World Bank, 2004.

② Department of Economics and Statistics, *Statistical Outline of India* 2000 – 2001, Maharashtra: Tata Services, 2001, p. 135.

为主的经济模式逐渐落伍，旁遮普的人均收入水平已经掉到中等以下。[1]相比绿色革命时期旁遮普人均收入始终名列前茅，新的经济数据（以现价卢比计算）显示，在印度于开启经济自由化改革之后，旁遮普以农业为主的经济模式使得地方经济逐渐掉队。2004—2005 年度旁遮普人均收入 33103 卢比，开始落后于相邻的哈里亚纳（37972 卢比）和喜马偕尔（33348 卢比），排名前两位的是果阿（76968 卢比）和德里（63877 卢比）；到 2012—2013 年度旁遮普人均收入 47854 卢比，已经远落后于哈里亚纳（64052 卢比）和喜马偕尔（51730 卢比），与排名前两位的果阿（132220 卢比）和德里（112441 卢比）的差距也更大。[2] 旁遮普与其他地区的经济差距在逐步扩大。

社会经济论往往因此陷入两难的解释境地，也就是说按照类似逻辑，导致的解释是经济好的时候可能导致冲突也可能不导致冲突，经济坏的时候也有可能导致冲突也可能不导致冲突，最终的逻辑结果其实就是经济可能只是一个干预变量，冲突与否和经济发展没有必然的因果联系。本研究认为，如果说经济因素是决定因素，那么按照社会经济论的推理，应该是经济状况受到影响更严重的群体更倾向于采取武力手段改变现状。通过有关农业微观数据调查，研究人员发现在锡克问题发生期间，恐怖主义活动对于农民开展农业投资带来负面影响，不过这种影响的分布并不均衡，对有地和中产农民的冲击更大。[3] 而研究显示，激进分子的主体大多是来自受到较少冲击的贫苦家庭年轻人，而非有地和中产家庭。

从政党代表性来看，阿卡利党本身并不是一个穷人的政党，一直以来，阿卡利党的政治诉求都是反映锡克教的有地阶级的主张。[4] 古尔查兰·辛格·托赫拉（Gurcharan Singh Tohra）担任最高锡克教寺庙管理委

---

① Pritam Singh, "How Centre-State Relations Have Shaped Punjab's Development Pattern", in Lakhwinder Singh and Nirvikar Singh, eds., *Economic Transformation of a Developing Economy: The Experience of Punjab, India*, Singapore: Springer, 2016, p. 379.

② 数据来源：http://statisticstimes.com/economy/gdp-capita-of-indian-states.php。

③ Prakarsh Singh, "Impact of Terrorism on Investment Decisions of Farmers: Evidence from the Punjab Insurgency", *Journal of Conflict Resolution*, Vol. 57 No. 1 (2013), pp. 143–168.

④ Kristin M. Bakke, "State, Society and Separatism in Punjab", *Regional & Federal Studies*, Vol. 19 No. 2 (2009), p. 299.

员会主席长达 27 年，被认为是 20 世纪最有影响力和最有争议性的锡克教领袖，当时他就一直在呼吁印度政府向地方政府转移更多的税收收益。[①] 从 20 世纪 70 年代以来，旁遮普的财政自主权就比印度其他邦更强，主要表现在它可以提供自身的大部分开销，但是阿卡利党还是希望能在政府税收和政府开支方面拥有更大的自主权。实际上，在 1966 年分邦之后的三次大选中，阿卡利党的得票率不到 30%，大部分穷苦锡克人仍投票支持国大党，这种对全国性大党的认同程度与社会经济论宣称的激进分子的主体重合，两者不可能同时存在。

第六节　既有解释之外部干预论

对于锡克问题的兴起和平息，学界以及印度军方还一直深信外部干预是决定性的因素，外部干预论强调外部力量的支持使得锡克问题得以兴起，而掐断外部力量对锡克问题的支持，是印度政府军得以治理成功的关键所在。[②] 外部干预论得到一些事实证据的支持，例如"蓝星行动"后，"很多宾德兰瓦里的支持者都越过边境逃到巴基斯坦，希望在那边重新聚集，以便对印度政府发起更大的挑战"。[③]

外部干预论从印度的经验常识出发，将旁遮普问题归咎于巴基斯坦方面。类似观点强调巴基斯坦与锡克武装分离组织合作的意愿，但是并没有能提供足够的证据，只是推测与锡克人合作符合巴基斯坦利益，认为巴基斯坦介入旁遮普问题有利于其对印政策，前者乐见印度国内动荡。这样的观点盛行于印度军方和情报部门。印度政府相信巴基斯坦方面对锡克激进分子提供了系统支持，包括训练营地、后勤支持、武器和经济援助等，不止一位被逮捕的激进分子供认自己是在巴基斯坦境内接受训练并被派回旁遮普。1987 年年中，印度情报部门了解到至少有 144 支 AK-47 步枪已经

① Government of Punjab, *Memorandum*, *Government of India*, *Commission on Centre-State Relations*: *Report*, *Part II*, New Delhi: Government of India Press, 1998, pp. 910–918; 952–955.

② C. Christine Fair and Sumit Ganguly, "Five Dangerous Myths about Pakistan", *The Washington Quarterly*, Volume 38, Issue 4 (2015), p. 79.

③ Manoj Joshi, "Combating Terrorism in Punjab", in Peter Janke ed., *Ethnic and Religious Conflicts*, Aldershot, England: Dartmouth, 1994, p. 229.

流落到锡克激进分子手中，证据还显示，"美国曾经给巴基斯坦情报部门提供很多武器，由后者用来武装反对苏联军队的'圣战'力量，但是其中很多武器被后者用来武装锡克激进分子"。① 但这些小量的武器走私并不足以满足当时锡克激进分子的需求。

尽管缺乏强有力的证据，但是印度媒体也相信巴基斯坦方面为锡克激进组织提供了武器支持。有印度媒体发现，在距离巴基斯坦边境城市白沙瓦（Peshawar）南部不到 50 千米的地方，便有世界上最繁忙的军火黑市，整个南亚次大陆的极端分子都在那里采购军火。在这里，致命武器和毒品都是公开交易的，可以购买到的武器从自动步枪、狙击步枪到火箭筒及发射器等一应俱全。②

印度指责巴基斯坦方面"支持旁遮普和克什米尔激进分子以搞乱印度"，认为巴基斯坦情报部门甚至计划让两者合作对抗印度政府，而印度情报部门坚信，当锡克激进分子的内斗日益激烈的时候，巴基斯坦情报部门（ISI）甚至在 1987 年帮助弥合各激进组织间的内部冲突以重振他们的士气。③ 为了阻断巴基斯坦方面对锡克激进分子继续提供支持，印度方面甚至决定在印巴边境靠近印度旁遮普邦一侧建立围墙，以阻止来自巴基斯坦的激进分子对旁遮普地区的渗透。自从 1992 年 3 月以来，巴基斯坦方面对旁遮普的援助被切断，"印度和巴基斯坦旁遮普一侧总计约 553 公里的陆路和水路……被围墙挡住，夜间还有探照灯照明，每隔 500 码就有一个观察哨"。考虑到巴基斯坦方面一直以来对旁遮普提供武器，印度方面相信这些措施是必要的，"因为如果想治理恐怖主义，就必须阻止武器的流动，由于巴基斯坦是武器流动的源头，因此必须封锁（印巴）边境"，而且印度边防部队组建了第二道防御线，一旦发现有越境者突破封锁墙，边防部队将担负起阻击的任务。④

---

① Prakash Singh, *Kohima to Kashmir: On the Terrorist Trail*, New Delhi: Rupa, 2001, p. 116.

② Shekhar Gupta, "Arms for the Asking", *India Today*, July 31, 1989, pp. 58 – 63.

③ Anne Noronha Dos Santos, *Military Intervention and Secession in South Asia: the Cases of Bangladesh, Sri Lanka, Kashmir, and Punjab*, Connecticut: Greenwood Publishing Group, 2007, pp. 110 – 111.

④ Anne Noronha Dos Santos, *Military Intervention and Secession in South Asia: the Cases of Bangladesh, Sri Lanka, Kashmir, and Punjab*, Connecticut: Greenwood Publishing Group, 2007, p. 116.

外部干预论还特别强调海外锡克人对于锡克问题的意识形态启蒙作用，他们为激进组织提供了各种支持。除了巴基斯坦的支持，来自美国和英国的海外锡克人也被相信在为锡克激进分子提供庇护、武器、金钱和培训等支持。① 这种情况来源于锡克人在人口分布方面的一大特点，即除了旁遮普作为锡克教的大本营之外，约有四分之一的锡克人生活在旁遮普之外，大量锡克教徒（约 150 万人）生活在印度国土之外，成为海外印度人的重要组成部分。② 大量年轻锡克人加入的激进组织正是得益于这些资助和支持。还有一些印度境内的锡克激进分子逃亡到海外之后，继续从事锡克分离运动，例如在"蓝星行动"之前，宾德兰瓦里组织的核心军事领导人贾斯万特·布呼拉尔（Jaswant Singh Bhullar）并不在金庙内，他后来获准逃亡美国，并继续为建立锡克分离主义运动在海外奔走宣传。当锡克激进分子开始对族群内民众发动袭击之时，不仅使得锡克民众对激进运动的支持减弱，也改变了海外锡克人对激进运动的态度，最终使得锡克武装分离主义事业难以为继。③

外部干预论契合了印度政府和情报部门将国内问题转嫁到国际因素上的习惯做法，但至少在锡克问题上，外部干预论夸大了外部因素的影响。第一，锡克人历来有尚武的传统，在印度军队有着传统和深厚的影响力。虽然印度政府并不发布军队人员的宗教或族群构成情况，但大部分研究认为锡克士兵占印度军队士兵总数的比例在 15%—20%，而锡克人占印度总人口的比例不到 3%。在分离主义冲突期间，即使不断有锡克士兵退出军队，但根据 1991 年发布的报告，当时锡克人仍占据印度士兵总数的20%，同时锡克军团和廓尔喀军团仍是印度仅有的单一族群军团。④ 锡克军人在军队中的地位还体现在军官比例方面，在 1981 年，锡克裔高级军

---

① Rajshree Jetly, "The Khalistan Movement in India: The Interplay of Politics and State Power", *International Review of Modern Sociology*, Vol. 34, No. 1 (2008), p. 73.

② Shinder Purewal, *Sikh Ethnonationalism and the Political Economy of Punjab*, New Delhi: Oxford University Press, 2000, p. 3.

③ C. Christine Fair, "Diaspora Involvement in Insurgencies: Insights from the Khalistan and Tamil Eelam Movements", *Nationalism and Ethnic Politics*, Vol. 11, No. 1 (2005), pp. 125 – 156.

④ Apurba Kundu, "The Indian Armed Forces' Sikh and Non-Sikh Officers' Opinions of Operation Blue Star", *Pacific Affairs*, Vol. 67, No. 1 (1994), pp. 48 – 49.

官（上校及以上）的比例约占军官总数的 18%。① 即使具体到在陆军之外的军种，锡克人在印度空军飞行员（军官）中的比例可能达到了四分之一，在印度海军中的占比也非常可观。② 因此，与其担心巴基斯坦的"渗透"，印度政府应该更担心激起锡克退伍军人的反对和现役军人的哗变，宾德兰瓦里能在金庙坚守并迫使印度军方突击部队动用重型武器，很大原因就是因为几个退役锡克将军指挥修建的防御工事非常坚固。退伍锡克军人加入激进组织的事件更是屡见不鲜，因此锡克激进组织的战斗力本就很强，将锡克激进组织的存续归咎于巴基斯坦人支持与否是值得商榷的，也有悖于锡克问题是印度国内兴起（home-grown）的基本事实。

第二，巴基斯坦对锡克叛乱的支持有限。需要明确的是，与克什米尔的情况不同，巴基斯坦方面与旁遮普激进分子之间并没有共同的宗教信仰基础，是印巴之间的竞争关系而不是族群或宗教因素使得双方合作的，因此双方的合作基础并不十分牢固。③ 印度也没有受到这种松散合作的太大威胁，甚至当印度政府提供证据表明巴基斯坦方面在支持旁遮普激进组织时，后者立刻撇清责任，坚持表示自己并没有卷入旁遮普问题。巴基斯坦方面后来还同意印巴双方共同组建巡逻队，以监控在旁遮普一侧的印巴边境地区形势。因此，只能说巴基斯坦的支持和渗透在较短时间内发挥了作用是成立的。

虽然有学者认为印度目前仍然没有完成国家建设，印度社会仍存在尖锐的矛盾，而且这些矛盾与印巴矛盾有着根深蒂固的联系。印度人始终认为巴基斯坦是对其世俗国家模式的威胁，意图通过发起代理人战争和支持分离势力，从而削弱并颠覆印度的世俗多元化政体。如果说在印巴分治之初有类似担心还有道理的话，那么至少从 1971 年之后，巴基斯坦已经不具备类似能力。夸大宗教极端势力的威胁也只是印度教极右翼扩大自身政

---

① Steven I. Wilkinson, *Army and Nation: the Military and Indian Democracy since Independence*, New Delhi: Ashoka, 2015, p. 139.

② Stephen P. Cohen, "The Military and Indian Democracy", in Atul Kohli ed., *India's Democracy: An Analysis of Changing State-Society Relations*, Princeton, NJ.: Princeton University Press, 1988, p. 132.

③ Chris Smith, *The Diffusion of Small Arms and Light Weapons in Pakistan and Northern India*, The Center for Defense Studies, London: Brassey's, 1993, p. 27.

治影响力的手段。

第三，旁遮普邦位于印巴边境接壤地区，这种地理环境对于锡克族群身份认同的影响是复杂多变的，有时是有利于加强族群身份认同，有时则发挥相反作用。一方面，长期与印度宿敌巴基斯坦为邻，很多时候是加强了锡克族群的国家身份认同的，这也是为何在1965年印巴战争中，旁遮普和锡克人坚定地站在印度政府一边，并且随后获得时任总理英迪拉的肯定，旁遮普建邦运动也因此取得成功。另一方面，巴基斯坦方面对锡克激进分子的物质支持，加强了激进分子的破坏力，削弱了锡克族群融入印度国家身份认同的程度，但需要明确的是，这是在旁遮普发生冲突或者锡克人与印度政府之间离心力加强的情况下才起作用的。也就是说，巴基斯坦对旁遮普局势的干涉并且发挥影响力并不是无条件的，而这些条件更多的是与印度政府的族群政策有关，是锡克问题产生或平息的结果，而不是原因。

第七节　本章小结

以上部分重点回顾了锡克问题为何被平息的主要解释路径。值得注意的是，考虑到社会政治问题的复杂性，多变量解释可能更能反映复杂现象，体现在锡克教分离主义兴起和平息的讨论上也是如此，某一路径可能会融入其他路径的解释。例如，吉玛教授就先后关注过联邦制度、社会经济论与联邦制度的集合以及政治斗争论等不同路径之间的组合，普里塔姆·辛格教授也尝试过社会经济论与政党竞争论的联合，并在其他著作中重点论述过政党竞争的影响。一般来说，社会经济论和政党竞争论的结合，以反映社会经济发展所带来的现代性对于宗教性的冲击。[①] 宗教文化路径也易与其他路径结合，例如有学者认为阿卡利党的世俗化策略为锡克教极端主义兴起创造了空间，绿色革命导致的分配不均催生了宾德兰瓦里及其追随者的极端行为，极端派影响力的上升给阿卡利党带来巨大的政治压力，双方关于族群主导权的竞争进一步推动了极端分

---

① 例如，Rajshree Jetly, "The Kahlistan Movement in India: The Interplay of Politics and State Power", *International Review of Modern Sociology*, Vol. 34, No. 1 (Spring 2008), pp. 61 – 75。

离主义的出现。① 该解释至少融合宗教文化、社会经济和政治斗争三种解释。不同解释路径的结合，反映了少数族群冲突十分复杂的事实，它往往是多因素共同导致的结果。但是类似尝试存在以下问题，一是解释路径的叠加无助于扩大解释力，相反由于理论抽象程度不高和解释变量增多，使得相关研究的理论化程度不高。二是有事后之明的偏见（Hindsight Bias）的嫌疑。这在历史事件上的表现尤其如此，在一个历史事件结束后，由于知道事件的最终结果，会影响人们看待该事件发生过程的方式，容易产生类似决定论的判断，即一切都显得确定无疑。

审视印度政府治理锡克问题的整个过程，不难发现事件涉及的主要三个行为体，主要是代表国家意志的印度政府、代表少数族群温和派的当地政府，以及代表极端武装分离主义势力的激进组织，三方的策略选择和博弈，对于当地局势产生着深远的影响。

综上所述，导致锡克问题产生的原因是多方面的，包括贫困问题和贫富差距问题，也包含族群地位问题，锡克族群在印度享受的各种优势地位包括宗教的、语言的、经济的和政治的内容，因此它是一个多因素共同作用的结果。实际上，印度自从独立以后，在族群问题上的教训很深刻，一些原本体系内主张权力的温和运动，往往演变成严重的族群问题，锡克问题也是如此。本研究认为，这与印度政府惯用的策略有关，同时与印度其他地区仍在持续的一些族群冲突不同，锡克问题最终能在一定程度上回归正常，意味着印度政府的应对策略在演变并最终找到了一条合适的路径。不难看出，族群治理形势的发展，与三方行为体的策略选择及其互动有着紧密的联系，本研究也力图从策略分析的角度，去审视这场族群冲突的治理过程，并根据从中得出的理论启示思考印度当前面临的族群关系问题。

---

① 例如，Hamish Telford，"The Political Economy of Punjab: Creating Space for Sikh Militancy"，*Asian Survey*，Vol. 32，No. 11（1992），pp. 969 – 987。

第 二 章

治理族群关系的条件组合

在族群问题语境下，地方族群强烈的民族主义情绪会加大中央政府的治理难度，此时地方认同相对于国家认同更加突出，治理族群冲突的难度就越大。前文已经指出，中央政府的治理目标是既要实现土地的控制，也要实现人口的控制，这是治理族群问题的特点之一。本研究认为，相对于土地控制，族群治理策略应该更加突出人口的控制，中央政府和激进组织争夺的核心是对涉及区域人口的控制，而这种人口的控制强调获取民众的支持，哪一方能够赢得更多非精英的平民支持将决定族群治理的结果，也就是说民众忠诚的分布情况对族群治理结果有着很大影响。尽管这种影响并不是线性的，但仍有必要强调民众支持，原因在于虽然有了民众支持并不能确保成功治理族群问题，但是没有民众支持，中央政府是肯定无法有效治理的，这也构成本章寻找治理成功必要条件的逻辑起点，即中央政府和激进组织都需要争取当地民众的支持。

第一节　治理族群关系的三个必要条件

中央政府要想成功治理族群问题，所需的必要条件是争取民众支持，即中央政府能否赢得更多当地民众的支持，这种支持强调争取人心，中央政府如果无法争取更多民众支持，就无法实现有效治理。为了赢得与激进组织对于当地民众支持的竞争，中央政府打击激进组织的策略就需要区分激进分子与非激进分子，以便在开展打击行动的同时争取得到当地同族群民众的支持。做到这一点的困难在于激进分子与民众是生活在一起的。

本研究将从冲突各方打击/袭击方式考察民众支持的走向。从本质上看，行为体打击/袭击特定对象的目的是：通过改变特定行为带来的预期价值，塑造目标受众的政治行为。① 根据冲突各方是否区分激进分子与非激进分子，本研究将打击/袭击策略分为有区别和无区别打击/袭击。对于国内冲突来说，无区别打击/袭击可以定义为打击/袭击方确定打击/袭击对象的原则是对象是否属于特定群体而不是根据对象的行为。② 具体到族群问题中，无区别打击/袭击指的是民众成为打击/袭击目标的原因不在于行为，而是因为他们的长相、种族、宗教、居住地或仅仅是因为他们更靠近冲突地点。③ 因此，对于族群冲突来说，当打击/袭击方没有采取可信的措施区分武装人员和平民，把对方平民作为打击/袭击对象时，可以认为是在采取无区别打击/袭击策略。④ 这就如同渔民打鱼，使用渔网捕捞是有区别打击/袭击，因为这时可以讨论网眼大小带来的区别，从策略属性上看这对捕鱼的种类做了区分；使用电网捕捞就是无区别打击/袭击，因为这种策略并不区分大鱼和小鱼、成鱼和幼鱼。

对于无区别打击/袭击来说，打击/袭击方要实现的目标与对象的行为没有直接联系，或者说打击/袭击对象无论是否合作都无法避免打击/袭击。打个比方，当一个小孩被拷打审问关于某人下落时，对于打击/袭击方来说，小孩既是对象又是目标；当小孩对特定人的下落并不知情，拷打小孩的目的是迫使小孩父亲说出某人下落时，那么小孩是打击/袭击对象，小孩父亲才是打击/袭击目标。小孩父亲可以选择合作或不合作，即父亲的行为可以影响打击/袭击方的行为，但小孩是否合作都无法避免打击/袭击。⑤ 具体到族群治理，对于政府来说，有区别打击指的是根据是否属于

① Hannah Arendt, *On Violence*, New York: Harcourt, Brace and World, 1970, p. 51.

② Stathis N. Kalyvas, "The Paradox of Terrorism in Civil War", *The Journal of Ethics*, Vol. 8, No. 1 (2004), p. 97.

③ Alexander B. Downes, "Draining the Sea by Filling the Graves: Investigating the Effectiveness of Indiscriminate Violence as a Counterinsurgency Strategy", *Civil Wars*, Vol. 9, No. 4 (December 2007), p. 425.

④ Jason Lyall, "Does Indiscriminate Violence Incite Insurgent Attacks? Evidence from Chechnya", *Journal of Conflict Resolution*, Vol. 53, No. 3 (June 2009), p. 358.

⑤ Onora O'Neill, "Which Are the Offers You Can't Refuse?", in R. G. Frey and Christopher W. Morris eds., *Violence, Terrorism, and Justice*, Cambridge: Cambridge University Press, 1991, pp. 172 - 173.

族群治理组织成员来确定打击对象，无区别打击指的是不区分当地民众与激进分子的打击策略。对于激进组织来说，有区别袭击指的是根据是否属于政府安全部队和警察来确定袭击对象，无区别袭击指的是不区分当地民众与安全部队的袭击策略。

对于族群问题各方来说，打击/袭击非武装的平民的目的是借此塑造他们的政治行为，例如迫使后者提供支持或停止支持对手，以及获取关于对手的行动信息等。一般来说，在政府与激进组织之间的冲突开始之前，民众不喜欢政府的打击行动，但他们更担心激进组织的报复，因此政府决定开始打击行动前，民众将选择靠激进组织保证安全的策略，此时民众的选择是宁可损失一些财产也会对激进组织在身边的活动采取容忍甚至支持的态度。对于普通民众来说，他们既不喜欢政府打击行动对生活带来的冲击，也不喜欢激进组织开展袭击活动所采取的威胁与恐吓。虽然有激进组织的族群动员因素所起的作用，但当冲突涉及民众的安全利益时，民众判断是支持政府还是支持激进组织的依据是哪一方的行为给他们带来的安全好处更大。如果双方都不带来好处，则取决于哪一方的行为带来的安全损害更小。当冲突一方打击/袭击包括族群内人员在内的民众的时候，意味着无论民众是否与之合作，都可能成为打击/袭击行为的目标，此时投向冲突的另一方反而可以提高生存概率。[1]

民众支持是个相对意义的比较。在既定的分离主义冲突环境下，虽然中央政府与激进组织的政策都具备相同的拓展性质，但社会支持度的比较是先从中央政府开始来衡量的。当地民众是否支持政府治理行动，判断标准是对比激进组织。政府治理行动采取有区别打击时，更有可能得到当地民众的支持。但是，激进组织可以通过恐吓和威胁（intimidation and coercion）等手段威胁与政府合作的民众，而且很多情况下激进组织不会因此受到惩罚，也就是说激进组织通过让这部分人群噤声的方式来削弱他们对政府行动的潜在支持，或者导致政府在当地民众中支持度高的优势无法显现出来，从而相对地提高激进组织的支持度。同样的道理也可以被用来提高政府的支持度，即政府通过成功的有区别治理行动，实现和加强对激进

① Stathis N. Kalyvas, "Wanton and Senseless? The Logic of Massacres in Algeria", *Rationality and Society*, Vol. 11, No. 3 (August 1999), p. 251.

组织恐吓和威胁行为的惩罚力度，保护和鼓励敢于发声反对激进组织的民众，可以相对地提高政府在当地民众中的支持力度。此时，处于竞争相对劣势的激进组织有对普通民众使用无区别袭击的动力。当激进组织对当地民众不加区别地进行报复，或者加大恐怖行动威慑温和派时，此时民众会更担心自己的安全而选择与政府合作。如果中央政府此时能够争取当地温和派的支持，由后者发挥主导作用并加强其族群治理能力，那就有机会通过执法手段恢复族群秩序。

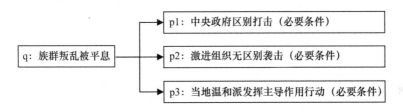

图2—1 中央政府平息族群叛乱的三个必要条件

资料来源：笔者自制。

根据冲突各方对于策略手段的选择及其对民众支持的影响作用，本研究认为中央政府治理行动成功应具备如下三个必要条件：第一，中央政府区别打击；第二，激进组织无区别袭击；第三，当地温和派主导治理行动。必要条件的意义在于具备这些条件不能决定特定结果，但缺乏任何一个必要条件都决定了特定结果不会发生。根据必要条件假言推理的规则，本研究将通过两种方式进行推理。一是否定前件式推理：只有 p，才 q；非 p，所以非 q。对应本研究，可以解释为：只有条件 p 存在，才能导致结果 q；条件 p 不存在，所以没有导致结果 q。二是肯定后件式推理：只有 p，才 q；q，所以 p。对应本研究，可以解释为：只有出现条件 p，才导致结果 q；出现结果 q，所以条件 p 存在。因此，为了进一步厘清以上三个条件对于成功治理族群问题的必要性，实际上需要进一步回答以下问题：为什么中央政府需要坚持使用区别打击策略？为什么政府使用无区别袭击无法治理成功？为何激进组织坚持使用有区别袭击的方式时，政府无法治理成功？为什么激进组织使用无区别袭击有助于族群治理？如果说激进组织需要依靠族群内民众的支持以实现分离主义目标，那么在什么样的条件下，族群激进组织会选择对同族群民众使用武力？鉴于本研究关注的是如何治理族群冲突，当族群冲突已经发生，表明此时温和派并不能有效控制族群内极端思想，那么在治理行动中为何仍需要强调温和派的作用？为何不是温和派主导的族群治理，政府就无法治理成功？族群分离主义冲突与游击冲突类似，激进分子与当地民众混杂在一起难以明确区分，与激进分子属于同一族群的情况下，中央政府如何才能相信温和派会加入和发挥主导作用？接下来，本研究将围绕以上问题进行回答和论证，第二节主要是通过论证中央政府无区别袭击打击无法有效治理成功，提出坚持区别打击对于成功治理族群问题的必要性；第三节主要是说明激进组织进行无区别袭击为何有助于治理成功，并进一步分析在哪些情况下激进组织有动力使用无区别袭击；第四节主要是论证温和派主导治理行动对于成功治理族群问题的必要性，在此基础上还讨论了中央政府应该如何争取温和派发挥主导作用；第五节主要是结合充分条件假言推理的方法，分析和论证三个必要条件构成的条件组合是如何帮助中央政府治理成功的。第六节是本章结论部分。

第二节　中央政府的策略选择

关于冲突的研究文献很早就发现，政府采取区别对待的策略使得民众免受政府打击伤害，可以争取民众更多的支持，但在很多情况下中央政府仍可能使用无区别打击手段。究其原因，有研究认为是因为使用区别打击策略的成本较高，当面临的激进组织较弱，政府更倾向于使用无区别打击，以充分利用激进组织无法为族群民众提供安全保护的弱点。[1] 有些研究则倾向于这是因为激进组织很弱的时候，政府的无区别打击更可能生效。[2] 另外，中央政府还倾向于将无区别打击作为一种手段，以报复激进组织发起的无区别袭击。还有一种情况，当地民众出于族群团结或意识形

---

[1]　Nathan Leites and Charles Wolf, *Rebellion and Authority：An Analytic Essay on Insurgent Conflicts*, Chicago, IL：Markham, 1970, pp. 112 – 115.

[2]　Stathis N. Kalyvas, "The Logic of Terrorism in Civil War", *Journal of Ethics*, Vol. 8, No. 1 (2004), pp. 133 – 134.

态目的而坚决支持激进组织时，政府可能会认为区别打击的手段不足以动摇当地民众对激进组织的支持和控制冲突形势，此时有动力采取无区别打击策略以便更有效地吓阻民众。[1] 特别是当战争进入持久战和消耗战阶段，政府一方出于获胜和减少己方伤亡的强烈考虑，有动力选择无区别打击手段，以迫使对手退让。

也就是说，中央政府使用无区别打击是因为很多政府认为它是一种有效的成本控制手段。实际上，无区别打击的使用范围已经超越政体类型。常识认为，民主国家坚持的自由平等理念禁止其政府在国内和国际战争中屠杀平民，因此相对于民主国家，非民主国家更有可能将平民作为打击对象。[2] 虽然有研究指出，民主国家面对激进组织袭击时往往面临强大的国内压力，使得政府很难坚持使用无区别打击策略，最终会迫使中央政府妥协，接受不利条件以结束冲突。[3] 但是熟悉民主制度的学者很快指出，正是由于民主国家领导人更容易受到民意的影响，因此为了减少战争损失和尽快结束战争，民主国家反而更可能在战争中以平民为目标。[4] 尤其是当战争进入消耗战阶段时，民主国家比非民主国家更可能采取无区别打击手段。[5] 从国际政治事实来看，民主国家使用无区别打击的策略也是比较常见的现象，正是基于同样的民主体制因素，民众要求尽快结束国内冲突，民主国家领导人在民众压力之下可能采取无区别打击手段，以向民众表明

---

[1] Stathis Kalyvas, *The Logic of Violence in Civil War*, Cambridge: Cambridge University Press, 2006, pp. 146 – 172.

[2] Michael J. Engelhardt, "Democracies, Dictatorships, and Counterinsurgency: Does Regime Type Really Matter?", *Conflict Quarterly*, Vol. 12, No. 3 (1992), pp. 52 – 63; R. J. Rummel, "Democracy, Power, Genocide, and Mass Murder", *Journal of Conflict Resolution*, Vol. 39, No. 1 (March 1995), pp. 3 – 26; Gil Merom, *How Democracies Lose Small Wars: State, Society, and the Failures of France in Algeria, Israel in Lebanon, and the United States in Vietnam*, Cambridge: Cambridge University Press, 2003.

[3] Gil Merom, *How Democracies Lose Small Wars: State, Society, and the Failures of France in Algeria, Israel in Lebanon, and the United States in Vietnam*, Cambridge, UK: Cambridge University Press, 2003.

[4] Bruce Bueno de Mesquita et al., "An Institutional Explanation of the Democratic Peace", *American Political Science Review*, Vol. 93, No. 4 (December 1999), pp. 791 – 807.

[5] Alexander B. Downes, "Desperate Times, Desperate Measures: The Causes of Civilian Victimization in War", *International Security*, Vol. 30, No. 4 (Spring 2006), pp. 152 – 195, especially p. 156.

政府强硬应对问题的决心。

但是，姑且不论无区别打击是否是一种有效的族群治理手段，借助无区别打击策略能有效帮助族群治理的观点面临重大挑战。惩罚对手的平民而迫使对手让步的前提是对手愿意保护民众免受政府打击，但在实际的族群治理情况中这种假设往往难以成立。对于国内少数族群发起的武装分离主义来说，激进组织很少愿意承担保护族群民众的责任，很多情况下这也超出了他们的实力范围。因此，针对当地民众的政府打击并没有最终成为激进组织需要支付的成本，中央政府的无区别袭击作为一种强制手段就失去了效果，是无法迫使对手放弃武装分离主义目标的。现实情况进一步削弱了这一惩罚机制的效果，因为激进组织的常用策略之一就包括挑起和升级冲突以迫使政府采取无区别打击报复行动，激进组织借助类似事件可以展示政府的残暴，以巩固和加强己方的民意基础。也就是说，中央政府对民众的打击行为最终成为激进组织进行族群动员的素材，帮助激进组织巩固和扩大在族群内的支持的同时，还使得政府一方失去当地民众的支持。

除此之外，在治理族群武装分离主义冲突时，无区别打击手段的族群治理效果也并不理想，往往无法帮助中央政府实现成功族群治理的目标。[①] 第一，从定义和包含的内容来看，无区别打击本质上是一种胁迫（coercion）战略，包含威慑（deterrence）和强制（compellence）两种策略选择，前者是"威胁对手不要采取特定行动"，后者是"迫使对手采取特定行动"。[②] 两者的区别在于威慑是静态的，一方发出威胁后，不需要采取实质行动，而是等待对手的反应，目的是让对手意识到可能面临的惩罚而退让屈服。强制策略则不同，发出威胁后还需要设定一个最后期限而不是一直等待，到达期限后需要通过施加成本的方式迫使对手按照自己的意愿采取特定行动。在开展威慑时，如果对手没有屈服，那么实际惩罚行动的发生也意味着威慑策略的失败，转而进入强制阶段。但是，政府在平息族群冲突中使用无区别打击，又违反了强制策略的基本逻辑，正如前文

---

① 相关研究可参见 Caleb Carr, *The Lessons of Terror: A History of Warfare against Civilians*, New York: Random House, 2002; Ivan Arreguín-Toft, "The [F] utility of Barbarism: Assessing the Impact of the Systematic Harm of Non-Combatants in War", paper presented at the annual meeting of the American Political Science Association, Philadelphia, PA, August, 2003。

② Thomas Schelling, *Arms and Influence*, New Haven: Yale University Press, 1966, p. 69.

所强调的，惩罚不是根据对象的行为来制定的，惩罚对象会因为担心无论自己做何选择都可能受到惩罚而缺少合作的动力。

第二，无区别打击是一种短视的策略，在造成巨大伤亡的同时，并不能有效迫使对手让步。在一些情况下，无区别打击还可能导致族群治理形势恶化，即虽然短期可能取得军事效果，但民众最终选择远离使用无区别打击的政府一方，使得族群治理效果适得其反。[1] 中央政府无区别打击适得其反的例子并不鲜见，实证研究也表明，在政府坚持使用无区别武力打击的情况下，只可能在短期内压制冲突形势，但无法治理成功，往往导致冲突转变成旷日持久的游击战，冲突将一直持续。[2] 这也符合族群治理斗争的基本观点，即如果在战场上使用无区别手段，民众最终会忠于你的对手。

第三，在无区别族群治理手段中，集中营或种族清洗（种族屠杀）政策是比较特殊的，其特殊性在于无区别打击的使用范围达到包含特定族群或特定区域范围内全部人口的极端情况。但是依靠无区别打击成功族群治理，对涉及区域的面积和族群的人口数量都有要求，只有当冲突涉及的区域面积小且涉及的族群人口少时，政府才有可能实行种族清洗或集中营政策，以实现将无区别打击的对象范围覆盖所涉区域或族群的全部人口。[3] 在族群治理之外的冲突类型中，历史上不乏通过无区别打击治理成功的先例，但主要集中在第一次世界大战后和第二次世界大战后出现的民族独立解放运动，殖民治理的原因在于殖民政府首要目标是控制领土，而不是控制领土上的人口（或居住在该片领土上的特定族群），就有可能导致种族清洗或集中营政策。但是在族群治理中，由于涉及人口控制的目标，中央政府较少使用种族清洗（种族屠杀）等极端策略，而且随着第二次世界大战后国际规范的演变，类似政策面临国际人道主义干涉的风

---

① Ivan Arreguín-Toft, "How the Weak Win Wars: A Theory of Asymmetric Conflict", *International Security*, Vol. 26, No. 1 (Summer 2001), pp. 93 – 128.

② Stathis N. Kalyvas and Matthew A. Kocher, "How 'Free' is Freeriding in Civil Wars: Violence, Insurgency, and the Collective Action Problem", *World Politics*, Vol. 59, No. 2 (January 2007), p. 177.

③ Alexander B. Downes, "Draining the Sea by Filling the Graves: Investigating the Effectiveness of Indiscriminate Violence as a Counterinsurgency Strategy", *Civil Wars*, Vol. 9, No. 4 (December 2007), p. 438.

险，有时候外部力量的直接军事干预可能导致该国政府军丧失常规实力优势。比较近的例子有 1994 年 4—6 月发生的卢旺达大屠杀。当时，图西族武装组织卢旺达爱国阵线（RPF）与胡图族政府军爆发内战。卢旺达总统的专机被击落后，胡图族政府军对图西族及胡图族温和派展开无区别大屠杀，在三个月内共造成约 100 万人死亡。最终，邻国乌干达和图西族难民的武装部队于当年 7 月攻入卢旺达首都基加利，击败了胡图族政府。①

　　即使中央政府能够抵御国际指责和可能的国际干预，从策略效果本身来看，依靠无区别族群治理策略也无法有效治理成功。独立后的印度政府曾经在阿萨姆邦实行类似集中营政策，称为"集中村落"（grouping villages），通过将冲突区域的居民迁往指定地区集中居住，从而实现居民与激进分子的物理隔离。1967—1972 年，80% 的米佐人（居住在印度东北部米佐拉姆中央直辖区的米佐丘陵）被强制迁往新村庄，即所谓的"进步保护区"（Protected and Progressive Villages）。② 印度军方强调，人口控制策略对于成功治理族群问题来说至关重要，但是强制迁徙造成的侵犯人权事件层出不穷，一些拥有几百年历史的村庄遭到破坏。整个强制迁徙由印度军方主导完成，到 1972 年，在这 102 个村落里一共居住了 24 万人。即便如此，印度政府的集中营政策并没有能治理成功，米佐人的反抗一直持续，直到 1986 年印度政府与当地的主要激进组织米佐国民阵线（the Mizo National Front，MNF）签订《米佐拉姆和平协议》（the Mizoram Peace Accord），政府同意单独设立米佐拉姆邦，也就是说是在自治权诉求得到满足的情况下，后者才承诺放弃武力反抗。③ 所以，对于目标是平息少数族群冲突的中央政府来说，治理成功包括土地控制和人口控制两个目标，尤其是人口控制的目标更是要求中央政府选择采取有区别打击策略。

---

①　李安山：《论民族、国家与国际政治的互动：对卢旺达大屠杀的反思》，《世界经济与政治》2005 年第 12 期，第 7—15 页。

②　William S. Latimer, *What Can the United States Learn from India to Counter-Terrrorism?* Monterey, CA：US Naval Post Graduate School, 2004, pp. 14 – 16.

③　Alfred Stepan, Juan J. Linz and Yogendra Yadav, *Crafting State-Nations：India and Other Multinational Democracies*, Baltimore, Maryland：Johns Hopkins University Press, 2011, p. 105.

第三节 激进组织的策略选择

中央政府族群治理的第二个条件是激进组织使用无区别袭击策略。在考察激进组织在何种情况下会采取无区别袭击策略之前，有必要理解激进组织坚持有区别袭击对于政府治理行动所产生的影响。在其他条件不变的情况下，激进组织坚持区别袭击的策略，获得收益包括稳定的族群内部民众支持，从而至少使得族群冲突持续下去。可能获得的更大收益则来自更有利条件的出现，例如政府的有区别策略的执行出现失误或对民众的间接伤害扩大时，特别是当政府选择无区别打击时，激进组织将可以巩固和扩大族群支持。随着族群内民众支持基础的扩大，激进组织在族群内能够不断招募到新成员，此时冲突将升级乃至最终取得成功，使得激进组织有可能成功实现分离主义目标。

尽管激进组织坚持区别袭击存在诸多潜在收益，但激进组织在很多情况下会对它们宣称所代表的族群民众无区别袭击，有时候其程度甚至超过政府打击。激进组织采用无区别袭击策略将极大地损害自己从族群内部能够获得的民众支持，激进组织自身的合法性也因此受损。当激进组织坚持使用无区别袭击的策略时，其所在族群的民众将加大对政府治理行动的支持，从而使激进组织及其成员暴露在政府更加严厉的打击之下，为中央政府有效执行区别打击的族群治理策略提供有利条件。此时需要研究的是，在哪些条件下，激进组织将袭击自身族群内的民众。

既有文献认为，激进组织采用恐怖主义袭击等无区别袭击手段，很多时候无法迫使中央政府做出主权让步，最终的结果适得其反，反而会激发政府更加严厉的打击行动。但是这种看法忽视了激进组织目的的多层次性和复杂性，无法帮助人们正确理解族群分离主义运动采用无区别袭击的动力。从历史现实来看，恐怖袭击手段可以实现的目标至少包括：（1）日程设定；（2）创造革命条件；（3）激起政府无区别打击。[1] 早在 18 世纪

---

[1] Martha Crenshaw, "The Logic of Terrorism: Terrorist Behavior as a Product of Strategic Choice", in Walter Reich, ed., *Origins of Terrorism: Psychologies, Ideologies, Theologies, States of Mind*, Washington D. C.: Woodrow Wilson Center Press, 1998, pp. 17 – 19.

末，激进的雅各宾党人就已经认识到激进活动是激发民众关注的有力手段，当民众对族群分离主义运动的关注上升，要求变革族群政策就成为政治议程的一部分。不断出现的袭击事件还可以为冲突升级创造条件，激进组织倾向于通过挑战中央政府的权威和法制秩序，激起群内民众的反抗情绪，从而越过或缩短武装分离运动所需要的民众组织和动员过程，开展袭击活动也因此成为推动族群治理的捷径。激进组织发动无区别袭击最具争议的目标之一是借此激发政府的无区别打击，上文提到族群激进组织选择无区别袭击违反常识，实际上如果考虑到可以通过激发政府的过度反应来确立激进运动的正当性和合法性的话，激进组织由此获得的收益是加强了族群身份认同。对于激进组织来说，激发政府的无区别打击可能需要承受一定的激进组织成员损失，但这未必是最糟糕的结果，例如，西班牙巴斯克民族分裂组织埃塔（ETA）自 1958 年成立以来策略就非常明确，那就是制造袭击事件迫使政府展开盲目报复，从而巩固该组织的民众基础。[1]这一策略帮助埃塔成为长期活跃在西班牙北部的激进组织，巴斯克地区的分离主义运动也得以长期持续。

激进组织使用无区别袭击的其他目标至少还包括在民众中制造恐慌情绪。本研究强调争夺民众支持，对于激进组织来说，一是争取绝对意义上的支持，即更多的民众能够支持激进组织；二是争取相对意义上的支持，即确保民众不与政府合作，使得政府能够获得的民众支持不增加。显然，通过无区别袭击的方式制造恐慌情绪，至少有利于实现第二个目标，使得民众由于担心激进组织的报复而不敢与政府合作，从而使得激进组织与中央政府之间的相对民众支持基础不出现此消彼长的局面。[2]从更广泛的层次上看，激进组织的行动目标往往还包括冲突区域内包括主体族群在内的其他族群民众，在他们中间制造恐慌情绪，目的在于强迫其他族群迁徙出当前聚居区。当其他族群的民众不再在该地区居住时，该少数族群在区域内的人口比例上升，从而加强本族群在当地事务中的影响力和控制力。这

① John Sullivan, *ETA and Basque Nationalism：The Fight for Euskadi, 1890 – 1986*, New York：Routledge, 1988, p. 44.

② Paul Wilkinson, "Terrorist Movements", in Yonah Alexander, David Carlton and Paul Wilkinson, eds. , *Terrorism：Theory and Practice*, Bolder：Westview Press, 1979, p. 104.

一策略的长期收益来自激进运动可能成功后的谈判划界，冷战结束后，诸如南斯拉夫联盟解体后，波斯尼亚和黑塞哥维那的边界划定都是以族群聚居区为基础划定的。

当然，族群冲突中的激进组织通过制造恐慌，可能达成的另一个结果是使得主体族群更加团结，即加强国家认同。即便是在这一点上，激进组织也可以说是部分实现了目标，因为主体族群加强相对于少数族群的身份认同，有利于激进组织塑造族群对立，可以相对地加强所在族群的身份认同。例如 1983—2009 年，斯里兰卡的泰米尔伊拉姆猛虎解放组织（LTTE）开展的袭击活动，极大地增强了主体族群僧伽罗人的国家认同，主体族群民众对于打击激进组织的决心之大，使得政府失去对泰米尔人冲突采取让步的政治空间，也就是说猛虎组织的激进活动的结果之一就是塑造了与主体族群之间的尖锐对立情绪。① 对于激进组织来说，制造高度对立的族群关系，可以防止本族群温和派与政府谈判达成解决方案，从而有助于冲突在较长时间内持续下去。

因此，不管人们承认与否，鉴于激进运动的多重目的性，越来越多的族群激进组织坚定地认为恐怖主义是一种行之有效的手段，是推进分离主义运动的理性选择，即使因此诱发政府的无区别打击，也可以帮助加强少数族群的身份认同，加大族群之间的对立和分歧。以上分析的是激进组织在哪些情况下可能主动选择无区别袭击的手段以追求分离主义目标，但这并不意味着中央政府只能被动地等待激进组织做出选择。实际上，中央政府并不是完全地处于被动防守地位，而是可以通过自身行动制造和加剧激进组织面临的集体行动困境，迫使激进组织放弃区别袭击而采用无区别袭击策略，从而为政府治理成功提供必要条件。

一般情况下，族群分离主义运动面临的集体行动困境在于并不是所有族群内民众都关心政治和期待用武力手段来改变处境。对于族群民众来说，决定他们行为的往往是更短期的生存和安全考虑，即使是对于那些关心政治的族群民众来说，他们也需要衡量参与激进组织所带来的风险与潜在获利。集体行动的困境还在于"投机者"的存在，激进组织招募到的

---

① Sehar Mushtaq, "Identity Conflict in Sri Lanka: A Case of Tamil Tigers", *International Journal of Humanities and Social Science*, Vol. 2, No. 15 (August 2012), p. 205.

武装人员当中，不是所有人都虔诚地热衷于分离主义目标。激进运动带来的工资、战利品收益和安全收益可以吸引一些"投机者"的加入，他们在面临政府的严厉惩罚时可能成为叛逃者。对于激进组织而言，这些人在组织内部的经历使得他们变得更危险，与政府合作时可能带来的损害更大，因而是必须严格防止和严厉惩罚的。激进组织防止背叛的策略有很多种，但是所有的策略都意味着成本，此时就有了无区别袭击的动力。

对于激进组织来说，选择无区别袭击手段有助于克服集体行动困境。首先，可以实现所谓的枪口下的合作。激进分子使用无区别袭击，因为它比有区别的袭击或提供正面激励等手段的成本更低。[1] 其次，可以改变民众关于保守中立所带来的收益，在面临严重袭击的情况下，民众更可能选择"站边"，以增加逃脱袭击的概率。[2] 最后，对于那些可能与政府进行合作的潜在背叛者，激进组织的无区别袭击可以凸显政府无能力（或无意愿）保护民众的事实。如果民众认为政府没有能力或没有意愿保护他们的安全，那么他们抵制或背叛激进组织的意愿会下降。

中央政府还可以通过改变激进组织面临的战略环境，迫使激进组织采取无区别袭击策略。本研究确定的研究假定之一就是中央政府拥有常规力量的优势，但是这种相对实力优势并不足以带来族群治理的胜利，原因在于激进组织拥有的比较优势。首先，激进组织往往拥有社会、人文和地理环境方面的优势。他们活跃在特定地区，是当地居民的一分子或者拥有当地居民的支持，熟悉当地的文化和人文环境，熟悉地理环境，这构成激进组织相对于中央政府的当地资源优势。其次，激进组织还拥有不对称优势，组织成员来自当地族群，政府的治理行动往往难以确定精确的抓捕对象，即便确定了对象也面临定位藏身位置的难题。此外，即使确定了藏身位置，还面临能否顺利抓捕的问题。这使得在族群治理的战斗中，双方在一定程度上形成了相持形势。此时中央政府通过自己的治理行动，有可能改变这种战略形势，作用机制在于冲突双方战略实力对比的变化会带来策

---

[1] Stathis Kalyvas, *The Logic of Violence in Civil War*, Cambridge：Cambridge University Press, 2006, p. 165.

[2] Mark I. Lichbach, *The Rebels Dilemma*, Ann Arbor, MI：University of Michigan Press, 1995, p. 58.

略的改变。当激进组织的实力相对于政府变弱的时候，前者袭击平民的可能性会上升，目的是加强自身的战略地位，因为此时对资源的需求增加，但相对实力的下降导致组织汲取资源的能力下降，原先和平的平民控制策略难以带来足够威慑力，使用武力手段的动力增加。[①]

因此，当战略环境不利于激进组织实现目标时，激进组织有动力袭击平民，目的包括突破战略困境、[②] 获得资源或占据资源优势、[③] 提高族群凝聚力和推动族群动员[④]等。战略环境的变化，特别是当与对手的实力对比进一步扩大或遭遇战略性的战场失利时，往往会推动激进组织调整与族群民众之间的关系模式，激进组织有动力采用更多强制策略进行资源动员，这其中就包括强制征兵和对平民的袭击。例如，在斯里兰卡，政府的族群治理进攻态势加大时，泰米尔伊拉姆猛虎解放组织的实力一定程度上有所削弱，在这种情况下猛虎组织也大幅增加了对平民的袭击。[⑤] 又如乌干达的国民抵抗部队（NRA），激进组织早期采用的是典型的有区别袭击策略，行动目标主要是政府军警，而且随着实力的扩大，NRA 一度在控制区内建立了治理机构，为民众提供日常的治理服务。但是随着冲突的升级和部分战略区域的失守，激进组织开始武力驱逐民众，以便将资源集中于与政府的战争中。[⑥] 当然，这种战略实力对比形势的实现往往还需要其他条件，特别是当地温和派的配合，温和派策略选择将对政府治理行动起到关键作用。

---

① Reed M. Wood, Jacob D. Kathman and Stephen E. Gent, "Armed Intervention and Civilian Victimization in Intrastate Conflicts", *Journal of Peace Research*, Vol. 49, No. 5（September 2012）, pp. 647 – 660.

② Lisa Hultman, "Battle Losses and Rebel Violence: Raising the Cost of Fighting", *Terrorism and Political Violence*, Vol. 19, No. 2（2007）, pp. 205 – 222.

③ Danny Hoffman, "The Civilian Target in Sierra Leone and Liberia: Political Power, Military Strategy, and Humanitarian Intervention", *African Affairs*, Vol. 103, No. 411（April 2004）, pp. 211 – 226.

④ Daniel Byman, "The Logic of Ethnic Terrorism", *Studies in Conflict and Terrorism*, Vol. 21, No. 2（1998）, pp. 149 – 169.

⑤ "Civilian Casualties Rising in Sri Lanka Conflict", Amnesty International, April 21, 2009, https://www.amnesty.org/en/latest/news/2009/04/victimas-civiles-aumentan-conflicto-sri-lanka – 20090421/.

⑥ Nelson Kasfir, "Guerillas and Civilian Participation: The National Resistance Army in Uganda, 1981 – 86", *Journal of Modern African Studies*, Vol. 43, No. 2（June 2005）, pp. 271 – 296.

第四节　温和派的策略选择

中央政府成功治理族群问题要求具备的第三个必要条件是治理行动必须由当地温和派主导。传统路径往往将温和派的行为视为前两个变量的结果，即中央政府和激进组织的行为决定温和派的行为，这种处理方式如果不是说忽略了，也至少是低估了温和派行为对于冲突走势的影响。温和派的策略选择与政府和激进组织对平民的行为方式有着系统关联，但是它们之间并不是简单的因果关系，而是相互影响、相互建构的关系。例如，温和派选择与政府对话解决族群诉求时，将影响政府应对族群自治要求的方式，但这种影响是分化的，此时政府可能会选择让步并让温和派主导解决族群内部问题，但政府也可能认为温和派的妥协是前期打击的效果，从而进一步加强打击力度。同样，温和派与政府谈判可能会遏制激进势力的发展，也可能会使激进组织失去耐心转变行为策略，转而袭击族群内民众。因此与中央政府是否采取和能够执行区别打击，和与激进组织是否愿意和有能力坚持有区别袭击一样，温和派是根据冲突形势和族群内部情形等因素做出的选择，是一个与其他两个因素共同发挥作用的自变量。

之所以强调温和派的作用，是因为温和派发挥主导作用可以帮助中央政府解决族群治理时面临的一系列难题。在治理族群武装分离主义时，中央政府主导的有区别打击策略往往陷入两难境地。第一个难题是难以化解分离组织借政府治理行动发起的族群动员。激进分子本就认为自己是族群的救世主，政府的谴责和追捕只会加强他们的类似心态，并不会把被捕和进监狱看作自己追求事业的失败，相反会相信自己是在为族群独立事业献身，献身和殉道本就是激进组织进行思想动员的重要方面。第二个难题是政府无法通过治理行动达到宣传和警示效果。政府族群治理的目的之一是警告和威慑可能支持激进组织的人员，即参加激进组织将受到严厉制裁，如果静悄悄地惩罚，则无法让民众知晓，也就谈不上达成上述效果，而一旦大张旗鼓地宣传，则符合恐怖分子制造政治影响的目的。

中央政府陷入两难境地的根本原因在于前文提到的威慑手段本身的局限性，民众只有认为中央政府有能力逮捕和惩罚违法者，才会由于担心受到惩罚而远离激进组织。但是在治理行动面临的两难境地之下，政府可用的谴责、追捕和击毙等法律和宣传手段很难奏效。加剧这一状况的还有族群文化和认同因素，对于当地民众来说，他们很难区分中央政府主导的族群治理活动是代表当地族群还是代表主体族群，因此治理行动可能被激进组织宣传为主体族群对少数族群的压迫，同时政府的打击和搜捕行动不可避免地影响当地民众的生活，例如进屋搜捕和不可避免会产生的身体接触等，都可能招致当地民众的反感。

中央政府主导的有区别打击策略无法解决的另一个问题是信息不对称问题。信息不对称问题表现为在政府打击激进组织时难以区分武装人员和非武装人员。一般来说，在族群冲突中，激进分子的训练水平和装备水平都比较低，使得他们与非激进分子之间的差异很小，虽然这体现了族群分离主义冲突中双方实力不对称的特点，但也增加了政府区分武装人员的难度。进一步增加这种难度的是，很多激进分子甚至不是全职打仗。例如，一个巴斯克激进分子，白天在工厂劳动，晚上可能在制作简易爆炸装置。面对政府的抓捕和打击，返回田地或工厂劳动的他们是应该被视为激进分子还是非激进分子？至少在当地民众看来，这是需要进一步解释的问题，当中央政府试图向民众宣传治理行动的合法性和正当性时，又特别容易受到当地民众的质疑，那么情况又回到上文提到的两难境地问题。

对于政府治理行动来说，信息不对称带来的影响至少包括以下两个方面。第一，在面临信息不对称难题时，中央政府将打击对象扩展到平民是一个低效但合理的反应。由于没有当地族群权力机构和警察力量的合作，政府的安全部队很难获得和巩固当地民众的信任和支持，也很难精准地定位、抓捕和消灭激进分子。在类似情景中，政府最终无法有效地执行有区别打击策略，从而有动力扩展打击范围，以扭转信息劣势带来的被动局面。政府将被迫选择无区别打击的方式解决信息收集困境，但类似策略会增加政府获得激进分子消息的成本，最终反而削弱政府的打击能力。① 当政府不得不在实质上执行无区别袭击打击策略时，会进一步削弱和疏远那些愿意与中央政府合作的当地温和势力，使得激进组织在族群内的影响力

---

① David Siroky and Valery Dzutsati, "The Empire Strikes Back: Ethnicity, Terrain, and Indiscriminate Violence in Counterinsurgencies", *Social Science Quarterly*, Vol. 96, No. 3 (September 2015), pp. 825 – 826.

相对上升。

第二，信息不对称造成的另一个影响就是对平民的间接伤害（collateral damage），导致中央政府无法有效地实行区别打击策略下的奖惩措施，甚至可能导致无辜民众受到惩罚，或实际支持激进组织的人反而受到奖励，前者造成人身伤害，后者造成精神伤害。研究发现，在第二次车臣战争期间，与全部由俄罗斯军人构成的政府军打击行动相比，亲政府的温和派力量开展同样的打击行动之后，激发的报复袭击减少了约40%，呈现了明显的"同族群优势"（coethnicity advantage），而且这种优势是不必然传递的，即俄罗斯军人和当地警察混合编队的打击行动并不必然享有这种优势。① 可以发现，产生"同族群优势"的原因并不仅是因为车臣当地警察力量可以通过更直接和准确地定位和打击激进分子减少对民众的间接伤害，还在于族群文化和认同因素，即温和派行动被认为是族群内部争斗，不会被认为是主体族群的压迫。

因此，中央政府使用区别治理的策略必须依靠当地族群内的温和派来执行，这一点非常重要，不仅是因为他们比族群外人员更了解情况，还因为没有温和派的支持，政府的打击行动会适得其反，会进一步损害温和派的声誉，使得激进组织在族群内的影响力相对上升。当然需要强调的是，这不是说有了当地温和派的支持，区别打击的治理行动就不会造成间接伤害，而是在当地温和派发挥主导作用的情况下，造成的间接伤害要么是可以避免和减少的，要么是可以被转嫁到激进组织的，同时因为族群文化和认同因素，温和派主导的行动可以减轻对当地民众造成的心理冲击，中央政府不会成为责备对象并因此失去当地民众支持，从而不给激进组织借此进行思想动员的机会。

那么中央政府如何确定温和派会参与和发挥主导作用呢？本研究认为，中央政府应该认识到激进组织面临的集体行动困境，充分利用温和派和激进组织之间关系的两面性。一方面，温和派可能成为激进组织最大的盟友，从激进组织掀起的袭击行动中获利，因为通过利用后者发起的族群分离主义动员和极富政治象征意义的袭击行动，温和派可以在政治体制内

---

① Jason Lyall, "Are Coethnics More Effective Counterinsurgents? Evidence from the Second Chechen War", *American Political Science Review*, Vol. 104, No. 1 (February 2010), p. 18.

推动关于族群地位的政治议程，并借此巩固民众的支持，在未来可能举行的地方选举中扩大本族群选票。例如，在西班牙，巴斯克民族党（PNV）和巴塔苏纳政党联盟（Herri Batasuna）为争取自治权举行抗议和游行示威，但效果往往并不理想，而埃塔以政府不响应地方诉求的借口发起报复性的袭击后，两个政党反而从政府随后抓捕埃塔分子的行动中获利，有了更充分的游行示威理由。[①] 借助类似的政治联动，巴斯克民族主义政党获得可观的选举收益，扩大了自己的选票基础。

另一方面，温和派也可能成为激进组织最大的威胁，因为一旦温和派与政府合作，可以帮助政府发现、定位甚至消灭激进分子。温和派与激进组织之间的根本差别在于实现族群利益的路径选择不同，双方也在竞争族群民众的支持，从而获得对族群事务的更大影响力。温和派反对激进组织提倡的袭击方案，因为武装反抗可能导致政府对族群整体实行打击，导致当地被卷入一场成本高昂且持久的武装冲突。这使得温和派有动力与政府谈判达成和解协议，一旦温和派与政府达成类似协议，则会削弱族群分离主义对族群民众的吸引力，甚至直接导致冲突的终止。也因为如此，温和派和激进组织之间的策略分歧可能会不断激化，甚至导致族群内部的暴力行为。例如，当族群内的温和派代表考虑与政府谈判解决族群冲突时，泰米尔猛虎组织把他们当作族群的叛徒，并对温和派展开暗杀，很快泰米尔族群的受害者数量甚至超过僧伽罗人。[②] 在西班牙，埃塔开展的很多无区别袭击活动，目的也是震慑和清除族群内例如巴斯克民族党等立场更温和的派别，防止后者与政府谈判达成解决方案。[③] 通过在族群内制造恐怖气氛，激进组织希望能阻止族群内温和派主张与政府谈判或妥协的声音。因此，作为一种策略，中央政府可以在族群政策上做出适当的让步，以满足族群提出的部分社会和政治诉求的方式争取温和派支持。当温和派对于与政府谈判的结果感到满意时，可以降低族群对于用武力手段实现诉求的愿

① John Sullivan, *ETA and Basque Nationalism: The Fight for Euskadi, 1890 – 1986*, New York: Routledge, 1988, p. 229.

② W. A. Wiswa Warnapala, *Ethnic Strife and Politics in Sri Lanka*, New Delhi: Navrang Publishers, 1994, pp. 76 – 180.

③ John Sullivan, *ETA and Basque Nationalism: The Fight for Euskadi, 1890 – 1986*, New York: Routledge, 1988, p. 232.

望，而激进分子并不愿意在族群身份认同上做出让步，此时政府的让步有望塑造两派之间的分歧。

因此，在处理温和派的抗议和诉求时，政府需要避免取得过大的政治胜利，这相当于向整个族群展示温和派力量弱小，无法在与政府的谈判中取得成功，反而会扩大极端组织在族群内的相对影响力。当高度政治化的族群缺少通过体系内政治博弈实现诉求的机会时，从政治抗争转向武力抗争的可能性会上升，在族群内已经出现小股极端派的袭击行为时尤其如此。[1] 对于中央政府来说，这种情况更加棘手，因为相对于温和派的诉求，激进组织的问题更难处理。如果中央政府非但不争取温和派甚至打压温和派，则可能犯下更严重的错误，例如土耳其政府就经常逮捕那些不主张激进行动的库尔德温和派，意图消除那些在明处的政府反对派，但是这些逮捕和噤声行动损害和削弱了温和派在族群内的影响力，反而使得治理库尔德问题的前景更加黯淡。

但是，政府争取温和派的支持并不意味着应当对温和派做出太多的让步，或者甚至对激进组织做出妥协让步。政府做出的让步必须与温和派及其领导人控制和约束族群激进分子的切实行动相联系，过多的让步会被认为激进手段奏效的结果，此时激进组织甚至可以宣称正是自己的激进手段发挥了作用，才迫使政府满足了温和派的要求。这种情况可能会成为激进组织加强民族动员的工具，助长族群内以武力手段争取政治权力的愿望，例如斯里兰卡政府对泰米尔温和派的分权要求一度做出了很多自治权让步，但是猛虎组织随即宣称如果不是该组织激进袭击活动施加的压力，泰米尔人可能永远无法从政府得到那么多的自治权。鉴于武力手段的有效性，猛虎组织掀起了更大规模的恐怖活动。[2] 在冷战后刚出现车臣危机时，俄罗斯政府在1996年8月31日与车臣武装签署的《哈萨维尤尔特和平协议》实际上是对激进组织的巨大让步，相当于已经承认车臣的高度

---

[1]　Paul Wallace, "Political Violence and Terrorism in India: The Crisis of Identity", in Martha Crenshaw, ed., *Terrorism in Context*, University Park, PA: Pennsylvania State University Press, 1995, p. 407.

[2]　同时，对于民众个体来说，完全可以在不暴露对某方军事忠诚的情况下，开展与另一方的合作。参见 W. A. Wiswa Warnapala, *Ethnic Strife and Politics in Sri Lanka*, New Delhi: Navrang Publishers, 1994, p. 172。

自治，但是政府的妥协和退让并没有能解决问题。① 1999 年 8 月，车臣武装两次进攻俄联邦达吉斯坦共和国，激进组织掀起的恐怖袭击活动还蔓延到莫斯科和俄罗斯南部等好几个城市，冲突反而因此升级。

需要注意的是，温和派的力量往往较弱，既有的警察队伍也往往无法与激进组织展开有效斗争，因此需要结合中央政府的常规力量优势，培训和加强温和派警察力量，类似举措除了可以为包括温和派在内的当地人提供更好的安全保障，特别是防范、牵制和打击激进组织的能力，从而在进一步解决温和派主导治理行动的意愿问题之外，还使得温和派有能力解决自身的安全需求和通过治理成功来解决民众的安全需求。此时温和派主导的治理行动，可以控制和减少对当地民众的间接伤害，降低治理行动对族群整体的负面影响，从而争取民众对治理行动的支持。

第五节　治理成功的条件组合

根据冲突各方的冲突行为方式及其对当地民众支持的影响，前文详细论述了中央政府区别打击、激进组织无区别袭击、当地温和派主导治理行动三个条件对于成功治理族群问题的必要性。前文也提到，必要条件的意义在于具备这些条件不能决定特定结果，但缺乏任何一个必要条件都决定特定结果不会发生。作为必要条件，如果上述三个条件有一个不具备，那么中央政府就无法治理成功，但是它们单个存在并不能导致成功族群治理，因此它们都不是充分条件。寻找充分条件的意义在于导致结果产生的条件可能有多个，但不妨碍本研究先行确定其中的一种情况。当三个条件合在一起就已经能导致结果的发生，那么就可以认为这三个条件合在一起构成决定中央政府成功治理族群冲突的充分条件（如图 2—2 所示）。

中央政府要想达成治理成功的结果所需的充分条件，其基本的论证逻辑是强调人力，即中央政府能否控制激进组织的人员招募和补充，只要控制激进组织能够招募到的人员数量，激进组织就将走向衰败并最终灭亡。激进组织能否发展组织实力和努力实现分离主义，主要取决于能否获得族

---

① 赵龙庚：《从世界民族分裂主义看车臣危机》，《俄罗斯东欧中亚研究》2002 年第 2 期，第 19 页。

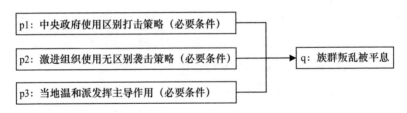

图2—2 中央政府平息族群叛乱的充分条件

资料来源：笔者自制。

群内更广泛民众的支持，这种支持包括提供庇护、后勤补给、消息来源等，但最大的支持是提供和补充武装人员。如果激进组织能够招募的人员不足以补充在开展袭击活动和抵抗政府治理行动中失去的战斗力，那么激进组织将逐渐萎缩直至失败；如果能够招募的人员与失去的战斗力能大致保持平衡，那么激进组织开展袭击活动的武装人员数量就可以保持不下降，冲突能够持续；如果招募到的人员能够超过开展袭击活动中失去的武装人员，那么激进组织队伍将发展和扩大。因此图2—2条件组合能否构成治理成功的充分条件，其考察机制在于条件组合形成过程是否有利于阻止激进组织招募新的成员。

上述机制是本研究分析图2—2所列出的条件组合是否构成治理成功的充分条件的基本原则。根据充分条件假言推理的规则，可以通过两种方式推理该条件组合的充分性。一是否定后件式推理：如果p，那么q；因为非q，所以非p。对应本研究，可解释为：如果条件组合p存在，那么导致结果q；结果q不存在，所以不具备条件组合p。二是肯定前件式推理：如果p，那么q；因为p，所以q。对应本研究，可解释为：如果条件组合p存在，那么导致结果q；因为条件组合p存在，所以导致结果q。在很多情况下，国际现象的发生都是多个条件共同作用的结果，即多个条件共同构成特定现象发生，其表达式为$A+B+C \Rightarrow D$，也因此从条件性质上看，每个条件都是同等重要，但是一般情况下，这些条件并不总是同时具备的，只有当最后一个条件发生时，充分条件才得以最终形成。[①] 因此，在对上述条件组合进行否定后件式推理时，意味着如果缺省p1、p2或p3中的任意

---

① 阎学通、孙学峰：《国际关系研究实用方法》（第二版），人民出版社2007年版，第83页。

一个，即如果中央政府无区别打击、激进组织区别袭击/温和派未能发挥主导作用，那么结果 q 都不会出现，即冲突无法被平息，将持续甚至升级。在对上述条件组合进行肯定前件式推理时，则主要是审查当具备其他两个条件的情况下，第三个条件的有无是如何影响族群治理的。[①]

第一，考察在 p2、p3 具备的情况下，有无 p1 对于结果的影响。在激进组织实行无区别袭击恐怖袭击策略，且温和派有意愿有能力发挥主导作用的情况下，说明族群内部对于族群道路选择的矛盾已经非常尖锐，内部分歧已经难以调和并上升至族群内部袭击的程度。激进组织的人员招募将遭受温和派的竞争，此时中央政府如果坚持无区别袭击进行族群治理的话，将失去治理成功的有利时机；此时中央政府也有可能及时调整策略，充分利用族群发生的内部争斗，转变打击方式并选择支持当地温和派发挥主导作用，随着温和派具备发挥主导作用的意愿和能力，中央政府将迎来治理成功的有利时机。在苏联解体后的历次车臣危机中，俄罗斯政府的族群治理策略都具备很强的无区别袭击特征，第一次车臣战争（1994—1996 年），俄罗斯的治理行动造成约 35000 名平民伤亡。[②] 第二次车臣战争（1999—2002 年），新任总统普京承受平民伤亡的决心更大，造成的平民伤亡数字因为敏感且缺少权威统计，但保守估计不会低于第一次车臣战争，但都没有有效平息车臣冲突。直到 2006 年以后，时任车臣总理拉姆赞·卡德罗夫（Ramzan Kadyrov）成为当地亲俄罗斯中央政权的温和派代表，他在反恐问题上的立场非常明确，被俄罗斯政府认为是打击车臣反政府武装的不二人选。[③] 在激进组织与当地温和派力量此消彼长之时，普京政府最终调整了策略，加强了对拉姆赞·卡德罗夫领导的当地政府在经济、政治和军事支持，这一策略发挥了作用，激进组织的实力日益衰落，如今的车臣问题已经不再是中央政府与地方族群的内战问题，而是更多体

---

① 当然还存在在缺省两个条件的情况，相关情形相当于单个条件的反条件情况，此时对于族群治理结果的影响可参考前文对中央政府无区别打击平息冲突（反 p1 条件）、激进组织坚持区别袭击（反 p2 条件）或温和派不发挥主导作用（反 p3 条件）的分析。

② Gail W. Lapidus, "Contested Sovereignty: The Tragedy of Chechnya", *International Security*, Vol. 23, No. 1 (Summer 1998), pp. 5-49.

③ 庞大鹏：《俄罗斯车臣共和国新总理拉姆赞·卡德罗夫》，《俄罗斯中亚东欧研究》2006年第 5 期，第 82 页。

现在温和派与武装派别之间的内部斗争。

第二，考察 p1、p2 具备的情况下，有无 p3 对于结果的影响。前文的论述已经充分表明，中央政府坚持有区别族群治理策略，而且激进组织也具备明显的无区别袭击特征，在争取到温和派的支持之前，中央政府仍无法克服信息不对称问题，将无法实现区别打击时可能带来的战略收益，冲突进入相持阶段，无法治理成功。但是当温和派能够参与并主导国家的区别打击的族群治理策略时，反映的是族群内部温和派反对采取武力手段追求族群独立，此时族群内部关于族群道路选择的分歧使得族群治理的集体行动困境加剧，族群治理将转变为族群内部之间的争斗。在中央政府的有力支持下，温和派在面对激进组织时将获得民众优势，后者因为采取无区别袭击将逐渐失去族群民众基础。对于巴斯克地区的族群问题，西班牙政府在较长的时间内都坚持政治谈判解决，执行的是区别打击的策略，但是西班牙政府始终无法获得巴斯克温和派的支持。巴斯克温和派传统上更同情极端派，与西班牙政府的距离较远，直到后期由于对从西班牙政府那里获得的较高自治权感到满意，温和派获得的选举收益越来越大。到 2009年，巴斯克温和派政党巴斯克民族党几乎单独控制或作为政党联盟的主导政党控制巴斯克地区的全部基层政府，随着温和派获得的民众支持越来越多，极端派的主张开始失去吸引力，年轻人加入极端组织的意愿开始下降。当温和派主导了地方局势，巴斯克极端组织的反政府行动也就意味着与温和派形成正面冲突。[①] 温和派开始完全与中央政府站在一起反对和打击激进组织，这也是当地冲突形势日益得以缓和的原因，巴斯克问题也主要成为族群内温和派和极端派之间的内部斗争，激进组织在民众中的吸引力大大降低，能够招募到的人员不足以弥补战斗中损耗的力量，激进势力日益衰落，能够造成的伤亡已经大大减少。2011 年，埃塔组织正式宣布永久停火，西班牙政府基本实现治理目标。

第三，在考察 p1、p3 具备的情况下，有无 p2 对于结果的影响。当中央政府选择区别打击、温和派也愿意参与和发挥主导作用时，激进组织的

---

① Arjun Chowdhury and Ronald R. Krebs, "Making and Mobilizing Moderates: Rhetorical Strategy, Political Networks, and Counterterrorism", *Security Studies*, Vol. 18, No. 3 (2009), pp. 392 – 393.

袭击策略将成为能否成功治理族群问题的关键条件。在中央政府实行区别打击策略的情况下，温和派发挥主导作用将限制激进组织坚持有区别袭击策略可能获得的收益，族群冲突进入相持阶段，这也符合本研究关于激进组织坚持有区别袭击情况冲突将持续的分析结果。此时，对于坚持区别打击的族群治理策略的中央政府来说，通过谈判和政治让步争取温和派的意义在于，通过温和派发挥的作用使得冲突可以不升级，此时如果激进组织不满意冲突仅仅保持持续的情况，或者面临的战略环境出现不利于己方的改变时，激进组织将有动力改变策略，例如转而使用无区别袭击。

第六节　关于区别策略的研究推论

上文分析主要涉及中央政府、激进组织、温和派在族群治理的策略选择，以及三者策略互动对最终族群治理结果的影响。各方策略按照二分法分类，中央政府和激进组织的策略选择二分为无区别或使用区别打击，温和派策略选择二分为主导或不主导治理行动。根据上文有关中央政府无区别打击手段局限性的分析，可以首先得出关于中央政府使用无区别袭击能否成功治理族群问题的研究推论：当中央政府使用无区别策略时，激进组织将倾向于使用有区别袭击策略，此时无论温和派是否发挥主导作用，冲突都将持续。

中央政府使用无区别袭击时，激进组织将倾向于使用有区别袭击策略。首先，中央政府和激进组织双方打击/袭击的情况不会稳定地同时出现。这两种情况同时稳定地出现的话，将等同于冲突双方都把杀害平民作为系统目标，这不符合族群武装分离主义的特性，因为在族群冲突中，冲突各方竞争的不仅是地理区域的控制，还涉及人口的控制。其次，对于激进组织来说，中央政府使用无区别策略，将有利于其发起关于武装争取族群独立的族群动员，扩大激进组织的民众基础。当激进组织可以从国家无区别袭击治理行动获得更多民众支持，招募到更多激进分子的时候，冲突将持续，并朝着有利于激进组织的方向发展。

在中央政府无区别策略的影响下，温和派有可能主导也有可能不主导政府治理行动。根据本研究关于中央政府使用无区别打击是无法治理成功的分析，在中央政府使用无区别打击的情况下，冲突将持续，此时温和派是否发挥主导作用带来的结果差别在于冲突发展形势的程度变化。在政府打击的胁迫下，温和派可能发挥主导作用，此时可以帮助中央政府控制形势的发展，而无法帮助治理成功。但此时温和派发挥主导作用的态势难以长期维持。首先，在中央政府坚持使用无区别族群治理策略的情况下，温和派与政府合作的目的是避免政府打击，即首要考虑是保证自身的财产和人身安全，此时温和派不可能冒着被激进组织惩罚的危险真正主导族群治理，特别是当激进组织加大惩罚力度的情况下，温和派发挥主导作用的动力难以长久维持，最终将导致温和派消极平叛。其次，当中央政府坚持使用无区别策略的情况下，意味着温和派无论合作与否，都可能面临政府打击的威胁，此时温和派与激进组织合作的动力增加。因为当冲突一方打击/袭击包括族群内人员在内的民众的时候，意味着无论民众是否与之合作，都可能成为打击/袭击行为的目标，此时投向冲突的另一方反而可以提高生存概率。[1] 当温和派最终消极或退出族群治理时，被中央政府无区别袭击暂时压制的族群冲突势头极有可能反弹，具体状态可能是停止缓和的势头，或由持平走向升级。

中央政府的无区别打击行为无法有效地改变温和派的行为，原因在于：第一，中央政府的无区别打击无法解决温和派与政府合作时可能面临的来自激进组织的惩罚。对于温和派来说，政府实行无区别打击的威慑作用在于他们由于担心自身生存而拒绝加入激进组织。但是，这一机制只有在个体拒绝加入某一军事组织的危险小于加入时才起作用，而在内战中，作为温和派的个体拒绝加入激进组织时往往面临激进组织的惩罚，人身安全得不到保证。第二，如果中央政府打击激进组织族群的方式是绝对意义上的无区别时，那么无论是激进组织、温和派或族群普通民众，个体选择将与自身的行为无关，也就是说温和派即使选择与政府合作也无法得到政府方面的安全保证。第三，个体完全可以在不暴露对某方军事忠诚的情况下，开展与另一方的合作。[2] 在情况升级的情况下，中央政府有动力改变

---

① Stathis N. Kalyvas, "Wanton and Senseless? The Logic of Massacres in Algeria", *Rationality and Society*, 1999, 11 (3), pp. 243 – 285.

② Sebastian Schutte, "Violence and Civilian Loyalties: Evidence from Afghanistan", *Journal of Conflict Resolution*, 2016, 61 (8), pp. 1595 – 1625.

策略，例如转而使用有区别打击策略。

经过以上分析，我们已经知道政府使用无区别袭击是无法治理成功的，政府治理成功需要使用区别打击策略的必要性在于另一个选择的无效性。因此当我们研究政府治理成功的条件时，实际的研究范围可进一步缩小为寻找政府使用区别打击策略时能够治理成功的策略条件。在确定了中央政府使用区别打击的策略后，根据激进组织和温和派的策略，结果如图2—3所示。

		温和派是否主导治理行动	
		温和派不主导	温和派主导
激进组织	有区别袭击	A1：冲突持续	A2：冲突持续
策略选择	无区别袭击	A3：冲突持续	A4：冲突平息

图2—3　中央政府使用区别打击策略取得成功的条件

结合前文对于条件组合充分性的分析，可以提出中央政府使用区别打击策略取得成功的研究推论。

推论1：当中央政府使用区别打击、激进组织使用区别袭击策略时，冲突将持续。此时温和派是否发挥主导作用将带来治理行动减少伤亡的程度变化。

推论1针对的是A1和A2的情况，对于A1的情况，在中央政府和激进组织都使用区别策略的模式下，当温和派不发挥主导作用时，中央政府仍无法克服信息不对称问题，将无法实现区别打击时可能带来的战略收益，冲突与反冲突进入相持阶段。此时中央政府需要特别注意有区别策略是否得到有效执行，因为如果对民众的间接伤害产生并扩大时，可能导致激进组织的民众基础扩大，具体状态可能是停止缓和趋势，或由持平走向升级，冲突将升级。

对于A2的情况，当温和派发挥主导作用，反映的是族群内部温和派反对采取武力手段追求族群独立，此时族群内部关于族群道路选择的分歧，将加剧激进组织面临的集体行动困境，形势将有利于政府管理分离主义冲突，激进组织使用区别袭击扩大民众支持的作用将受到限制，具体冲突状态可能是由持平走向缓和，或由升级走向持平，但冲突仍将持续，这也符合本研究关于激进组织坚持使用区别袭击的情况下冲突将持续的分析结果。对于坚持区别打击策略的中央政府来说，通过谈判和政治让步争取温和派的意义在于通过温和派发挥的作用使得冲突可以不升级，此时如果激进组织不满意冲突仅仅保持持续的情况，或者面临的战略环境出现不利于己方的改变时，激进组织将有动力改变策略，例如转而使用无区别袭击。

推论 2：当中央政府使用区别打击、激进组织使用无区别袭击策略时，冲突有可能被平息。此时温和派是否发挥主导作用将带来族群治理结果的性质变化。

推论 2 针对的是 A3 和 A4 的情况，对于 A3 的情况，如果在激进组织使用无区别袭击的情况下，坚持使用区别打击策略的中央政府没有能争取到温和派的支持，温和派没有能够发挥主导作用的话，那么中央政府的区别打击策略无法得到有效执行，仍将无法克服政府发挥主导作用时面临的两难问题，从而错失治理成功的机会，也就是说在温和派未能发挥主导作用的情况下，冲突仍将持续。此时中央政府需要特别注意有区别族群治理策略是否得到有效执行，因为当激进组织由有区别袭击策略转向无区别袭击时，可能在较短的时间内扩大冲突造成的死亡人数，具体冲突状态可能是停止缓和，由持平走向升级。对于 A4 的情况，激进组织使用无区别袭击将损害自身的民众基础，此时温和派发挥主导作用，反映的是族群内部温和派反对采取武力手段追求族群独立，此时族群内部关于族群道路选择的分歧，将加剧激进组织面临的集体行动困境，形势将有利于政府管理分离主义冲突，具体冲突状态将迎来性质变化，冲突将平息。

在管理和平息国内族群冲突时，特别是在冲突已经发生的情况下，往往意味着族群内有部分人已经放弃与中央政府谈判提升族群地位，并致力于以袭击甚至无区别袭击的方式实现分离主义目标。此时，中央政府在当地族群中的支持已经有一定程度的降低，这也是冲突得以发生的前提条件。不过依据同样的道理，一旦中央政府能够获得类似支持，则相当于拥有了对抗和削弱激进组织的当地合法性优势。此时中央政府坚持使用区别打击策略，并且由温和派主导治理行动的话，可以有效地克服信息不对称问题和减少治理行动带来的间接伤害。当地温和派主导的治理行动中，对支持激进组织的个人进行惩罚时，可以减少由于族群认同等因素对族群民众带来的冲击，可以赋予治理行动更高的意识形态支持和合法性形象之外，不会被必然地认为是主体族群在惩罚或剥削少数族群，从而有效地影响当地民众的政治态度和行为，三个必要条件的实现，可以为治理成功提供充分条件。

第七节　本章小结

根据印度政府、锡克激进组织和温和派三方策略互动对当地民众支持走向的影响，本研究将印度政府治理锡克问题分为四个阶段，以揭示一个平息族群冲突的有效路径。

表 2—1　　　　印度锡克问题造成的历年伤亡（1981—2001 年）　　　单位：人

类别\年份	平民	安全部队	激进分子	除平民外合计	三项总计
1981	13	2	14	16	29
1982	13	2	7	9	22
1983	75	20	13	33	108
1984	359	20	77	97	456
1985	63	8	2	10	73
1986	520	38	78	116	636
1987	910	95	328	423	1333
1988	1949	110	373	483	2432
1989	1168	201	703	904	2072
1990	2467	476	1320	1796	4263
1991	2591	497	2177	2674	5265
1992	1518	252	2113	2365	3883
1993	48	25	798	823	871
1994	2	0	76	76	78
1995	0	0	11	11	11
1996	0	0	3	3	3
1997	56	2	1	3	59

续表

类别 年份	平民	安全部队	激进分子	除平民外 合计	三项总计
1998	0	0	0	0	0
1999	0	0	0	0	0
2000	18	0	0	0	18
2001	1	0	0	0	1

数据来源：South Asia Terrorism Portal，www. satp. org。

　　根据上文分析框架，可以划分锡克问题的不同发展阶段。本研究将印度政府治理锡克问题分为四个阶段，以揭示一个族群治理的有效路径。第一阶段是 1983 年冲突发生后到 1984 年 10 月。当时的英迪拉政府并没有充分信任地方温和派，当时地方温和派相较于刚兴起的激进组织具有绝对的实力优势，但此阶段治理行动由中央政府主导，英迪拉时期的"蓝星行动"和"伍德罗斯行动"体现了强烈的无区别袭击特征。1984 年 6 月，英迪拉命令印度军方开展"蓝星行动"，印度军队攻入激进组织盘踞的哈尔曼迪尔寺（Harmandir Sahib，以下简称金庙）以及其他数个寺庙，行动造成巨大平民伤亡并严重损害金庙；随后开展的"伍德罗斯行动"中，政府打击大规模波及普通民众，大量无辜锡克青年被抓捕。此时中央政府打击了激进组织的同时也造成严重间接伤害，旁遮普的族群冲突虽然有所缓和，但是这个阶段的治理行动并没有赢得当地民众支持，大量锡克青年无辜入狱。大量失业青年人口的存在成为治理当地族群问题的主要难题。

　　第二阶段是 1984 年 10 月拉吉夫·甘地接任后到 1987 年 6 月。关键性的证据之一是印度政府与温和派达成的《拉吉夫—隆格瓦尔协定》，但是拉吉夫政府并没有真正执行协定，这大大降低了地方温和派在族群内部的威信，激进组织趁势发起动员。此时中央政府仍然发挥主导作用，关键性的证据之一是由印度军方主导的"黑色闪电 I 行动"，再次打击了锡克族群整体。1986 年 1 月，激进组织重新进入金庙并第一次升起象征锡克独立的"卡利斯坦"旗帜，4 月，拉吉夫政府主导执行"黑色闪电 I 行动"，但由于政府并没有意识到宗教问题的敏感性，行动反而加剧了当地的族群对立。激进组织趁机加强了族群动员，组织的数量和成员总数都快速上升，地方温和派的影响力被削弱，根本无力制约激进组织在族群内的影响力。

第三阶段是1987年6月到1991年6月，主要是拉吉夫政府执政后期一直延续到随后的两个短暂执政的政府。1987年6月，拉吉夫政府再次宣布对旁遮普实行"总统管制"，中央政府行使宪法权力直接控制地方政府，拉吉夫政府决定放手让自己选择的地方政府开始发挥主导作用，关键性的证据是任命自己属意的旁遮普警察局局长吉尔（K. P. S. Gill），以及1988年4月吉尔发起的"黑色闪电Ⅱ行动"。整个行动体现了温和派同族群优势，当地警察特地邀请了当地电视台记者旁观并向普通民众直播政府的行动过程，展示了激进组织是如何利用神圣的宗教场所从事犯罪活动的。当地警方行动和媒体的介入帮助赢得了锡克民众的普遍支持，而且发挥了一定的族群治理动员效果。但是由于此时温和派警力有限，无法发起大规模的治理行动，甚至也没有能力抵御激进组织因此加强的族群内部报复袭击，冲突造成的平民伤亡快速上升，旁遮普的族群问题仍没有得到根本治理。

第四阶段是1991年6月纳拉辛哈·拉奥（P. V. Narasimha Rao，1991年6月21日—1996年5月16日任印度总理）上任到1994年，关键性的证据是拉奥重新启用了此前被免职的吉尔担任旁遮普警察局局长以及吉尔主导的"保护者行动"。拉奥政府及时调整了在旁遮普的族群治理策略，强调信任和依靠旁遮普地方温和派，并提供了各种资源和政策支持。在吉尔的主导下，地方温和派力量经历了一个实力快速提升的过程，地方警察的数量得到极大的扩充，大量锡克年轻人被吸纳进入警察队伍，解决了青年人就业的同时也减少了激进组织对他们的吸引力。地方警局的资金有了更强有力的保障，警用装备也更新升级，不仅如此印度政府还派驻专业人员对地方警察进行了有针对性的平叛技能训练。一系列措施执行下来，确保了温和派在面对激进组织时重新具备实力优势。此后温和派主导的治理行动完全地发挥了同族群优势，此时开展的两个阶段"保护者行动"，有效地打击了激进组织的有生力量，旁遮普的族群问题得到了初步解决。

接下来，本书将结合以上研究推论和阶段划分，详细展示印度政府、锡克激进组织和温和派三方策略互动对当地民众支持走向的影响，考察印度政府的族群治理策略演变，激进组织的袭击策略演变以及锡克温和派在整个过程中主动和被动做出的选择，以展示上文所提研究推论在印度政府治理锡克问题中的解释效力，揭示一个族群治理的有效路径。

第三章

宾德兰瓦里与锡克问题的兴起

本研究认为，20世纪80年代初在印度旁遮普邦出现的锡克问题与印度联邦制度维持国内和平的能力有关。作为联邦制国家，印度始终面临中央政府与地方之间的权力分配问题，也因此印度政府是否能够维持国内族群之间的和平，也与其联邦制度能否有效和及时地响应地方诉求有关。通过响应地方诉求，印度政府可以影响当地民众对于留在国家体系内的意愿，从而塑造自身的合法性；否则激进组织可以借此发起族群动员，将造成民众疾苦的原因归咎于印度政府，以催生反对印度政府的地方行动。印度政府在应对少数族群的分权和自治运动时，倾向于放大所面临的国内安全威胁，做出的反应超出了实际需要，使得事件的发展过程形成螺旋上升的模式，反而导致自治运动发展成为武装分离主义运动，也就是说在局势可以变得更好的情况下反而变得越来越糟。因此本章将重点分析在联邦制度下，印度政府与锡克族群关系的演变过程。

印度国家治理实行联邦制度，以联邦宪法的形式确定了立法权、司法权和行政权的分配制度，其中立法权又分为联邦、各邦和共享权力三个清单（list）。[①] 对于宪法规定未竟之权力，一些联邦制国家将之赋予地方政府，类似实践有利于实现政府与地方政府之间的权力平衡。但与此不同，印度宪法规定将未竟之权力赋予印度政府，这极大地加强了印度政府相对于地方政府的权力优势。对于印度的国家治理结构来说，印度政府相对于地方政府的权力优势至少还体现在另外一条规定上，即宪法第356条，该

---

① *The Constitution of India*, The text is authenticated by the Ministry of Law and Justice, http://lawmin.nic.in/olwing/coi/coi-english/coi-indexenglish.htm.

条款赋予印度政府在特定条件下对邦实行"总统管制"（President's Rule）的权力。① 在实行"总统管制"的情况下，"总统直接接掌邦政府的全部职能或任何职能，行使邦长和除邦议会之外的全部机关及团体的全部权力或任何权力"，并且"邦议会的权力由联邦议会行使或控制"。因此相对于美国等联邦制国家注重央地政府之间权力制衡的设计，印度联邦制度赋予中央政府更大的权力。对于新生的印度共和国来说，这种权力相对集中的制度设计有利于维持国家完整和推进国家建设，但也使得印度联邦制度始终面临央地权力平衡的问题。②

印度联邦制度设计的独特之处还在于宪法赋予地方政府不同的自治权力，例如 2019 年 8 月以前，依据宪法第 370 条，查谟和克什米尔邦拥有高度自治权；③ 依据宪法第 239A 条和第 239AA 条，本地治理（Puducherry）和德里则被置于印度政府的直接管辖之下，拥有的自治权最低。④ 理论上说，地方政府享有的自治权至少有一个上限和一个下限，也因此地方邦享受的自治权水平是在这个制度设计区间内变动的。这种独特的制度设计使得独立以来印度的央地关系拥有相对独特的演变路径，一方面是印度政府依据未竟权力清单侵蚀地方政府的治理权限，另一方面很多地方政府在当地民意的支持下一直力争更多自治权。⑤ 锡克问题也是在这个背景下产生和发展起来的。

第一节　锡克问题兴起的历史背景

在 20 世纪的绝大部分时间里，印度政府相对于地方政府的权力范围一直在拓展，而且大多数时间国大党都主导着这一进程，因为在此期间它基本保持了事实上的一党独大地位，在旁遮普邦也是如此。自印度独立以来，

---

① Article 356, *the Constitution of India*.

② M. G. Khan, "Coalition Government and Federal System in India", *The Indian Journal of Political Science*, Vol. 64, No. 3 – 4 (July-December, 2003), p. 168.

③ Article 370, *the Constitution of India*.

④ Article 239A and Article 239AA, *the Constitution of India*.

⑤ Krishna K. Tummala, "India's Federalism under Stress", *Asian Survey*, Vol. 32, No. 6, June 1992, p. 538.

最高阿卡利党（以下简称阿卡利党）在旁遮普地区执政权的争夺中，与主要对手国大党的竞争中就一直处于弱势地位。为了获得更多地方自治权，当时印度其他地方的语言群体在争取按语言建邦的权力，阿卡利党也加入其中，以响应当地民众的旁遮普语认同需求并借此争取更大的地方自治权。[①]

　　面对各地强大的语言建邦诉求，印度政府最终做出妥协，于1956年通过联邦重组法案，满足了大部分地区的相关诉求，但是联邦重组委员会认为阿卡利党的诉求是基于宗教而非语言，因此阿卡利党的建邦要求被拒绝。虽然联邦重组委员会的观点不无道理，因为当时阿卡利党的很多政治诉求同时体现了宗教立场，而且该党力图通过宗教诉求来团结本族群民众，[②]但是阿卡利党并不这么认为，相反他们认为这体现了印度政府对于旁遮普人民的歧视，因为在当时印度的14种官方语言中，旁遮普语是唯一没有能获得单独建邦地位的。由于语言与宗教的身份认同交织在一起，这也被认为是对锡克人的歧视，因此这一决定也被阿卡利党利用来作为族群动员的依据之一，例如在谈到旁遮普语建邦问题时，时任阿卡利党主席的法特赫·辛格（Fateh Singh）说道：“如果是锡克教以外的人把旁遮普语作为母语，那么印度的统治者就不会否决建立一个旁遮普语邦的请求。”[③]

　　随着其他类似的努力相继失败，阿卡利党开始调整党争策略，并在1960年的时候发起了大规模的“旁遮普语建邦运动”（Punjabi Suba Movement），整个运动只提建立语言邦的要求，完全回避了宗教请求。[④] 与甘地和国大党在英国殖民时期开创的示威和表达方式类似，阿卡利党推动的旁遮普语建邦运动主要也是通过游行和领导人绝食等手段表达诉求（参见表3—1），[⑤] 整个运动没有上升为族群冲突，但是锡克人的诉求面临巨

---

　　① 关于尼赫鲁执政时期印度各地兴起的语言建邦运动，可参见 Robert Desmond King, *Nehru and the Language Politics of India*, London：Oxford University Press, 1997。

　　② J. S. Grewal, *The Sikhs of the Punjab*, New York：Cambridge University Press, 1990, pp. 171 – 174.

　　③ Paul R. Brass, *Language, Religion and Politics in North India*, New York：Cambridge University Press, 1974, pp. 325 – 326.

　　④ J. S. Grewal, *The Sikhs of the Punjab*, New York：Cambridge University Press, 1990, pp. 77 – 78.

　　⑤ 数据来源：Amanpreet Singh Gill, *Non-Congress Politics in Punjab* (1947 – 2012), Amritsar：Bingh Brothers, 2015, p. 74。

大阻力。当时的印度总理尼赫鲁一直反对建立旁遮普语邦的请求，主要理由在于旁遮普语建邦将产生一个锡克教占多数的邦，这与印度世俗主义建国的原则相抵触。[①] 同时，由于旁遮普邦与巴基斯坦接壤，战略地位重要，尼赫鲁本人并不信任一个锡克人主导的边境邦会有利于自己的巴基斯坦政策。

表3—1　　　　　　　　旁遮普语建邦运动主要抗议活动

抗议活动名称	抗议活动时间
旁遮普语建邦大会	1953 年 10 月 24—25 日
旁遮普语万岁大集会	1955 年 5 月 10 日—7 月 12 日
旁遮普语保护大会，贾朗达尔	1957 年 6 月 16 日
旁遮普语建邦大会，阿姆利则	1960 年 5 月 22 日
旁遮普语大集会	1960 年 7 月
圣法特赫·辛格绝食抗议	1960 年 12 月 18 日—1961 年 1 月 9 日
塔拉·辛格大师绝食抗议	1961 年 8 月 15 日—10 月 1 日
圣法特赫·辛格绝食抗议	1965 年 8 月 15 日—9 月 9 日
旁遮普语运动全党派大会	1965 年 11 月 7 日

1964 年尼赫鲁去世后，其继任者夏斯特里（Lal Bahadur Shastri，1964 年 6 月—1966 年 1 月任印度总理）支持建立语言邦，阿卡利党的事业迎来转机。在印巴 1965 年战争中，旁遮普和锡克人采取了坚定支持印度政府的立场，锡克人的忠诚经受住了考验，消除了前总理尼赫鲁的两大担心之一。在夏斯特里之后担任印度总理的英迪拉·甘地与尼赫鲁不同，她并没有执念于所谓的世俗主义理想，相反她更愿意从现实政治的角度看待旁遮普语建邦问题。当时英迪拉担任印度总理不久，在党内和党外的根基不稳，同意旁遮普地区分邦将进一步削弱原大旁遮普邦的政治实力，有助于减轻她面临的党内外压力，而旁遮普和锡克人在 1965 年战争中的表现更是给了英迪拉改变尼赫鲁在旁遮普问题上政策的理由。在此情况下，

---

① Pritam Singh, "Class, Nation and Religion: Changing Nature of Akali Dal Politics in Punjab, India", *Commonwealth & Comparative Politics*, Vol. 52, No. 1 (2014), p. 59.

原旁遮普邦被重组为两个邦，一个是锡克人占多数，主要使用旁遮普语的新旁遮普邦，另一个是印度教徒占多数，主要使用印地语的哈里亚纳邦。[①] 虽然此次重组也有一些遗留问题，例如昌迪加尔的归属问题和两邦之间共享河流的水资源分配问题等，但新邦的成立基本满足了当地民众建立语言邦的要求，观察家们也倾向于认为英迪拉·甘地政府做出的妥协为当时联邦与地方之间在族群和语言问题上的冲突画上句号。[②] 在此后的一段时间内，印度政府与旁遮普邦政府的关系有所缓和，阿卡利党的发展方向转向寻求在联邦框架内与国大党竞争地方执政权。

正如本书在理论部分提到的，在面对地方分权和自治诉求时，中央政府做出特定的让步，可以让少数族群消除疑虑从而停止相关诉求的族群动员，但是如果少数族群发起动员的目标是实现独立，或者在后续的政治演变中提出分离主义诉求，那么中央政府的让步只会增加后者的实力，未来需要面临更加强大和激烈的分离主义冲突。对于任何政府及其领导人来说，决策的难点在于无法确定族群的政策偏好，即使能确定，也无法保证相关偏好在未来不会出现变化，相关的冲突状态标准必然是事后判断，即如果少数族群的分权和自治要求如果真的发展成为武装分离主义，那么之前的让步就会受到批评。当分权运动演变成一场武装分离主义冲突的时候，英迪拉做出的这次让步也面临类似的事后评判。

旁遮普分邦后，锡克人第一次成为一个地方邦的多数族群，考虑到锡克人在印度全部人口中所占的比例，这是一个非常让人激动的成就。锡克人在地方行政单位内的人口比例变化充分说明了这一点，在印巴分治之前的 1941 年，锡克人只占旁遮普地区总人口的 13.2%，印巴分治之后的 1956 年，锡克人也只占印度旁遮普地区总人口的 38.5%，而在 1966 年新旁遮普邦建立之后的 1971 年，锡克人占旁遮普邦总人口的比例已经达到 60.2%。

---

① Shale Horowitz and Deepti Sharma, "Democracies Fighting Ethnic Insurgencies: Evidence from India", *Studies in Conflict & Terrorism*, Vol. 3 No. 8 (2008), p. 756.

② A. S. Sarhadi, *Punjabi Suba: The Story of the Struggle*, Delhi: U. C. Kapur & Sons, 1970, p. 462.

表3—2　　　　　　不同时期旁遮普地区锡克人口比例变化情况①

不同历史时期	旁遮普地区面积（万平方千米）	锡克人占当地人口比例（%）
英国殖民时期	25.6	13.2
独立后的印度原旁遮普邦	12.25	38.5
分邦后的印度旁遮普邦	5.0	60.2

通过成功的语言建邦运动，阿卡利党加强了在锡克民众中的影响力，借助于锡克人在地方政治的多数族群地位，阿卡利党在地方事务中的竞争能力也得到增强，有了通过赢得地方选举执掌邦政府的可能，1967年，阿卡利党的选举纲领开始淡化宗教诉求，转而侧重世俗的、经济和政治诉求，并成功胜选。② 当年的国大党也经历了大分裂，英迪拉派系的国大党继续保持印度政府的执政权，而另外一些国大党高层则选择离开国大党另组新党，总体来说1967年是印度政党政治的分水岭之年，国大党一党独大的地位开始松动，地方政党迎来一个发展机遇期，政党数量和在地方选举中能够获得的席位数都有所增加。

印度宪法第 356 条关于"总统管制"的规定

第三百五十六条 邦一级的行宪机构失灵的规定，邦合宪机构失效时的规定

第一款 总统接获邦长报告或通过其他途径了解情况后，认为某邦政府已不能依照本宪法继续工作时，可以发布公告宣告：

（一）由总统直接接掌邦政府的全部职能或任何职能，行使邦长和除邦议会之外的全部机关及团体的全部权力或任何权力；

（二）邦议会的权力由联邦议会行使或控制；

（三）制定总统认为必需的和适宜的附带条款和关联条款，包括规定完全停止或部分停止实施本宪法；有关各邦机关团体的各项条款。

但本款规定不得视为授权总统接管高等法院的任何权力，全部或部分停止实施本宪法有关高等法院的各项条款。

---

① "The Modern History of Skihs（1947 – present）", The Sikh Encyclopedia, https：// www.thesikhencyclopedia.com/the-modern-history-of-sikhs – 1947 – present/population.

② Harish Puri, "Akali Politics：Emerging Compulsions", in V. Grover ed., *The Story of Punjab Yesterday and Today*, Vol. 2, New Delhi：Deep and Deep, 1999, pp. 448 – 450.

第二款 第一款所述的公告，可由此后发布的公告撤销或修正。

第三款 根据本条规定发布的各项公告应提交议会两院。除撤销前一公告发布另一公告外，其他此类公告均于两个月期限届满时停止生效，除非该期限届满前议会两院通过决议给予批准。

但是，如果第一款所述公告发布时人民院已解散，或人民院在本款所述两个月的期限内解散，此项公告仅获联邦院批准，而人民院在两个月期限届满前未做出决议，则该项公告将于人民院恢复活动后第一次会议开会之日算起的三十天期限届满时，停止生效。除非人民院在上述三十天期限内通过批准该项公告的决议。

第四款 经议会两院批准的公告。除被提前撤销者外，应于公告发布之日起六个月期限届满时停止生效。但是，如经议会两院决议批准，公告继续生效（议会连续批准，则公告亦连续延长），除非被提前撤销，该公告将从原规定期限期满之日起，继续生效六个月。但此类公告的持续有效期，在任何情况下不得超过三年。

如果人民院在上述六个月期限内解散，而在此期间仅联邦院通过赞同继续生效的决议，人民院未通过赞同继续生效的决议，则该项公告应于人民院恢复活动后第一次会议开会之日算起的三十天期限届满时停止生效，除非人民院在上述三十天之内批准该项公告继续生效。

第五款 不论第四款做何规定，议会两院不得在该公告发布一年期限届满之后通过决议，同意已据第三款规定批准的公告再做任何生效期限的延长，除非：

（一）通过决议时，印度全国、某邦之全部或部分地区正实施紧急状态；

（二）选举委员会证实，考虑到该州举行立法会议大选存在困难，有必要在决议规定的期限内继续实施根据第三款规定批准的公告。

需要交代的背景是，至少在 20 世纪 90 年代之前，印度政党政治竞争的生态是执政党（主要是国大党）利用宪法关于印度政治制度的设计有利于印度政府的特点打压地方政党。宪法第 356 条规定总统在接到邦长（Governor）报告或通过其他途径了解情况后，在认定该邦政府不具备依照联邦宪法继续履行职能时，可以宣布对该邦实行总统管制。在印度政治制度下，邦长由联邦总统任命，是邦的名义首脑，不过实际行政权力由首席部长掌控。但在宪法第 356 条下，邦长被赋予监察邦政府运作的职能，从某种程度上说，邦长递交给印度政府的报告可以决定邦执政党的去留。鉴于第 356 条赋予政府领导人解散地方政府和议会的巨大权力，执政党倾向于将该条款用于打击竞争对手。在尼赫鲁去世之后的印度政治中，政党竞争日益激烈，为了保持一党独大地位，英迪拉领导的国大党政府开始滥用该条款。英迪拉执政时期，宪法第 356 条被多次用来维持国大党在地方层次的执政地位。[1] 笔者统计了有关数据，从 1966 年到 1977 年（即英迪拉第一次执政时期）该条款被使用 39 次，仅在 1977 年实行紧急状态法前后，英迪拉政府就对 13 个邦宣布总统管制，可以说宪法第 356 条的频繁使用对于地方政党的执政稳定性构成巨大影响。[2] 国大党利用自己的优势地位，也长期在旁遮普邦保持了主导地位，统计显示，1947—2002 年，国大党在绝大多数时间内都保持了旁遮普邦地方议会的控制权，详情可参见表 3—3。

表3—3　　　旁遮普地方议会的国大党议席情况（1947—2002 年）

年　份	旁遮普议会总席位	国大党席位数
1947	72	51
1952	126	96
1957	154	120
1962	154	90
1967	104	48 *
1972	104	66
1980	117	63
1992	117	87
2002	117	62

Amanpreet Singh Gill，*Non-Congress Politics in Punjab*（*1947 – 2012*），Amritsar：Bingh Brothers，2015，p. 47.

* 这也是国大党第一次未能在旁遮普邦地方选举中占据多数席位。

国大党与阿卡利党在旁遮普邦的地方执政权竞争也未能例外。尼赫鲁时期，尼赫鲁本人坚决反对和教派政党合作，但是国大党的地方组织已经开始在旁遮普和喀拉拉邦与阿卡利党、穆斯林联盟合作。1956 年，国大党与阿卡利党达成协议，阿卡利党同意将其活动限定在服务于锡克教徒的教育、文化和经济利益方面，换取国大党对其政治利益的承诺。在 1957 年的大选中，许多阿卡利党的成员以国大党候选人的身份参选。英迪拉政府的分邦举动，帮

---

[1]　M. G. Khan，"Coalition Government and Federal System in India"，*The Indian Journal of Political Science*，Vol. 64，No. 3 – 4（July-December，2003），pp. 167 – 190.

[2]　谢超：《印度政党政治碎片化的成因和历程》，《国际政治科学》2015 年第 4 期（总第 44 期），第 42—71 页。

助自己赢得了部分锡克人选票，但阿卡利党作为地方政党逐渐巩固了自己的地位，在地方选举中开始占据优势，国大党沦为地方反对党。

为了重新夺回在旁遮普的执政权力，国大党综合运用了自己的联邦执政优势和地方党组织的运作能力，通过策反阿卡利党议员的方式，导致阿卡利党组建的旁遮普政府于 1968 年被解散，由印度政府实行"总统管制"（持续时间是 1968 年 8 月 23 日—1969 年 2 月 17 日）；虽然阿卡利党在 1969 年邦选举后再次当选，但是在 1971 年 6 月英迪拉·甘地再次宣布在旁遮普邦实行"总统管制"（持续时间是 1971 年 6 月 14 日—1972 年 3 月 17 日），阿卡利政府的此次执政也被迫结束。

第二节　《阿南德普尔萨希布决议》

英迪拉频繁利用"总统管制"干预当地治理，非国大党执政的政府成为主要对象，这是国大党在当时确保自身一党独大地位的常用竞争策略。1971 年，英迪拉成功介入东巴基斯坦局势，通过第三次印巴战争（1971 年 11 月 21 日—12 月 17 日）肢解巴基斯坦，孟加拉国成立，英迪拉借此赢得了巨大的国内声望，国大党在联邦和地方层次的选举不断扩大领先优势。至少在阿卡利党领导层看来，英迪拉及其领导的国大党在印度内政的强势地位得到了巩固，阿卡利党必须更系统地思考自身在印度联邦制度下的长期发展战略。

1973 年，阿卡利党发布了《阿南德普尔萨希布决议》，要求印度真正兑现联邦制，将国防、外交、货币、铁路和交通以外的其他管理权移交给地方政府，其中大部分诉求（例如水资源和电力资源再分配、扩大地方权力）都与农业有关，而决议的目标就是"拉平农产品与工业原材料间的价格对比，消除对于工业原材料缺乏地区的歧视"。[1] 总体来看，决议背后反映的是 1966 年分邦遗留的问题，包括但不限于：第一，昌迪加尔

---

① 1978 年提出的《阿南德普尔萨希布决议》是阿卡利党历史上的重要文件，是该党的纲领性文件之一。决议全文可参见 *Anandpur Sahib Resolution*，Authenticated by Sant Harchand Singh Longowal，http://www.satp.org/satporgtp/countries/india/states/punjab/document/papers/anantpur_sahib_resolution.htm。

成为联邦管辖区，作为新旁遮普邦和哈里亚纳邦的联合首府；第二，分邦后的水资源分配权归属于印度政府；第三，还有一些旁遮普语地区被排斥在新旁遮普邦之外。这些问题中，争取昌迪加尔作为旁遮普邦的首府带来的是政治象征意义，水资源分配权涉及经济诉求，旁遮普以农业为主的经济模式对于灌溉用水需求很大，关系当地经济的命脉，纳入其他旁遮普语地区则是完成语言身份认同建设的关键一步。

实际上，锡克族群内部族群与印度政府的关系历来存在不同道路之争，对于《阿南德普尔萨希布决议》也有不同解释。例如，法特赫·辛格（Fateh Singh）等人就认为决议提出的各项诉求，主要包括旁遮普语建邦、归还昌迪加尔以及被纳入相邻邦的旁遮普语村庄，而在1966年分邦之后大部分诉求已经得到满足；有一些人将决议解释为锡克人要求在印度联邦范围内建立一个高度自治实体；还有一些人则认为决议反映的是锡克人要求建立独立的锡克国（即"卡利斯坦"）。① 也正是基于对《阿南德普尔萨希布决议》的不同解释，按照常规的分类，持温和与激进族群观点的锡克团体走上了不同的道路，本书则依据是否拿起武器追求锡克独立将持温和与激进观点的锡克人归为更加广义的温和派。

人物小传：哈尔查德·辛格·隆格瓦尔（Harchand Singh Longowal）

隆格瓦尔，1932年1月2日出生于当时的旁遮普帕蒂亚拉。青少年时期系统学习了锡克教义并进入锡克寺庙成为诵经者，后来逐渐成长为东旁遮普地区隆格瓦尔镇锡克寺庙的总负责人。1962年，他成为著名的达姆达玛寺（Damdama Sahib）主事，尽管如此他仍选择以隆格瓦尔作为自己的称号并终身使用。此后他逐渐加入锡克人对印度政府的各种抗议活动，并迅速在阿卡利党内崭露头角。1975年紧急状态期间，英迪拉政府囚禁了大部分阿卡利党领导人，隆格瓦尔接手并继续领导锡克抗议活动。1980—1985年，隆格瓦尔担任阿卡利党主席。1985年7月他代表锡克温和派与时任印度总理拉吉夫签署《拉吉夫—隆格瓦尔协定》（又称《旁遮普协定》），促使印度政府认可锡克人提出的一系列诉求，原本有望促成锡克问题的和平解决。但是1985年8月20日，协定签署后不到一个月，隆格瓦尔被锡克激进分子刺杀身亡，协定最终未能执行，旁遮普局势进一步恶化。隆格瓦尔因为在锡克人中的崇高地位和广泛影响力，被锡克人亲切地称为圣·隆格瓦尔。

---

① Khushwant Singh, *A History of the Sikhs*, Volume 2, 1839 - 2004, New Delhi: Oxford University Press, 2004, p. 338.

1973 年《阿南德普尔萨希布决议》通过之后，外界对此知之甚少。1977 年，在时任旁遮普首席部长巴达尔（Prakash Singh Badal）、时任最高锡克教寺庙管理委员会主席托赫拉、时任印度政府农业部部长苏尔吉特（后在拉吉夫时期担任过旁遮普首席部长）和时任旁遮普邦财政部部长的巴尔万特（Balwant Singh）组成的委员会审定了新版本《阿南德普尔萨希布决议》，该版本成为阿卡利党提交 1978 年全印阿卡利党大会的文件，拟作为该党今后一段时期的行动纲领。关于 1977 年版本的措辞也有争议，阿卡利党主席隆格瓦尔也审定并发布了一个权威版本（authentic version）。阿卡利党将隆格瓦尔版本发送给印度人民院和联邦院全体议员，作为党主席的隆格瓦尔附上了一个简短介绍，宣称决议"不过是为了防止反复轻率的修改蚕食印度宪法赋予地方邦的权力"，目的是更好地调适央地关系，强烈否认决议的目标是建立一个独立的锡克国家。①

从印度政府和国大党的角度来看，虽然《阿南德普尔萨希布决议》的出现与自身多次粗暴打断阿卡利党地方执政有关，但是对于前者来说，当初同意阿卡利党的语言建邦要求，无疑为自己在旁遮普邦造就了一个更强大的对手，也就是说在印度政府看来，赋予锡克人在特定区域内的多数族群地位反而激起了锡克族群更强烈的分权自治愿望。《阿南德普尔萨希布决议》也自此成为旁遮普地方政治的重要文件，在锡克人争取自治权的路上起到重要的作用，也多次被国大党政府认定为是一个反国家的分离主义文件。但是，如果真正按照决议的精神确定旁遮普邦的边界，那么届时锡克人口的比例将会从 60% 下降到 50% 以下，因为那些新纳入的旁遮普语村庄里大部分人口都是印度教徒。

除了政治上的争议，学界对该协议的作用也有很多不同看法。对于一些人来说，《阿南德普尔萨希布决议》"为卡利斯坦提供了意识形态源泉"，一些人则认为"（它）只是为锡克人占主体的旁遮普要求更多自治权"。② 也有另一些人认为，《阿南德普尔萨希布决议》既不提倡卡利斯

①　Khushwant Singh, *A History of the Sikhs*, Volume 2, 1839 – 2004, New Delhi: Oxford University Press, 2004, p. 340.

②　参见 A. C. Kapur, *The Punjab Crisis: An Analytical Study*, New Delhi: S. Chand and Company, 1985, p. 195; Chand Joshi, *Bhindranwale: Myth and Reality*, New Delhi: Vikas Publishing House, 1984, p. 44。

坦，也不仅仅是要求分权，而是阿卡利党的政治路线的综合声明，所以与大多数政治宣言一样，"保持一致性或逻辑并不是这份决议的任务"。[①] 至少在阿卡利党自己来看，这份决议保持了一致性，延续了阿卡利党的一贯主张。正是由于阿卡利党在这些问题上的立场，引发了后来与印度政府的严重冲突。虽然类似主张有在印度联邦体系范围内解决的可能性，但是对于特定族群来说，是否采取武力手段实现分离目标取决于如何从战略上看待自身的政治和经济现状。随着印度政府和地方政府之间地方事务主导权的竞争加剧，以及印度政府在应对地方分权诉求时的措施失当，原本在联邦制度下和平的分权运动最终演变成一场严重的武装分离主义冲突。

第三节　锡克问题兴起的经济和社会因素

20世纪60年代中期到80年代，印度通过推广和应用农业新技术等手段发动了一场绿色革命，农业取得比较快的发展。[②] 得益于相对较好的农业基础，旁遮普邦成为引进农业新技术和开展农业基础设施建设的主要地区。印度教古老的婆罗门种姓体系素来有鄙视体力劳动的传统，但是锡克教崇尚劳动，鼓励信徒自力更生，锡克人也因此成为印度新一代农民的典范。[③] 这些因素使得旁遮普邦和锡克人成为绿色革命最大的受益者，旁遮普也因此成为印度当时经济发展靠前的地区。在旁遮普，与绿色革命有关的现代化进程带来了经济的大发展，也导致了一系列深刻的社会变革。

当地工业发展滞后使得旁遮普有理由担心经济结构的脆弱性，以农业为主的经济模式会被未来的工业潮流所超越。[④] 农业发展和生产效率的提高意味着种植相同面积的农田所需要的农民数量减少，但是被挤出农业生

---

① Harish Puri, "Anandpur Sahib Resolution: What Do the Akalis Really Want?", *Interdiscipline*, Vol. 15 No. 2 (1983), pp. 47 – 48.

② Shinder Purewal, *Sikh Ethnonationalism and the Political Economy of Punjab*, New Delhi: Oxford University Press, 2000, pp. 55 – 56.

③ Pritam Singh, "How Centre-State Relations Have Shaped Punjab's Development Pattern", in L. Singh and N. Singh eds., *Economic Transformation of a Developing Economy*, New Delhi: India Studies in Business and Economics, 2016, p. 375.

④ Monohar Singh Gill, "The Development of Punjab Agriculture, 1977 – 80", *Asian Survey*, Vol. 23, No. 7, 1983, pp. 842 – 843.

产的农民在旁遮普无法找到工业就业机会。旁遮普工业发展滞后有一部分历史的原因。印巴分治时期，大旁遮普被分为印巴两个部分，其中巴基斯坦旁遮普省继承了大部分工业基础，印度旁遮普邦则保留了农业的传统主导地位，随后的印巴冲突使得印度政府投资发展旁遮普工业的意愿降低。事实也印证了当地民众的担忧，一方面 1966 年之后印度政府的工业发展投资更多地流入哈里亚纳邦和矿产资源相对丰富的喜马偕尔邦，投资缺乏加剧了旁遮普工农业发展失衡的问题，也在另一方面让以农业为主的旁遮普邦担心在未来工业发展中会进一步落后于其他邦。[1]

与经济结构脆弱性密切相关的是年轻人失业率高。经济发展提高了年轻人的教育水平，教育水平的提高让越来越多的年轻人不愿再从事农业活动，一段时间以来的经济发展和教育进步使得年轻人的自我期望升高，但由于旁遮普农业主导的经济结构没有改变，他们没有充足的非农业就业机会。[2] 一部分受过良好教育的年轻锡克人更愿意去其他邦寻找非农业就业机会，而旁遮普农业发展需要的劳动力则由邦外迁徙而来的低种姓人口填补。[3] 一个突出的现象是在当时的旁遮普邦，很多失地农民不是来自邦内，而是来自更加贫穷的东部，包括北方邦、比哈尔邦和西孟加拉邦，另一个突出的现象是本地农民开始拒绝田地里的辛苦体力劳作，宁愿选择失业和依赖给富裕家庭打零工的收入。也就是说对于年轻锡克人或是教育水平高、经济条件好，可以去其他工业相对发达的地区寻找就业机会，或是不具备这些条件，这样的年轻锡克人则要与邦内的新移民竞争就业机会，这两种情况都相对地抬高了邦内年轻人的失业率，外来劳动力的竞争也造成了农民工资水平的下降。

大量无业年轻人为激进组织的发展提供了基本的人力条件，特别是对社会现状不满的年轻人极易成为宗教极端思想动员的对象。[4] 在冲突平息

---

[1] Hamish Telford, "The Political Economy of the Punjab: Creating Space for Sikh Militancy", *Asian Survey*, Vol. 32, No. 11, 1992, pp. 979 – 980.

[2] Marco Corsi, "Communalism and the Green Revolution in Punjab", *Journal of Developing Societies*, Vol. 22, No. 2, 2006, p. 103.

[3] Rajat Ganguly, "The Move towards Disintegration: Explaining Ethnosecessionist Mobilization in South Asia", *Nationalism and Ethnic Politics*, Vol. 3, No. 2, 1997, pp. 113 – 114.

[4] Sandy Gordon, "Resources and Instability in South Asia", *Survival*, Vol. 35, No. 2, 1993, p. 69.

之后的回忆调查（Recall Survey）表明，大约三分之二的激进分子来自无地农业劳工和小农场主，只有约22%来自中等收入农民，以及极少的富裕农民，年龄结构方面，约80%的激进分子年龄在14—25岁。[1]

随着经济互动关系的演变，地方政府与印度政府之间的利益冲突上升。旁遮普是印度传统的农业大邦，一直以来农业都是旁遮普的经济支柱，传统农业与技术革命的结合推动邦内经济发展。但是令人担忧的是，当时旁遮普农业和工业的发展扭曲，农业生产的盈利和再投资额都在下降，很多农民失去土地。[2] 包括锡克人在内的旁遮普民众迫切希望改变这种局面。这种经济诉求反映在联邦制度下，就是旁遮普地方政府和印度政府之间的发展模式冲突，前者沿袭的是分散的多元社会经济发展模式，这与当时印度国大党高度集中的发展模式是不同的，两者之间存在冲突。[3] 旁遮普邦是以农业为支柱产业，也因此高度依赖政府的农业补贴，以及农产品的低投入价和高产出价之间的差价来实现利润，但这些补贴和价格都是印度政府控制的。

对于旁遮普农民来说，印度政府制定的采购价过低，严重地压制了地方经济的发展和当地农民的利益。20世纪70年代末，印度政府与旁遮普地方之间对于经济主导权的矛盾进一步激化，因为在绿色革命效果开始显现之后，印度政府制定的农产品采购价进一步降低，也就是说旁遮普农民面临的苦难非但未能缓解，反而再次加重。[4] 随着包括大米和小米在内的农作物价格一直下降，旁遮普农民的收入水平也从70年代初开始同步逐渐下降。[5] 这进一步加剧了当地普通农民的苦难。

绿色革命带来的社会冲击也反映在宗教层面。从20世纪60年代后期

---

① Prakarsh Singh, "Impact of Terrorism on Investment Decisions of Farmers Evidence from the Punjab Insurgency", *Journal of Conflict Resolution*, Vol. 57, No. 1, 2013, p. 147.

② Shinder Purewal, *Sikh Ethnonationalism and the Political Economy of Punjab*, New Delhi: Oxford University Press, 2000, p. 62.

③ Murray J. Leaf, "The Punjab Crisis", *Asian Survey*, Vol. 25, No. 5, 1985, pp. 475 – 498.

④ J. S. Grewal, *The Sikhs of the Punjab* (Revised Edition), New York: Cambridge University Press, 2008, pp. 212 – 214.

⑤ Anya McGuirk and Yair Mundlak, *Incentives and Constraints in the Transformation of Punjab Agriculture*, Washington, D. C.: International Food Policy Research Institute, Research Report, No. 87, 1991, p. 40.

开始的绿色革命，与贯穿整个 80 年代的武装分离主义有着紧密的联系，原因在于绿色革命推动了印度现代化进程，但却进一步固化了印度社会的政治和经济结构。绿色革命带来的经济发展开始冲击旁遮普的社会传统，锡克教高层发现由于现代化进程的影响，年轻一代可能并不会坚定地信守锡克教的宗教和文化传统。[①] 印度政府的经济政策限制了旁遮普地区新兴的中产和大农场主（large capitalist farmers），导致了锡克农业人口的进一步分化。[②] 外来的非锡克劳动力大量涌入更是让人开始担忧锡克教传统生活方式，锡克教中持正统观点的派别开始抵制所谓印度教对锡克教的"同化"运动。[③] 这种对于宗教传统以及更进一步的锡克教身份认同的担忧大大增强了宗教诉求在锡克人政治生活中的地位，一些极端保守派别对此的担忧也促进了原教旨主义教派影响力的上升。

经济上的不满与激进组织的政治动员之间的逻辑联系在于，绿色革命导致的农业生产方式转变，一些穷苦的锡克教农民被进一步边缘化，绿色革命导致的社会和经济冲击催生了宾德兰瓦里及其追随者的极端行为，原教旨主义派别影响力的上升给阿卡利党带来巨大的政治压力，使得后者在处理与印度政府关系上的立场也被迫日趋强硬。但对于一部分持激进观点的人来说，阿卡利党领导的分权自治运动进展过于缓慢，印度政府并没有积极响应旁遮普民众在河水使用方面的要求以及将昌迪加尔作为旁遮普邦首府的诉求，更不用说积极改造联邦权力安排以向邦政府让渡更多行政和经济权力。此时作为锡克教原教旨主义代表的宾德兰瓦里等人的主张，开始在锡克族群内部得到更多青睐，特别是通过一些宗教领袖传达出来的思想，使得部分锡克人认为只有通过武力手段，才有可能实现锡克人的诉求。在此基础上兴起的锡克教原教旨主义的激进行为，以及部分温和派的极端化，推动着锡克武装分离主义的发展，也因此旁遮普的安全局势开始

①　Sumit Ganguly, "Ethno-religious Conflict in South Asia", *Survival*, Vol. 35, No. 2, 1993, p. 93.

②　Jugdep S. Chima, "The 'Political Economy' of Sikh Separatism: Ethnic Identity, Federalism and the Distortions of Post-Independence Agrarian Development in Punjab-India", in Matthew J. Webb and Albert Wijeweera eds., *The Political Economy of Conflict in South Asia*, London: Palgrave Macmillan, 2015, p. 32.

③　Marco Corsi, "Communalism and the Green Revolution in Punjab", p. 103.

恶化，分离主义运动造成的人员伤亡日益增加。

第四节 宾德兰瓦里的崛起

　　为了响应锡克教徒日益加重的经济苦难和宗教原教旨主义对宗教现状的担忧，阿卡利党开始积极利用锡克人经历的社会经济挫折进行族群动员，以便在与印度政府谈判时获得有利位置和争夺地方事务主导权。为了制衡阿卡利党，当时的国大党政府转而扶持锡克教原教旨主义者宾德兰瓦里（Jarnail Singh Bhindranwale）。宾德兰瓦里 1947 年出生于一个贾特人家庭。贾特种姓是人数最多的锡克种姓，大多数贾特人以入伍和务农为荣，前者是追随锡克人的尚武传统，后者则是锡克经济的根本。宾德兰瓦里的父亲乔金德·辛格（Joginder Singh）是一个农民，也是一个虔诚的锡克教徒，繁重的务农耕作并没有阻止他定期去锡克寺庙祷告。乔金德给宾德兰瓦里的正式取名是 Jarnail（旁遮普语中与英语 General 同义），贾特人喜欢以军衔给自己孩子取名，乔金德遵循的也是这一传统。从任何方面来看，宾德兰瓦里都是一个典型的锡克人。

　　在锡克教民族独立意识的启蒙过程中，很多人都发挥了作用，但是宾德兰瓦里的影响更加直接和关键。宾德兰瓦里识字不多，如果不是介入政治活动，可能终其一生都会是一个生活在乡村的锡克牧师，但是他在锡克原教旨主义激进化过程中发挥了关键作用。对于锡克民众来说，他散播族群仇恨，一些锡克人恨他，因为他带来了无尽灾难，一些锡克人爱他，认为他带来了宗教觉醒。

　　在现代印度的政治话语中，原教旨主义分子指的是某人有目的地选择或恢复特定具备高度象征意义的宗教传统，以此动员同一教派的信众加入某项行动，这些行动往往是为了实现宗教目标（例如追求和倡导宗教传统生活）或特定群体的政治和经济利益诉求。[①] 由于存在类似主张的族群或地区往往是反政府的，特别是当他们使用包括谋杀等恐怖手段以追求实

---

　　① T. N. Madan, "The Double-Edged Sword: Fundamentalism and the Sikh Religious Tradition", in Martin E. Marty and R. Scott Appleby, eds., *Fundamentalisms Observed*, Chicago: University of Chicago Press, 1991, pp. 594 – 627.

现特定政治目标时，也被视为恐怖分子。以宾德兰瓦里为代表的锡克教极端势力也走上了激进化的道路。印度政府漠视甚至默许宾德兰瓦里采取袭击行动打压旁遮普境内的印度教徒和仍占主导地位的锡克教温和派。在当时的社会条件下，锡克教中存在的原教旨主义思想总体处于上升态势，宾德兰瓦里利用温和派分权运动进展缓慢和当地民众与印度政府之间的相互不信任，渲染印度政府是对锡克教文化身份认同的威胁，使得印度政府与旁遮普邦之间的央地关系宗教化，开启了分离主义意识形态的激进化进程。

宾德兰瓦里之所以重要，是因为他倡导了锡克教尚武的传统，致力于巩固锡克教的政治权力，他的布道在锡克人中有着巨大影响力，随着宾德兰瓦里越来越崇尚武力，锡克人争取更大自治权的政治运动，日益充满激进色彩。当时，宾德兰瓦里是 the Damdami Taksal 的负责人，the Damdami Taksal 类似于宗教学校，是由第十位上师戈宾德亲自创立的致力于传播锡克教教义的组织，已经有着近 300 年的历史。① 对于锡克民众来说，戈宾德的教诲代表着正统和权威，宾德兰瓦里也因此被认为是代表着锡克教正统的牧师（布道者），借助这个机构的名望和权威，增加了他作为虔诚锡克教人的宗教和政治权威。

宾德兰瓦里的布道活动和人生轨迹可以分为如下几个阶段，第一个阶段，宾德兰瓦里的布道强调道德、人性和平等，与其他宗教甚至锡克教内大多数牧师的理念并无明显区别，他的布道主要是反对消费主义和种姓制度；② 第二个阶段，他开始强调锡克教正统，主要是反对他眼中的"异端邪说"尼朗迦利斯派，1978 年在阿姆利则，双方发生了严重冲突，共造成了十几人死亡；③ 第三个阶段，是反印度教阶段，例如针对当地媒体大亨印度教徒贾加特·纳拉因（Jagat Narain）支持尼朗迦利斯派的言论，他发表了长篇演说进行抨击，后者最终于 1981 年 9 月被暗杀身亡，标志着锡

---

① 关于该组织的简介，可参见 https：//www. damdamitaksal. com/about。

② P. Singh, "Two Facets of Revivalism", in G. Singh ed. , *Punjab Today*, Delhi：Intellectual Publishing House, 1987, pp. 167－179.

③ G. S. Dhillon, *India Commits Suicide*, Chandigarh, India：Singh and Singh Publishers, 1992, p. 143.

克教极端教徒开启对旁遮普境内印度教徒的大规模暗杀行动；① 第四个阶段也是最后阶段，他坚持要求印度政府接受《阿南德普尔萨希布决议》，满足旁遮普和锡克人的地区政治诉求，否则锡克人可以诉诸武力手段。② 正是在后两个阶段，宾德兰瓦里开始成为锡克教极端势力的精神领袖，并最终成为锡克教武装分离运动的核心象征。

1977 年 8 月 13 日，the Damdami Taksal 时任领导人卡尔塔尔（Kartar Singh Khalsa）提名宾德兰瓦里为其接班人，8 月 25 日宾德兰瓦里正式就任。③ 前文已经提到，the Damdami Taksal 致力于传播锡克教第十代上师戈宾德·辛格（Gobind Singh，1666—1708 年）的教诲。该组织自称是锡克教行走的大学，对于锡克教教义持极端保守观点。④ 宾德兰瓦里在旁遮普基层民众中的传教十分勤勉，他劝导人们在日常生活中遵循锡克教的教义和教规，在旁遮普乡村的布道经历让他对乡村政治有了更深切的体会，对锡克民众的生活有了更好的了解。年轻锡克人是宾德兰瓦里传教的主要目标，呼吁他们抵御现代社会带来的不良生活习惯，不要饮酒抽烟，不要依赖药物，而应该回归到哈尔萨（即锡克教尚武传统）。⑤ 由于宾德兰瓦里的宗教背景和在该组织的领导人身份，他的追随者称他为 "Bhindranwale Mahapurkh"，意思是 "来自宾德兰的伟大精神导师"。借助正统锡克教组织领导人的身份，宾德兰瓦里在锡克民众和其极端思想追随者的心目中的宗教正统性得以提升，在民众中进行极端分离主义思想的布道有了更高的合法性。

---

① Harnik Deol, *Religion and Nationalism in India: The Case of the Punjab, 1960 – 1995*, London: Routledge, 2000, Chapter 6.

② Jarnail Singh Khalsa Bhindranwale (translated by Ranbir Singh Sandhu), *Struggle for Justice: Speeches and Conversations of Sant Jarnail Singh Khalsa Bhindranwale*, Dublin, OH: Sikh Educational & Religious Foundation, 1999, pp. 476 – 477.

③ Mark Tully and Satish Jacob, *Amritsar: Mrs. Gandhi's Last Battle*, London: Jonathan Cape, 1985, p. 54. 能够就任这一职位，也反映了宾德兰瓦里的个人能力和魅力，因为卡尔塔尔并没有选择自己的儿子艾姆里克（Amrik Singh）作为继承人，而且艾姆里克还甘愿追随宾德兰瓦里并成为后者的得力助手，后来在 "蓝星行动" 中与宾德兰瓦里一起被政府军击毙。

④ 更多相关信息，可参见 http://www.damdamitaksal.org/。

⑤ 实际上，为印度政府 "蓝星行动" 辩护的观点也提出，锡克教原教旨主义势力长期提倡和诉诸武力，挑起旁遮普地区锡克人与印度政府之间的对立，是推动印度政府采取强硬措施的主要原因，参见 *The White Paper on the Punjab Agitation*, Govt. of India, 1984; Rajiv A. Kapur, *Sikh Separatism-The Politics of Faith*, New Delhi: Vikas Publishing House, 1987。

事实上有研究认为宾德兰瓦里能够从一个默默无闻的牧师，被提拔为 the Damdami Taksal 负责人，背后还有国大党的支持。当时印度政府仍处于紧急状态之后的过渡期，人民阵线汇聚了广泛的反国大党力量，成为联邦执政党，在旁遮普邦则是由人民阵线和代表锡克教内部更温和观点的阿卡利党联合执政。由于人民阵线的执政能力有限，国大党正在重新获得民众支持，而国大党如果想在旁遮普邦积蓄力量和扩大影响力，就需要寻找自己的合作伙伴，温和派的阿卡利党已经与对手结盟，因此而持激进观点的宾德兰瓦里进入他们的视线。

1978 年是锡克原教旨主义发展的重要节点，尼朗迦利斯派（Nirankaris），又称无形派，创始人巴巴·达耶尔（Baba Dayal，1783—1855年），是锡克教的改革派别之一。该派把无形体的精神视作神，把创始人及其继承人奉为上师。这与锡克教第十位上师（也是最后一位上师）戈宾德的教导不同，后者指定在他之后锡克教不再有新的上师，作为锡克教经典著作的《锡经圣典》被奉为永恒上师。除了这些冒犯锡克教正统的做法之外，尼朗迦利斯派还在圣典中加入其创始人的论述，这再次与正统信仰相悖，因为戈宾德已经宣布圣典不再改动，为此他甚至拒绝在里面加入自己的教诲。除了这两处违背之外，尼朗迦利斯派在日常生活中也不像其他的锡克教徒一样遵守严格的穿戴礼仪，在很多正统锡克教徒看来，这都不是正当的行为，尼朗迦利斯派也因此被视为异端。[①] 尼朗迦利斯派与正统锡克教组织之间的摩擦不断。

1978 年 4 月 13 日，在人民阵线成员的压力下，当时的旁遮普邦政府批准尼朗迦利斯派在圣城阿姆利则召开年度集会。这给了以宾德兰瓦里为代表的原教旨主义势力前往干涉的理由。[②] 当时两个锡克教主要原教旨主义派别，包括宾德兰瓦里领导的 the Damdami Taksal 和法乌贾·辛格（Fauja Singh）领导的 Akhand Kirtani Jatha[③] 准备在该聚会上袭击尼朗迦利斯派。

---

① 参见 "Nirankari"，Encyclopedia Britannica，https：//www. britannica. com/topic/Nirankari。

② Cynthia Keppley Mahmood，*Fighting for Faith and Nation：Dialogues with Sikh Militants*，University of Pennsylvania Press，1996，p. 78.

③ Akhand Kirtani Jatha 是锡克教极端派别之一，该派别反对锡克教寺庙最高管理委员会（SGPC）倡导的锡克人行为准则，提倡圣典代表了锡克教历代上师的教诲，其教义是清楚自明的，不需要额外的解释（更多相关信息，可参见 http：//www. akhandkirtanijatha. org/）。

据信，宾德兰瓦里和法乌贾带领约 200 名暴徒气势汹汹地赶往阿姆利则，在途中还砍掉了一个印度教商贩的胳膊，这被认为是"未来的卡利斯坦恐怖主义犯下的第一桩暴行"。[①] 到达阿姆利则后，法乌贾试图刺杀尼朗迦利斯派首领未果，反被首领保镖开枪打死，随后的双方冲突又导致 13 名袭击者以及 2 名尼朗迦利斯派教徒死亡。

人物小传：宰尔·辛格（Giani Zail Singh）

宰尔·辛格，1916 年 5 月 5 日出生于旁遮普，原名是 Jarnail（旁遮普语中与英语 General 同义），后来自己改名宰尔。由于在锡克宗教学院接受过关于圣典的专门教育，他被冠以吉亚尼（表示"学者"）称号。1966—1972 年，宰尔任旁遮普国大党主席，1972—1977 年任该邦首席部长，1980 年 12 月任印度内政部长，1982 年当选总统。宰尔忠诚追随尼赫鲁家族，据说他在当选总统后曾表示，"如果我的领袖让我拿起扫帚做一名清洁工，我会遵从的。她选择我担任印度总统"。"蓝星行动"后，宰尔选择留任印度总统，1984 年 10 月英迪拉·甘地遇刺身亡之后，他以印度总统的身份选择任命英迪拉儿子拉吉夫继任印度总理。1994 年 11 月 29 日，宰尔逝世。

与尼朗迦利斯派的冲突奠定了宾德兰瓦里解决宗教分歧的路线，当然他的路径区别于阿卡利党等希望在既有政治体制下寻找族群未来的路径。这也让他进入了英迪拉·甘地的小儿子桑杰·甘地（Sanjay Gandhi）[②] 的视野。从 20 世纪 70 年代开始，桑杰与曾任旁遮普首席部长的吉亚尼·宰尔·辛格（Giani Zail Singh）在旁遮普政治布局，希望通过借助锡克极端派的力量，削弱温和派阿卡利党在锡克民众中的影响力。[③] 当时急于返回权力核心地位的英迪拉正在四处寻找盟友，为下一次大选做准备。在有心

---

① K. P. S. Gill and Ajai Sahni, "India—The Defeat of Religious Extremist Terror in Punjab", in Albrecht Schnabel and Rohan Gunaratna eds. , *Wars from Within*: *Understanding and Managing Insurgent Movements*, London: Imperial College Press, 2015, pp. 191 – 192.

② 1980 年 6 月 23 日，桑杰·甘地因飞机失事去世，此后英迪拉的大儿子拉吉夫·甘地走上政治前台，成为尼赫鲁家族的政治接班人。

③ Rajiv A. Kapur, *Sikh Separatism-The Politics of Faith*, New Delhi: Vikas Publishing House, 1987, p. 235; Mark Tully and Satish Jacob, *Amritsar*: *Mrs. Gandhi's Last Battle*, London: Jonathan Cape, 1985, pp. 54 – 58.

人的撮合之下，桑杰说服宾德兰瓦里推举自己的候选人参加1979年SGPC领导人选举，当然宾德兰瓦里还没有足够的影响力击败正统的阿卡利党候选人并赢得如此重大的选举，但是这让国大党看到了宾德兰瓦里的价值。[①] 在桑杰和宰尔的影响下，英迪拉选择支持宾德兰瓦里及其组织，目的是利用他来制衡阿卡利党。[②] 桑杰和宰尔支持极端派扩大势力范围，甚至暗中支持组建人民哈尔萨党（the Dal Khalsa），该党的主张是成立一个锡克教独立国家"卡利斯坦"，与持温和观点的阿卡利党展开正面竞争。[③] 当然这个新政党的代言人将会是宾德兰瓦里，当地的锡克人也普遍认为这就是宾德兰瓦里领导的政党，但是宾德兰瓦里随即宣布自己不会加入任何政治组织。[④] 这也是桑杰和宰尔的旁遮普计划的隐忧，即在他们的漠视容忍甚至支持下，锡克分离主义势力快速登上旁遮普地方政治的前台，但他们选定的代理人合作态度不积极，甚至脱离自己的控制，英迪拉分而治之的策略即将产生事与愿违的后果。

宾德兰瓦里从双方的合作中获益更大，国大党的支持，纵容并加剧了宾德兰瓦里及其所领导组织的激进倾向，后者通过武力手段和渲染仇恨的布道，使得自身在锡克教族群的影响力开始上升。[⑤] 总体来看，宾德兰瓦里很好地利用自己代表锡克教正统的牧师身份、地方宗教势力和印度政府的支持，在旁遮普的宗教和政治事务中的影响力日益上升。从20世纪80年代早期开始，宾德兰瓦里就与锡克教的各方势力巩固了关系，包括全印

[①] Tavleen Singh，"Prophet of Hate：J S Bhindranwale"，*India Today*，20 June 2008，http：//www. india-today. com/itoday/millennium/100people/jarnail. html.

[②] Bidisha Biswas，*Managing Conflicts in India：Policies of Coercion and Accommodation*，Plymouth：Lexington，2014，pp. 66 – 72.

[③] 在锡克历史上，"人民哈尔萨"指的是18世纪（1735—1780年）活跃在旁遮普地区的反莫卧儿王朝统治的武装，用作党派的名称，带有强烈的锡克教历史色彩。实际上，这个组织时至今日仍处于活跃状态，仍宣称致力于实现"卡利斯坦"，不过强调以和平手段实现目标，参见"Will make peaceful push for Khalistan，says Dal Khalsa"，*The Tribune*，August 13，2018，https：//www. tribuneindia. com/news/punjab/will-make-peaceful-push-for-khalistan-says-dal-khalsa/636999. html。

[④] Rajiv A. Kapur，*Sikh Separatism-The Politics of Faith*，New Delhi：Vikas Publishing House，1987，p. 235.

[⑤] Harjot Oberoi，"Sikh Fundamentalism：Translating History into Theory"，in Martin E. Marty and R. Scott Appleby，eds. ，*Fundamentalisms and the State：Remaking Polities，Economies，and Militance*，Chicago：University of Chicago Press，1993，pp. 256 – 285.

锡克教学生联合会（the All India Sikh Students Federation，AISSF），[①] 以及锡克教寺庙最高管理委员会（SGPC）高层。[②] 锡克教内部极端势力之间开始出现一定程度的联合。在随后六年中，宾德兰瓦里成为锡克教激进派无可争议的领导人，吸引了很多坚定地追求殉教思想的追随者，这些人都不折不扣地执行他分派的任务，成为极端思想的坚定信奉者。在旁遮普的动荡局势中，宾德兰瓦里还利用自己的政治和宗教影响力，帮助人们解决遭遇到的土地、财产或其他问题。宾德兰瓦里坚持公平和公正的原则，也因此他的评判意见总能得到冲突双方的尊重，这也更加提高了他在普通锡克民众中的威望和受欢迎程度。

1980 年大选中，宾德兰瓦里公开为国大党候选人站台，人们甚至发现他与英迪拉曾经参加同一场活动。[③] 宾德兰瓦里为英迪拉在旁遮普的选举活动积极造势，为后者因紧急状态下台之后夺回总理宝座做出了贡献，随后英迪拉任命宰尔为内政部部长，同时为了防止宰尔在锡克人中的影响力过大，又选择任命宰尔的竞争对手达尔巴拉·辛格（Darbara Singh）担任旁遮普邦的首席部长，两个相互制衡的温和派，再加上宾德兰瓦里，英迪拉在旁遮普的政治布局可谓完整，三者之间有望构成相互制约的态势。事情的发展也的确如此，达尔巴拉上任后，对宰尔支持的宾德兰瓦里派别展开严厉打压，但是在宰尔的支持和英迪拉的默许下，宾德兰瓦里并没有因为操纵和指挥袭击活动受到实质惩罚。[④] 英迪拉这种一边打压一边拉拢的党争手法，虽然在短时间内实现权力制衡，但随着英迪拉对宾德兰瓦里

---

① 宾德兰瓦里的亲密助手艾姆里克一度担任 AISSF 的主席，直到后者在"蓝星行动"中被政府军击毙。AISSF 被认为是锡克教原教旨主义组织之一，组织名称中的学生指的是遵从圣典教诲的锡克人。该组织热衷参与各种政治活动，但也致力于提倡锡克教原教旨主义价值观。关于该组织的自我介绍，可参见 http：//aissf. in/。

② 1925 年，最高锡克教寺庙管理委员会（the Shiromani Gurdwara Prabandhak Committee，SGPC）成立，负责管理着旁遮普和印度各地超过 700 个锡克教神庙，其中包括最神圣的阿姆利则金庙（关于该组织的更多详情，可参见 http：//sgpc. net/）。由于最高锡克教寺庙管理委员会掌握着巨量的资金，拥有成熟的管理机构体系，经常被称为"国中之国"，控制了管理委员会就意味着控制了锡克人绝对的忠诚，很多情况下这也是获得邦政府控制权的跳板之一。

③ Mark Tully and Satish Jacob, *Amritsar：Mrs. Gandhi's Last Battle*, London：Jonathan Cape，1985，p. 59.

④ Kuldip Nayar and Khushwant Singh, *Tragedy of Punjab：Operation Bluestar and After*, New Delhi：Vision，1984，pp. 36 – 39.

日益失去控制，这一策略的危害开始显现。

随后宾德兰瓦里更是多次被控参与政治谋杀，其中造成比较大冲击的事件包括 1980 年 4 月尼朗迦利斯派领导人在新德里遇刺身亡，和 1981 年 9 月著名编辑贾加特·纳拉因（Lala Jagat Narain）因为发表反宾德兰瓦里言论在旁遮普邦被刺身亡，但宾德兰瓦里却并没有因此受到印度政府的审判。随后还有多位对宾德兰瓦里持批评立场的报纸编辑和评论员被暗杀，旁遮普警察局不得不为这些报纸的分销和零售人员提供额外保护，警察和报童一起出现也成为当时旁遮普独特的街景。达尔巴拉试图将宾德兰瓦里逮捕归案，但是印度政府却允许宾德兰瓦里自己选择被捕的时间，最终他在追随者的护送之下浩浩荡荡地乘车返回旁遮普，而且由于从德里返回旁遮普必须路过哈里亚纳，在英迪拉的默许之下宰尔（作为内政部部长对印度全国的社会治安负有监督职责）安排哈迪亚纳邦警察局护送宾德兰瓦里。[①] 在达尔巴尔再次将宾德兰瓦里逮捕之后，宰尔向议会做出说明，没有证据显示宾德兰瓦里与上述谋杀案有关，从而下令地方当局立即释放。[②] 当时国大党不仅利用自己的政府关系为宾德兰瓦里提供了政治庇护，当后者的袭击行径引发邦内外的谴责时，国大党的宣传机器选择支持他，宾德兰瓦里甚至被塑造为锡克英雄，宰尔则为他提供经济支持，尽管后来政府又不得不谴责宾德兰瓦里的组织"宗旨是寻求建立一个锡克人的主权国家"。[③]

英迪拉支持宾德兰瓦里的目的是在锡克人内部培养一支反对阿卡利党的力量，但是当宾德兰瓦里认识到国大党支持自己背后的政治目的是削弱锡克人的政治诉求之后，他反而更加坚定了自己的反政府主张。当然，培育和支持宾德兰瓦里只是国大党进行党争策略的一部分，很长时间以来，国大党及其控制下的印度政府就系统地分化和诋毁锡克领导人，意图削弱他们的合法性。如果英迪拉愿意容忍政党竞争和停止支持宾德兰瓦里的

①　Tavleen Singh, "Prophet of Hate: J S Bhindranwale", *India Today*, 20 June 2008, http://www.india-today.com/itoday/millennium/100people/jarnail.html.

②　Mark Tully and Satish Jacob, *Amritsar: Mrs. Gandhi's Last Battle*, London: Jonathan Cape, 1985, p. 69.

③　Mark Tully and Satish Jacob, *Amritsar: Mrs. Gandhi's Last Battle*, London: Jonathan Cape, 1985, p. 60.

话，事态的演变完全可以是另外一个样子。随着后者极端分离主义观点的逐渐成形和在锡克族群中获得的支持扩大，英迪拉发现已经难以控制宾德兰瓦里及其组织，自己给自己制造了一个远比阿卡利党威胁更大、更难解决的问题。特别具有讽刺意味的是，英迪拉认为阿卡利党是代表锡克人的激进诉求的，但宾德兰瓦里在后期呈现出的极端观点和激进程度，反而凸显了阿卡利党的观点是温和的，毕竟阿卡利党一直以来的诉求都是在联邦制度框架内寻求更大自治权。

第五节 宾德兰瓦里占据金庙

从上文的描述不难看出，宾德兰瓦里的犯罪行为之所以没有得到惩罚，很大程度上得益于当政的英迪拉·甘地和印度国大党的政治庇护，这种事实上的纵容加剧了宾德兰瓦里及其所领导组织的激进倾向。宾德兰瓦里多次逃脱印度政府的制裁，也让他的个人经历蒙上些许传奇色彩。宾德兰瓦里号召锡克人不要将金钱用在购买电视机等物品上面，而应该更多地用于购买武器和摩托车，方便进行战斗，他认为每一个虔诚的锡克人都应该持有武器。[1] 通过武力手段和渲染仇恨的布道，宾德兰瓦里的影响力开始上升，很快就成为一些持极端观点的锡克人眼中的英雄。这些极端分子愿意接受和听从宾德兰瓦里的领导，他的宗教号召和呼吁吸引了很多坚定地追求殉教思想的追随者，这些人都不折不扣地执行他分派的任务，宾德兰瓦里也因此成为锡克教极端派无可争议的领导人。[2] 宾德兰瓦里的快速崛起还带来了一个负面影响，即温和派的边缘化和观点逐渐由温和向强硬演变。

阿卡利党指控宾德兰瓦里是国大党在旁遮普的代理人，被安插在锡克人中间破坏族群内部团结，但是随着他在锡克教民众中影响力持续上升，阿卡利党也受到影响，特别是在日益流行的锡克民族主义思潮影响下，迫

---

① Cynthia Keppley Mahmood, *Fighting for Faith and Nation: Dialogues with Sikh Militant*, University of Pennsylvania Press, 1996, p. 79.

② Harjot Oberoi, "Sikh Fundamentalism: Translating History into Theory", in Martin E. Marty and R. Scott Appleby, eds., *Fundamentalisms and the State: Remaking Polities, Economies, and Militance*, Chicago: University of Chicago Press, 1993, pp. 256 – 285.

使阿卡利党在与国大党的印度政府关于地方自治权的谈判中采取更加强硬的立场。在关于地方自治权的谈判中，阿卡利党与印度政府谈判始终无法达成协议，双方的分歧仍集中在昌迪加尔划归给旁遮普后，旁遮普应该对哈里亚纳邦做出的具体土地补偿方案，同样棘手的还有河水分配问题等。谈判进展缓慢给锡克人内部的极端派别发展影响力的机会，一些锡克人对与印度政府谈判失去耐心，观点也日益变得激进。

为了彰显自己是一个维护全体锡克人利益的锡克政党，阿卡利党选择与宾德兰瓦里进行一定程度的合作。标志性的事件就是 1982 年 8 月时任阿卡利党主席的隆格瓦尔（Harcharan Singh Longowal）与宾德兰瓦里一起倡议发起"为正义而战"（Dharam Yudh Morcha）运动。在他们的联合号召下，数以千计的民众加入游行示威和抵抗运动，要求印度政府满足锡克人在《阿南德普尔萨希布决议》提出的诉求。[①] 两个人的联手产生了巨大的号召力，成千上万的锡克人加入了运动，要求更多的河水配额和归还昌迪加尔。

对于锡克人来说，阿卡利党代表相对温和的立场，宾德兰瓦里则是极端派别的代表，因此二者的联合吸引了尽可能多的锡克人，而阿卡利党能够选择与宾德兰瓦里合作推动这场运动，也从侧面反映了锡克族群中极端思想影响力的上升。但是这种有限的合作更多是象征意义的，无法掩盖两者在诉求和手段上的巨大差异。为了与宾德兰瓦里代表的极端派别有所区别，在整个"为正义而战"运动期间，阿卡利党特别声明锡克人同时也是印度人，《阿南德普尔萨希布决议》并不寻求建立一个独立的锡克国家卡利斯坦。[②] 隆格瓦尔指出，"让我们明确一点，锡克人没有任何从印度分离的计划，我们的诉求只不过是允许我们在印度以锡克人的身份继续生活，我们的宗教生活免遭直接或间接的干预。毫无疑问，锡克人与其他印度人拥有同样的国籍"。[③] 但是印度政府并没有能够发现两者立场之间的差异，相反认为两者的联手是锡克族群整体发出的独立信号，此时英迪拉

---

① Akshayakumar Ramanlal Desai, *Expanding Governmental Lawlessness and Organized Struggles*, New Delhi: Popular Prakashan, 1991, pp. 64 – 66.

② Harnik Deol, *Religion and Nationalism in India: The Case of the Punjab*, pp. 102 – 106.

③ Giorgio Shani, *Sikh nationalism and identity in a global age*, Routledge, 2008, pp. 51 – 60.

个人的观点更是主导了印度政府的态度，她更加坚定地认为《阿南德普尔萨希布决议》就是一份独立宣言，并借此宣布阿卡利党为分离主义政党，这标志着英迪拉在治理锡克问题上对温和派与激进组织采取了同样的敌对策略。

印度政府旋即开展打击行动，据不完全统计，安全部队在两个半月的时间里抓捕了三千多名锡克人，警方对示威人群开火，造成一百多人死亡。[1] 为此，以隆格瓦尔派为代表的锡克教温和派组织大规模游行示威活动以示抗议。1982 年 11 月 19 日—12 月 4 日，第 9 届亚运会在印度首都新德里举行，隆格瓦尔趁机组织了一系列声势浩大的抵制亚运会运动，其中规模最大的一次示威行动甚至吸引了包括 5 名退役锡克将军（另有 5 名现役锡克将军送来支持信），170 名上校及以上级别军官和其他 800 多名军官，以及 9000 多名士兵参加。[2] 面对锡克人声势浩大的抗议活动，印度政府面临巨大压力，锡克人要求印度政府要么妥协满足自己的诉求，要么将面临锡克人升级的行动，而让印度政府警惕的是大量退役和现役的锡克军官和士兵的参与，被认为是对印度政府的武力恐吓。

英迪拉下令强力弹压锡克人的抗议活动，这些退役士兵和军官在前往德里的路上遭遇了政府的严格盘查，其中就包括退役少将沙贝克（Shahbeg Singh）。沙贝克声称，在前往德里参加示威活动时被盘查受到的不公正对待，让他对锡克人在印度的境遇感到愤怒。[3] 沙贝克很快决定加入宾德兰瓦里的队伍，并帮助后者将金庙打造成坚固的堡垒，后文还将对此有所叙述。几乎可以想见，试图前往德里抗议的锡克人遭遇的盘查过程肯定不愉快，但人们很难据此说因为这些盘查举动就导致一些退役军官和士兵加入宾德兰瓦里的队伍，而是与这些人的个人经历、宗教观点等密切相关。实际上，面对宾德兰瓦里的招募，当时被盘查的高级军官反应是不同的，有拒绝的，有加入但对反抗策略有保留意见的，例如后来加入但在

---

[1]　Harnik Deol, *Religion and Nationalism in India*：*The Case of the Punjab*, pp. 102 – 106.

[2]　Jugdep S. Chima, *The Sikh Separatist Insurgency in India Political Leadership and Ethnonationalist Movements*, New Delhi：SAGE Publications, 2010, pp. 210 – 211.

[3]　Stephen P. Cohen, "The Military and Indian Democracy", in Atul Kohli ed. , *India's Democracy*：*An Analysis of Changing State-Society Relations*, Princeton, N. J. ：Princeton University Press, 1988, p. 135.

"蓝星行动"之前已经离开金庙的贾斯万特·布呼拉尔（Jaswant Singh Bhullar），也有成为核心骨干的沙贝克。沙贝克是作战专家，在1971年的印巴战争中，负责训练当时的东巴地下抵抗组织Mukti Bahini，为印度肢解巴基斯坦立下了战功，但是1974年沙贝克受到三起贪污指控，在退役前一天被解除职务。① 沙贝克认为自己遭到了不公正的对待，这样的个人经历或许使得沙贝克更加容易接受极端组织的动员。

　　旁遮普境内锡克教和印度教族群之间的冲突造成的伤亡越来越大，这让印度政府日益警惕。由于温和派为"为正义而战"运动的背书，宾德兰瓦里的布道获得了更多的追随者，他指挥追随者们发动一系列恐怖主义袭击，包括银行爆炸、火车站纵火、政治暗杀和亵渎印度教场所等。1983年10月4日，极端分子在公路上拦截了一辆公共汽车，并射杀了其中的6名印度教徒乘客，这起恶性事件激起印度国内的印度教群体的强烈谴责，在此压力之下英迪拉宣布解散旁遮普地方政府，对旁遮普实行"总统管制"。面对锡克教内温和派以及激进派同时呈现的侵略性，国内印度教群体要求印度政府对旁遮普局势果断采取干预行动，印度政府判断在旁遮普，"一个分离主义的反国家运动正在成型"。② 可以说，面对温和派立场的日趋强硬，代表锡克人利益的温和派和极端派进入一场展现谁在面对印度政府时更加强硬的竞争。

　　宾德兰瓦里对于锡克独立建国或"卡利斯坦"思想的表态一直很矛盾，从未明确表示过支持，但也从未明确反对，这从他对人民哈尔萨党的态度上也可以看出。对于卡利斯坦的态度，在1983年3月的一次演讲布道中，宾德兰瓦里说道："我既不反对也不支持。对此我们保持沉默。但是，可以确定的是如果印度女王（指的是时任总理英迪拉）愿意给，我们当然愿意接纳。我们不会拒绝它。我们不会重复1946年时犯下的错误。"③ 虽然对建立"卡利斯坦"的态度模糊不定，但宾德兰瓦里诉诸武

---

① Cynthia Keppley Mahmood, *Fighting for Faith and Nation: Dialogues with Sikh Militants*, University of Pennsylvania Press, 1996, p. 81.

② V. Grover ed., *The Story of Punjab Yesterday and Today*, Vol. 2, p. 323.

③ Jarnail Singh Khalsa Bhindranwale, translated by Ranbir Singh Sandhu, *Struggle for Justice: Speeches and Conversations of Sant Jarnail Singh Khalsa Bhindranwale*, Dublin, OH: Sikh Educational & Religious Foundation, 1999.

力手段反抗印度政府的态度是明确无误的，旁遮普的安全局势越发恶劣，迫使英迪拉宣布再次对旁遮普实行"总统管制"（持续时间为 1983 年 10 月 10 日—1985 年 9 月 29 日）。英迪拉政府曾经认为扶植宾德兰瓦里这样的锡克极端势力，可以成为打击和削弱阿卡利党这样的锡克温和派的有力武器，她的策略只成功了一半。随着极端势力的崛起，阿卡利党的影响力被相对削弱，但宾德兰瓦里的崛起也使得武装分离主义思潮在旁遮普极端派别中蔓延，英迪拉最终发现，原本用来对付阿卡利党的武器，反而成为对自己造成杀伤最大的对手。

为了躲避日益可能的逮捕和审判，以及敌对派别的刺杀，1983 年 12 月 15 日，宾德兰瓦里决定躲入永恒王座（Akal Takht）。① 永恒王座是锡克教五圣座（panj takht）之一，是阿姆利则金庙建筑群的一部分，在锡克教中具有重要的地位。宾德兰瓦里占领"永恒王座"，受到了当时八十多岁的"永恒王座"前主事科帕尔（Giani Partap Singh）的强烈反对，但通过自己与最高锡克教寺庙管理委员会主席托哈拉（Gurcharan Singh Tohra）的政治关系，宾德兰瓦里成功进入寺庙并长期盘踞下来。这也开启了锡克激进分子利用锡克教寺庙（Gurudwaras）作为活动基地的时期。

宾德兰瓦里及其追随者占领金庙和其他锡克庙宇的行为甚至遭到了一些锡克宗教领导人的反对，例如科帕尔就公开反对宾德兰瓦里在"永恒王座"囤积武器，指出这是一种宗教亵渎行为，很快科帕尔就被枪杀。② 其他发表反对意见者也被暗杀，他们都被宾德兰瓦里斥责为锡克教义的背叛者，多数锡克领导人读懂了这些暗杀活动所夹带的信息，担心公开发表意见可能带来的个人安全问题，一时间无人再敢公开反对宾德兰瓦里。其他宗教领导人的沉默加大了宾德兰瓦里对信徒的吸引力，包括世界各地的锡克信徒都慕名而来，接受宾德兰瓦里的布道，其中一些人选择留下来加入他的队伍，他们在几位退役的锡克将军的领导下，开始操弄武器，并把金庙变成了一个坚固的堡垒。

---

① Khushwant Singh, *A History of the Sikhs*, Volume 2, 1839 – 2004, New Delhi: Oxford University Press, 2004, pp. 339 – 340.

② K. P. S. Gill, *Punjab: The Knights of Falsehood*, New Delhi: Har-Anand Publications, 1997, pp. 95 – 97.

对于激进分子来说，躲入锡克教寺庙开展激进运动的优势在于：第一，寺庙是锡克民众传统的聚会场所，历史上锡克人也把寺庙作为储存武器和藏匿人员的地方，激进分子选择寺庙作为基地可以增加自身合法性；第二，寺庙是教化场所，激进组织可以通过牧师控制锡克民众获得的教化信息，还可以控制信徒的捐奉。很多时候，激进分子通过把自己塑造为锡克人的宗教和政治领袖，可以增加自身的合法性，虽然当牧师与激进组织的立场不同时，这种塑造过程不可避免地涉及袭击或威胁。通过寺庙，激进分子还拥有直接接触年轻锡克人的途径，从而为人员招募提供便利条件。第三，寺庙可以提供战略庇护。一般来说，锡克教寺庙都有吃饭和休息的地方，可以供激进分子生活和休息。另外，寺庙的围墙、寺塔和其他建筑可以作为瞭望台和狙击位置，同时也有电话、电线、自来水和其他物品供应。最重要的是隐蔽性，即使是偏远地区的小寺庙，也有信徒来来往往，方便激进分子混杂其中进出而不被警察跟踪。

另外，很多锡克寺庙都具备历史文物价值，政府的安全部队通常不愿意采取武力清空寺庙，原因不外乎担心引起宗教冲突和公众反感。金庙是包括阿卡利党、SGPC、全印锡克教学生联合会等重要锡克组织办公和举办日常活动的场所。金庙区域之外是一些宾馆、饭店和集市等。在重要的锡克教节日里，来自各大城市和附近乡村的锡克人就会聚集在这里，但是后来一些金庙建筑群被激进分子占据，神圣的宗教场所被激进分子挟持成为他们藏身和策划各种恐怖袭击的据点。当然，激进分子得以藏身圣庙，要么是得到锡克教实权人物的默许，要么是通过恐吓和强制手段得来的，前者包括 SGPC 和全印锡克教学生联合会的核心领导层，当然寺庙牧师拒绝合作时，激进分子也会毫不犹豫动用恐吓强制手段。在黑色闪电行动之后，警方在"永恒王座"及其附近区域发现了很多被掩埋的尸体，推测应该是被残杀的反对者和内部争斗的牺牲品。激进分子藏身圣庙给他们带来了很多优势，包括事业的神圣性、寺庙本身的安全性、招募成员的便利性。

宾德兰瓦里相信金庙的神圣地位相当于自己的免罪金牌，没有人敢在这么神圣的地方动用武力来逮捕他。1984 年 2 月 14 日，宾德兰瓦里的手下袭击了金庙附近的一个警局，抓走了当时值守的 6 名全副武装的警察，之后的 24 小时内当地警察手足无措，未能做出任何反应。最后一个高级警官进到"永恒王座""拜谒"宾德兰瓦里，近乎哀求地请他释放被抓的警员，最终宾德兰瓦里只交出一名已经死亡警员的尸体。很多天以后，宾德兰瓦里才首肯释放另外 5 名警员，不过这些警员的武器和警用步话机等全部被留下，也没人敢去索要，此后当地警察局也未对警员死亡事件展开任何调查。[1] 这次事件不仅可以看出当地温和派在族群的弱势地位，还可以窥见锡克教寺庙给激进分子添加的额外身份加成。

沙贝克·辛格已经成为宾德兰瓦里最得力的助手之一，他帮助激进势力在寺庙内构筑了严密的防御工事，在那些原本为在公共食堂（languar）举行共餐等宗教活动运输蔬菜和大米等的卡车里夹带了大量的枪支弹药。宾德兰瓦里在"永恒王座"做好了长期武装对抗的准备，自此之后直到1984 年"蓝星行动"中政府军攻入"永恒王座"，宾德兰瓦里再没有迈出过"永恒王座"，"蓝星行动"之后人们甚至发现激进分子已经在金庙区域建立起制造手榴弹和装配轻机枪的设施。[2] 但是正如下文即将展示的，"蓝星行动"及后续行动反而使得极端分子强调的印度无法确保锡克人利益的预言得到自我实现，行动适得其反，反而促使更多锡克人加入激进组织。

锡克人自印度独立以来就一直致力于争取旁遮普语单独建邦和更多自治权，但一直以来都是在印度联邦制度框架内进行的，强调独立建国的极端思想在族群内部一直处于边缘化的地位。但是 20 世纪 70 年代末至 80 年代初，极端派领袖宾德兰瓦里崛起并引领了宗教思想的激进化，"卡利斯坦"运动逐渐开始壮大声势。1983 年是族群冲突造成的死亡人数（安全部队死亡人数加上激进分子死亡人数）第一次超过 25 人，并在此后持续稳定超过此数字，按照本研究确定的冲突爆发标准，可以从技术上认定锡克问题正式爆发。

第六节　本章小结

宾德兰瓦里的思想和布道直接响应了锡克教内部极端保守派的担忧，

---

[1] K. P. S. Gill, "End Game in Punjab, 1988 – 1993", Faultlines, http：//www. satp. org/publication/faultlines/volume/articles3_htm.

[2] K. P. S. Gill, *Punjab*：*The Knights of Falsehood*, New Delhi：Har-Anand Publications, 1997, pp. 95 – 97.

为了应对他们认知中的锡克族群生存危机（实际更多的是锡克族群在邦内的主导地位），激进组织希望通过武力手段制造族群分裂和对立，使得印度教徒不愿意也不敢在旁遮普地区继续居留，同时也在全国范围内造成其他民众对于锡克人的排斥。当外来的人口不敢进来，出去的锡克人被迫回来，他们可以在两个方向上维持和扩大锡克人在当地人口构成中的多数地位。① 激进组织得以兴起和发展还得益于其在这段时间内坚持的有区别袭击策略，作为激进组织的核心领导人，宾德兰瓦里在激进分子中间有着强大的号召力，也提供了冲突初期所需要的领导力，在冲突策略方面，他明确要求追随者主要针对反对锡克自治和独立的印度教徒、警察和安全部队展开袭击，从而具有比较明显的有区别袭击的策略特征。

应该说，当时的英迪拉政府对于少数族群治理并不陌生，在如何应对方面也有很多现成的经验可以借鉴。一直到 1984 年 5 月，英迪拉政府主要由依靠地方政府实行区别打击的族群治理策略。但是地方政府抓捕宾德兰瓦里及其他组织激进分子的行动屡屡受到干预，干预地方事务的人包括类似宰尔·辛格这样的位高权重的锡克政客，也包括临近的哈里亚纳邦及其首席部长，激进势力正是利用印度政府与地方政府族群治理思路的不统一而趁机发展壮大。从冲突策略来看，激进组织的有区别袭击策略帮助其赢得了当地锡克民众的支持，"在金庙区域内的那些小店的店主和住户，他们认识几乎所有的激进分子，有的甚至能叫出他们的名字……旁遮普警方也一定知道这些人是谁，但是并没有人去逮捕他们。在这里，宾德兰瓦里和他的手下早就凌驾于法律之上"。②

综合来看，此阶段符合 A1 的情况，在冲突已经发生的前提下，中央政府的前期应对主要是使用区别打击的治理策略，而且选择让温和派主导主要的抓捕和治理行动；温和派前期有发挥主导作用的动力和能力，但是激进组织在初期就明确了有区别袭击策略和目标，取得良好的族群动员效果，因此冲突得以持续。随着后续温和派的治理行动受到各方面力量的掣

① Apurba Kundu, "The Indian Armed Forces' Sikh and Non-Sikh Officers' Opinions of Operation Blue Star", *Pacific Affairs*, Vol. 67, No. 1. (Spring, 1994), p. 51.

② Mark Tully and Satish Jacob, *Amritsar: Mrs. Gandhi's Last Battle*, London: Jonathan Cape, 1985, p. 94.

肘，最终族群治理陷入一个恶性循环，即冲突发生，地方进行族群治理但受到联邦掣肘，族群治理效果不佳导致激进组织的袭击活动频发，因此导致来自联邦层面的掣肘和干预增多，效果日益不佳，最终地方温和派消极治理的现象日益突出，旁遮普的族群治理局势陷入困境，冲突因此得以进一步发展。

第 四 章

英迪拉与"蓝星行动"的影响

正如前文所指出的，印度独特的联邦制度设计容易催生地方的分权和自治要求，锡克问题最后呈现的发展过程是一个螺旋上升的模式，印度政府从冲突发生早期的模式，到兴起之后的过度反应，反而给激进组织进行族群动员和传播激进思想提供了机会，冲突并未因为政府强力手段而平息。印度政府放大了所面临的国内安全威胁，做出的反应超出了实际需要，引发更严重的央地关系危机。激进组织趁机站稳了脚跟并扩大了影响，原本支持在印度联邦制度范围内通过谈判解决族群诉求的锡克温和派，反而在族群事务中日益被边缘化，一场自治运动发展成为武装分离主义运动。印度政府的族群治理策略可谓适得其反，使得局势在可以变得更好的情况下反而变得越来越糟。

前文分析已经表明，印度联邦制度并没能阻止锡克问题进一步恶化。1981 年 10 月开始，印度政府与锡克温和派进行了多轮谈判，但是都没有取得实质成果。双方分歧很大，印度政府必须考虑对锡克人让步的连带效应，因为其他邦也可能效仿，在联邦制度范围内谋求更大的地方利益。锡克人提出的一些谈判要求还与其他地方邦的利益存在冲突，包括独享昌迪加尔和扩大旁遮普的农业灌溉用水份额等，这些利益也同时涉及临近的邦。例如，昌迪加尔以前是共享的地方首府，一旦移交给旁遮普邦，那么哈里亚纳邦就将失去自己传统的首府；河水份额更是如此，旁遮普邦多一份，那么哈里亚纳邦和拉贾斯坦邦的农民能够获得的河水就会少一份。对于任何印度政府来说，如果在这些问题上向旁遮普和锡克人妥协，那就必然面临失去其他两个邦选票支持的风险。英迪拉的族群治理策略一直摇摆不定也有考虑印度整体政治态势的原因。

第一节 "蓝星行动"的准备

在印度政府开展"蓝星行动"之前，双方还进行了一轮谈判。当时，以隆格瓦尔为党主席的阿卡利党高层已经认识到，他们无法促使印度政府满足锡克人在《阿南德普尔萨希布协议》提出的全部要求，而温和派进一步动员锡克民众向印度政府施压，只会被激进组织加以利用，引发更多的袭击事件。不过他们还是在这一轮谈判中，努力说服英迪拉政府在昌迪加尔问题上做出了妥协。[1] 如果对当时的印度国内政治形势有基本的了解，应该不难发现这是很难得的，因为国大党必须投入足够多的政治资源，才能说服当时的哈里亚纳邦接受这一安排。但是，最终结果表明谈判双方中一方是政治上受到颇多力量掣肘的印度政府，另一方是内部意见分裂的地方族群温和派，他们都没有能力在各自内部推销这份方案。隆格瓦尔试图说服宾德兰瓦里及其党羽接受谈判安排、停止挑衅活动，但也以失败告终，最终英迪拉在即将签署协议的前夕，态度也变得犹豫，这份协议最终并没有被签署，双方失去的也是一次弥合分歧、实现族群间和平的宝贵机会。

对于那些历史上经历了印度教族群压迫的少数族群来说，历史记忆成为塑造族群身份认同的重要力量。在面对生存威胁时，那些历史上经历过政府压迫或族群冲突的少数族群，会更倾向于考虑如何平衡印度政府的权力以保证族群的生存，不会过多地考虑要求类似文化、教育、语言和宗教方面的权力。如果说族群生存危机是导致锡克问题的原因，那么印度政府只是通过让渡诸如文化或教育权力，是无法有效平息锡克人的政治抗议的。执政的国大党政府在外部还面临印度教民族主义带来的巨大挑战，无法向锡克人做出实质妥协，而且当时在包括旁遮普在内的多个地区都出现族群冲突，英迪拉政府在旁遮普问题上展现任何妥协姿态，都可能变相鼓励印度其他地区的激进运动。对于英迪拉政府来说，强力打击旁遮普这场正在兴起的锡克问题成为最可能的选项。在此背景下，印度政府于1984

① Jugdep S. Chima, *The Sikh Separatist Insurgency in India: Political Leadership and Ethnonationalist Movements*, New Delhi: Sage Publications, 2010, p. 192.

年 6 月 5—8 日开展了"蓝星行动",但是整个行动的计划和执行过程漠视普通民众的安全利益,大量锡克民众在行动中丧生,锡克教圣地遭到严重破坏,行动最终导致主体族群与少数族群之间的对立,而英迪拉也在年内被自己的锡克保镖刺杀身亡,自此进入印度族群关系史上最黑暗的时期之一。

对于英迪拉政府来说,曾经一度鼎力扶持的宾德兰瓦里不再与政府合作,反而成为印度政府在旁遮普需要尽快处理的大问题。随着宾德兰瓦里从金庙发出一条条刺杀指令,旁遮普的安全局势不断恶化,其他激进组织也因此受到启发而选择激进手段,英迪拉开始考虑动用政府的绝对武力解决政治谈判无法解决的问题。

6 月 2 日晚上,英迪拉发表电视讲话,向全国通报印度政府将对旁遮普局势采取断然措施。她首先指责阿卡利党不断在谈判中加入新的条件,不断掀起各种抗议和抵制政府的活动,鉴于旁遮普局势的恶化,"锡克领导层已经充斥着极端分子和恐怖分子,他们实现目标的唯一手段就是谋杀、纵火和抢劫等,神圣的寺庙被变成犯罪分子和谋杀犯的庇护所,信徒祈祷的神圣殿堂已经被玷污"。[①] 她还提到了自 1981 年以来印度政府与锡克领导层漫长而痛苦的谈判过程,认为"我们(即印度政府)的态度是满足一切合理要求",[②] 并历数了政府曾经满足过的阿卡利党提出的除领土和河水份额要求之外的宗教诉求。当然,英迪拉讲话中并没有提到双方在最近的某个时刻一度接近达成协议,是她本人变卦导致即将签订的协议流产。

当时宾德兰瓦里仍藏身于"永恒王座",并一如既往地发出各种挑衅言论。让印度政府进一步感受到压力的或许是阿卡利党提出新的抵抗计划,他们计划发起新的游行示威,阻断旁遮普的公路和铁路运输,阻止旁遮普的粮食运出邦外,同时鼓动旁遮普农民停止支付土地租金和用水费用,把这些钱捐献给"永恒王座"。[③] 面对锡克激进组织和温和派同时展

---

① *The White Paper on the Punjab Agitation*, Govt. of India, 1984, pp. 105, 107.

② *The White Paper on the Punjab Agitation*, Govt. of India, 1984, p. 105.

③ Khushwant Singh, *A History of the Sikhs*, Volume 2, 1839 – 2004, New Delhi: Oxford University Press, 2004, p. 352.

现出的攻击性，英迪拉在电视讲话中表达了政府已经无路可退，只能动用武力。她还发出呼吁，"即使在这最后一刻，我仍然呼吁阿卡利党领导人叫停抗议活动，接受我们提出的框架协议，和平解决问题"，在电视讲话的最后她喊出"让我们不要抛洒鲜血，让我们抛弃仇恨"（Don't shed blood, shed hatred）。[①] 但是，这一切并不能改变她决心已定的事实。

显然，英迪拉知道动武的后果会很严重。在行动开始前，她给时任财政部部长慕克吉（Pranab Mukherjee）打电话表示"我知道（动武的）后果"。[②] 一则未经证实的报道显示，英迪拉在最后时刻仍试图避免使用武力，她向宾德兰瓦里发出一封私人信件，很显然她十分清楚后者是锡克人的精神领导人（而不是政治领导人）。[③] 但是英迪拉低估了宾德兰瓦里坚持反抗到底的决心。宾德兰瓦里在金庙内储备了大量武器弹药，其思想和布道已经在锡克民众中间产生更大影响力，对其个人采取武力行动的话，抓捕事件本身就会成为极好的族群动员素材。英迪拉身边的参谋和顾问人员并没有过多考虑这些因素，他们的建议使得她相信大多数锡克人将支持政府采取的断然行动，锡克民众是欢迎政府将锡克人神圣的金庙从恐怖分子手中解放出来的。但是英迪拉和她的顾问们忽略的实际情况是，参加祭祀活动的大多数锡克人其实并不关心阿卡利党即将掀起的抗议活动，甚至也不赞成 SGPC 允许宾德兰瓦里把金庙建成防守严密的堡垒，他们并不清楚也不关心这些事情，绝大多数参加祭祀活动的锡克人甚至都没有机会见到宾德兰瓦里。对于大多数普通的锡克人来说，这些政党、个人之间的争夺并不重要，他们关心的是金庙和"永恒王座"，它们是神圣不可侵犯的。但是，这些并没有引起英迪拉和即将攻入金庙区域的联邦部队的足够重视。

在决定开展行动之前，英迪拉已经提前要求印度总统宰尔·辛格批准对旁遮普的军事统治，印度军队大批进驻旁遮普邦，并开始接管当地治安。宰尔是锡克人的杰出代表，此时也已经从内政部部长升任为印度总

---

① Khushwant Singh, *A History of the Sikhs*, Volume 2, 1839 – 2004, New Delhi: Oxford University Press, 2004, p. 109.

② Pranab Mukherjee, *The Turbulent Years*: 1980 – 1996, New Delhi: Rupa, 2016, p. 35.

③ 时任金庙档案管理员 Devinder Singh Duggal 表示在 6 月 3 日的时候，他向宾德兰瓦里当面宣读了英迪拉的这封信，但是信件在随后的"蓝星行动"中被烧毁。Khushwant Singh, *A History of the Sikhs*, Volume 2, 1839 – 2004, New Delhi: Oxford University Press, 2004, p. 355.

统，名义上也是印度三军的最高指挥官。在宰尔宣布对旁遮普实行军事统治后，印度政府就可以名正言顺地指挥和控制军队在当地的行动，后续行动也没有必要再报请宰尔这位印度的最高文官批准，这样也可以避免宰尔作为锡克人在批准后续军事行动时面临的道德压力。

事实也的确如此，在决定动用武力之后，英迪拉政府并没有向宰尔通报将要对金庙采取的行动。实际上，5月30日英迪拉还与宰尔会面并谈了一个多小时，当时她还在讲述自己将向阿卡利党提出新的框架协议，如果当时她能透露关于"蓝星行动"的些许消息，或许宰尔就可以提醒她，5月30日是锡克上师阿尔琼（Guru Arjan Dev）的忌日，阿尔琼指挥修建了锡克教最神圣的寺庙金庙，后来被当时的莫卧儿王朝迫害而死，从此每年锡克日历（Nanakshahi calendar）的这一天（一般在公历五月底或六月初）就成为锡克教的重要宗教纪念日。① 这个时候成千上万的锡克教徒将聚集在金庙内开始为期数天的纪念活动。如果宰尔知道任何军事行动的信息，至少可以提醒英迪拉，发起行动的时候，金庙仍处于重大的宗教纪念活动期间，整个金庙区域内必然聚集了大量的普通民众，这种情况下任何军队都是无法控制平民伤亡的。② 更何况，考虑到金庙在锡克教的崇高地位，政府在如此重要的宗教场所开展军事行动，必将对全体锡克人带来巨大心理冲击。

根据事后估计，到6月5日"蓝星行动"已经开始的时候，大量锡克民众仍在金庙参加宗教祭祀活动，当时庙内仍聚集了大约1万锡克人。③ 但这无碍整个国家机器运转，为最后的行动做准备。联邦军队的武力进攻准备早就在进行当中。早在数个月之前，军队已经处于待命状态，并建造了一个金庙的仿真建筑，供突击队进行训练，以熟悉地形和了解可能的火力攻击点，为最后执行攻入金庙的命令做准备。

军方情报部门也在收集激进分子信息和在金庙内的部署情况。应该

---

① Shiromani Gurdwara Parbandhak Committee, *The Quintessence of Sikhism*, Amritsar: Golden Offset Press, 2017, p. 21.

② Khushwant Singh, *A History of the Sikhs*, Volume 2, 1839 - 2004, New Delhi: Oxford University Press, 2004, p. 354.

③ Lt. General K. S. Brar, *Operation Blue Star: The True Story*, New Delhi: UBSPD, 1993, pp. 49 - 58.

说，情报收集不会是一件很艰难的工作，因为金庙区域在白天仍对公众开放，数以千计的人进进出出，宾德兰瓦里最信赖的助手艾姆里克（Amrik Singh），以及包括沙贝克（Shahbeg Singh）将军和贾斯万特·布呼拉尔（Jaswant Singh Bhullar）将军等激进组织高层，仍照常频繁接受记者的采访。政府攻击行动的现场最高指挥官布拉尔（K. S. Brar）少将也曾化名进入金庙区域，现场观察激进组织的工事部署情况。布拉尔看到激进分子在金庙周围进进出出，巧合的是他还碰见了自己以前的上级沙贝克将军，沙贝克也一眼认出了布拉尔并肯定他来金庙是在执行特定任务的。[①] 对于军方来说，一切都似乎进展得很顺利，这将是一场占据压倒性优势的强攻行动。战争的机器已经启动，各项准备工作都在进行当中，只待当局下定决心发出行动指令。

人物小传：K. S. 布拉尔中将（Kuldip Singh Brar）

K. S. 布拉尔中将，1934 年出生。职业军人，1971 年以中校军衔参加印巴战争，是首批进入达卡（现孟加拉国首都）的印度军人之一。1984 年，当时的布拉尔少将作为现场总指挥参加"蓝星行动"，并在攻坚受挫之际做出动用重型武器装备的决定。1992 年 9 月 30 日，在 38 年军旅生涯之后布拉尔以中将衔退出现役。退休后的布拉尔主要居住在孟买，受到印度政府的重点保护。布拉尔出版了自己关于"蓝星行动"的回忆录，将之称为一场"带来伤害和痛苦但又十分必要"的军事行动。布拉尔还自己出资将该书翻译成旁遮普语，以便让广大锡克人都能读到这本书，该书在旁遮普多次再版发行。在回答"蓝星行动"不如"黑色闪电 II 行动"效果好的质疑时，布拉尔强调前者面对的敌人更加强大，包括宾德兰瓦里这样受到欢迎的锡克宗教领导人，以及沙贝克这样久经沙场考验的老将。2012 年布拉尔在访问伦敦时受到锡克极端分子刺杀，所幸未危及生命，此后印度政府一度加强了对布拉尔的保护工作。

布拉尔制订行动计划时，参考的是金庙可能有 1500 名激进分子，而且假想其中 500 人是训练有素、装备精良的战斗人员，根据上述假设，布拉尔为此次行动调集了 4 个步兵营以及相当于两个连兵力的突击队的优势兵力；为了掩护步兵和突击队进攻，布拉尔还调来了一个坦克中队。根据

① Amberish K. Diwanji, "There is a limit to how much a country can take-The Rediff Interview/Lieutenant General Kuldip Singh Brar（retired）", Rediff. com, June 4, 2004, http：//in. rediff. com/news/2004/jun/04inter1. htm.

布拉尔的计划，调来坦克不是为了投入实际使用，主要是为了从心理上震慑激进分子，迫使他们放弃抵抗尽快投降。① 实际上，宾德兰瓦里在"永恒王座"构筑的工事防守严密，是由两位退役锡克将军指挥修建的，激进分子中更不乏退役锡克士兵，战斗力高于一般武装人员。坚固的防御工事迫使政府军最终动用了包括坦克、火炮和直升机在内的重型装备，依靠强大的火力优势才得以攻入金庙。② 但这都是后话。

根据行动计划，整个"蓝星行动"将完全由联邦军队主导，布拉尔将军负责指挥整个行动。从 6 月 3 日开始，在旁遮普全邦范围实行宵禁，军队在警察部队和准军事部队的协助下封锁了旁遮普邦与外界的交通联系。军方还驱逐了驻扎在阿姆利则的所有记者，切断了旁遮普与外界的所有电话通信。③《泰晤士报》记者迈克尔·哈姆林（Michael Hamlyn）记录了自己和其他记者当时的遭遇：他们在当天凌晨被叫起，军方派出一辆汽车把他们送到与哈里亚纳邦交界的地方之后，"丢下他们扬长而去"。④ 迈克尔记录到，当时旁遮普的大部分地区已经处于宵禁，交通也已中断，旁遮普事实上已经"与外界隔离"，一些记者仍试图开车返回旁遮普，但是在半路上就被军警拦下，并威胁如果他们继续前进就会开枪。显然，印度政府的想法是试图对金庙内的激进分子采取武力，但是不想任何媒体见证此次行动。由于军方严密的媒体管控，驻扎在阿姆利则附近的国内外媒体都已经无法获得关于行动的信息，只能揣测政府将要采取的行动内容。

第二节 "蓝星行动"的无区别特征

前文的叙述已经表明，英迪拉及其领导的印度政府已经决定动用武力解决锡克问题，但在此情况下，印度政府仍然可以有更好的选择，例如强

---

① Lt. General K. S. Brar, *Operation Blue Star: the True Story*, New Delhi: UBSPD, 1993, pp. 49–58.

② Khushwant Singh, *A History of the Sikhs*, Volume 2, 1839–2004, New Delhi: Oxford University Press, 2004, p. 340.

③ Khushwant Singh, *A History of the Sikhs*, Volume 2, 1839–2004, New Delhi: Oxford University Press, 2004, p. 340.

④ Michael Hamlyn, "Journalists removed from Amritsar: Army prepares to enter Sikh shrine", *The Times*, June 6, 1984, p. 36.

调区别打击策略，更加审慎地制订行动计划，或者让当地锡克教精英和警察主导行动，可以更好地降低治理行动的族群敏感性，避免对锡克族群的整体冲击。但是，英迪拉政府最终选择了由联邦军队发挥主导作用，原因不外乎是当地精英的不配合、分离势力的日益壮大以及需要尽快平息国内印度教民族主义势力的质疑等。[1] 布拉尔将军作为印度政府确定的行动总指挥，主导了此次行动整个的策划和行动过程，但是，行动进程并没有能够按照他预想的那样进行。

根据布拉尔制订的计划，整个"蓝星行动"分三个阶段：6月5日晚上进行一次试探性的进攻，目标是清除激进分子的外围观察哨，第一阶段的进攻预计在6月6日凌晨1点结束，目标是占领金庙北部的建筑群，包括"永恒王座"和金庙。第二阶段的行动预计在凌晨4点结束，主要是进行扫尾工作。第三阶段的行动将转向金庙外部的商贸区，清除在那里的残余抵抗分子，全部行动预计在6月6日早上8点结束。[2] 政府军的实力优势毋庸置疑，所有人都相信在印度政府决心已定的情况下，这将会是一次顺利的抓捕行动。

从行动计划可以看出，军方非常自信，认为一个晚上就可以完成全部任务。根据行动结束后印度政府针对蓝星行动的调查所形成的白皮书，"蓝星行动"开始前的情报准备工作不充分（inadequate），军方根本不清楚激进分子数量、火力配备和工事防御分布情况。在行动开始前，军方指挥部门被轻敌思想主导，军方始终觉得当军队开始展示武力，里面的激进分子就会一个个走出来投降，军方甚至认为虽然做了一些军事准备，例如申请调配坦克，可能就是摆摆样子，这些手段根本不需要使用。[3]

事实证明军方过于乐观了。印度军方严重缺乏金庙内防御工事分布、人员和火力配备等情报，行动开始前的人力情报尝试大多以失败告终。在严重缺乏各类战场环境信息的情况下，军方只是按时完成了试探性进攻。第一阶段的行动在6月5日晚上10点30分按时展开，但是到了6日凌

---

① Shale Horowitz and Deepti Sharma, "Democracies Fighting Ethnic Insurgencies: Evidence from India", *Studies in Conflict & Terrorism*, Vol. 3 No. 8 （2008）, pp. 758 –759.

② Lt. General K. S. Brar, *Operation Blue Star: the True Story*, New Delhi: UBSPD, 1993, pp. 77 –80.

③ *The White Paper on the Punjab Agitation*, Government of India, 1984, p. 40.

晨，突击队还没有拿下"永恒王座"。东侧的进攻被激进分子抵挡住，其他方向的进攻也推进缓慢。无奈之下，现场指挥部决定坦克和装甲车（APC）进入金庙附近区域待命。到 6 日凌晨 5 点 10 分，突击队仍然没有拿下"永恒王座"，行动已经严重滞后，现场指挥部批准坦克进场，以清除"永恒王座"前的防御工事，但是激进分子抵挡住了坦克机枪的攻击，甚至对进攻部队造成了重大杀伤，军方又发动了一次突击行动，但再次以失败告终，士兵伤亡巨大。到早上 7 点 30 分，"永恒王座"仍在激进分子的控制之下。显然，印度军方完全没有料到激进分子竟然具备抵御重武器攻击的能力。

"蓝星行动"开始后，当时阿卡利党领导人，包括圣隆格瓦尔（Sant Longowal）、托赫拉（G. S. Tohra）、拉姆瓦利亚（B. S. Ramoowalia）、阿玛吉特·考尔（Amarjeet Kaur）和其他约 350 人被困在金庙东侧，即阿卡利党和 SGPC 办公室所在地。当然他们可以响应军队的劝降，从而帮助金庙躲过这场杀戮，但是宾德兰瓦里的手下对他们进行了严密看管，在激进组织的胁迫之下他们无法擅自行动，毕竟从东侧出来走到安全区域还有一段很长的距离，这段路程中，他们完全暴露在激进组织安排的狙击手的枪口之下。所以，这些被困的人员能做的就是关紧大门，然后祈祷交火尽快结束。

宾德兰瓦里设想了如何应对警察，或更糟糕的情况例如准军事部队的抓捕行动，并没有料到英迪拉真的会动用军队和重型武器抓捕他。无论如何，宾德兰瓦里并没有坐以待毙，而是做好了充分准备。为了保护自己的安全，虽然盘踞在金庙已经有了宗教力量的掩护，他还是采取很多必要的措施加固金庙内部工事。在军方包围了整个金庙区域后，宾德兰瓦里仍一如既往地揶揄和嘲笑印度政府，他身边的记者问到如今政府的包围圈人多枪多，他该如何应对时，宾德兰瓦里说道："人多并没有意义，绵羊的数量肯定比狮子多……老虎打盹的时候，小鸟就叽叽喳喳的，但老虎一旦醒过来，鸟儿就四散飞逃。"[1] 此时他对于建立"卡利斯坦"的说法也比以前更加大胆和明确，"虽然当前还不能说我支持卡利斯坦，但我肯定不会

---

[1]　Khushwant Singh，*A History of the Sikhs*，Volume 2，1839－2004，New Delhi：Oxford University Press，2004，p. 355.

反对（卡利斯坦）"，当助手提醒他更具体一点时，他表示，"实话实说，我认为锡克人不可能生活在印度，或者与印度人一起生活"。①

实际上，宾德兰瓦里也一直在希望政府能采取某些行动，因此他在政府行动之前已经对外发布了录音带，指出一旦政府采取武力行动，就呼吁和动员阿姆利则及其附近的锡克人前来支持。宾德兰瓦里在录音中传达了三个方面的信息。第一，解释了为何将有一场专门针对他和金庙的政府行动；第二，指出这场行动将是对锡克族群的直接攻击；第三，向那些忠于宾德兰瓦里的人发出呼吁，要求他们保持警惕，在警方对他采取行动时随时准备增援他。事实也的确如宾德兰瓦里所预料的，政府行动开始之前，很多锡克民众开始往金庙地区聚集，只是被军方挡在了外围；在军方的行动开始之后，更多锡克民众试图冲击军方警戒线以迫使军方放弃行动。

"蓝星行动"的主要目的是抓捕宾德兰瓦里及其追随者，布拉尔（K. S. Brar）的回忆录是有关此次行动的权威记录之一。布拉尔指挥部估计，一旦军方采取突击行动，届时将至少有数以千计的宾德兰瓦里支持者涌入阿姆利则。② 因此，政府也要求军方速战速决。但是正当突击队久攻不下之时，外围报告显示阿姆利则附近的锡克人开始聚集，他们手里拿着各式各样简陋的武器，从四面八方涌过来，希望打破军方的包围圈，来保护自己的圣庙。事情的演变也正如宾德兰瓦里所期望的那样，一场全体锡克人的暴动似乎迫在眉睫。

印度军方出动了大量重型装备，强攻持续多日，使得金庙建筑本身遭受炮火严重损坏。鉴于金庙所具有的极高宗教象征意义，此次行动让全体锡克人都感受到震动，加上当时印度政府在当地和全国实行信息封锁，导致关于"蓝星行动"和金庙被损毁的流言在全国范围快速传播，锡克民众的民族主义情绪反而因此高涨。

根据军方侦察直升机的观察和估计，"蓝星行动"打响后，从四面八方赶往金庙的锡克民众人数超过2万人。虽然汹涌的人群暂时被坦克和装

---

① Kuldip Nayar and Khushwant Singh, *Tragedy of Punjab：Operation Bluestar and After*, New Delhi：South Asia Books, 1985, p. 92.

② Lt. General K. S. Brar, *Operation Blue Star：the True Story*, New Delhi：UBSPD, 1993, pp. 30 – 31.

甲车挡住，但这一态势让现场指挥官布拉尔意识到时间不在自己这一边，除非能尽快解除金庙内的武装，否则可能要面临锡克人的大起义，于是现场指挥决定应该不惜一切代价在6月5日或6日晚上之前结束战斗，即使这意味着较大的伤亡，甚至有可能伤害金庙内的建筑。① 所有的人员和重型设备都出动了，突击队、蛙人部队、直升机、装甲车和坦克等，甚至105毫米口径榴弹炮。借助强大的炮火支援，突击队终于攻占了厨房、客房和办公区域，锡克领导人，包括圣隆格瓦尔（Sant Longowal）、托赫拉（G. S. Tohra）、拉姆瓦利亚（B. S. Ramoowalia）、阿玛吉特·考尔（Amarjeet Kaur）等人向军方投降。② 在他们走出来的过程中，狙击手射杀了两个被宾德兰瓦里视为死敌的人，另外有一枚手榴弹被扔向人群，导致数人丧生。最后，攻占"永恒王座"就花费了12个小时的时间，清除其他区域的抵抗又花了3天时间。布拉尔将军指出，"激进分子战至最后一个人"，最终，宾德兰瓦里、艾姆里克·辛格（Amrik Singh）的尸体也被找到，人们在地下室里发现了沙贝克将军的尸体，他手里仍然拿着对讲机。③

第三节　印度政府的反思与总结

最终，"蓝星行动"耗时5天才结束，并且造成了巨大的伤亡。军方行动可以总结之处很多。"蓝星行动"开始之前，部队的情报工作很糟糕，根本没有弄清楚当时金庙区域内一共盘踞了多少激进分子，掌握了多少和什么类型的武器装备，也不了解金庙里面的防御情况，更不掌握当时庙内有多少是无辜的朝拜人员。④ 激进分子占领和盘踞在金庙建筑群中，构筑了坚固的防御工事。军方在行动开始前甚至没有预先摧毁激进分子设置的观察哨，导致印度军方的行动尽被激进分子观察和掌握，最终军方付

---

① Lt. General K. S. Brar, *Operation Blue Star: the True Story*, New Delhi: UBSPD, 1993, pp. 83 – 103.

② V. D. Chopra, R. K. Mishra and Nirmal Singh, *Agony of the Punjab*, New Delhi: Patriot, 1984, p. 31.

③ Khushwant Singh, *A History of the Sikhs*, Volume 2, 1839 – 2004, New Delhi: Oxford University Press, 2004, p. 359.

④ Lt. General K. S. Brar, *Operation Blue Star: the True Story*, New Delhi: UBSPD, 1993, p. 33.

出了惨重代价才得以攻入寺庙。6 月 13 日，情报部门在接受议会反对党质询时表示，行动开始之前的情报收集工作确实不到位，因此当突击队进攻时，反而被激进分子打了个措手不及，行动同时也暴露了军方对于庙内严密防御工事的攻坚准备不足等弱点。[1] 白皮书也特别强调突击行动开始前的情报准备工作不充分（inadequate），在行动开始之前，军方始终存在一种轻敌情绪，始终认为只要届时军方展示武力装备，里面的激进分子就将一个个走出来投降，最终可能根本不需要实质性动用武力。[2]

从军事层次还可以找出很多进攻不利的原因，例如士兵缺少夜战训练，此次攻坚战类似于城市巷战，利于防守但不利于进攻等。但更多的还是来自人力情报收集能力不足导致的信息困境，主要包括不了解金庙区域内藏匿的激进分子人数、武器配置和内部防御工事情况，印度军方甚至没有事先了解到这些建筑之间有地道相连，因此刚攻下的据点往往又被地道里钻出来的激进分子夺回去，由此增加的不必要伤亡不计其数。提高军方行动难度的还在于士兵们无法有效区分普通信徒与激进分子，他们在外形上几乎没有任何区别，在夜间行动就更是如此，士兵们无法确定迎面过来的民众会不会突然之间拿出隐藏的武器向自己进攻，先发制人式的射击无疑又会扩大间接伤害。印度军队攻入金庙后，还造成了很多珍贵的宗教文献和纪念物被烧毁或遗失，建筑物本身也遭受严重破坏。

从事后媒体报道和民众反应来看，军方整个行动对媒体封锁消息，这种情况客观上给关于"蓝星行动"的流言提供了滋生土壤。此时，激进分子事前和事中传递出的消息反而主导了人们对于此次行动的观察和印象。当行动现场开放后，媒体被允许进入行动区域后看到的破坏情况，印证了之前媒体揣测的部分内容之时，政府更是在媒体舆论方面处于被动局面，也就难怪国际和国内媒体的报道使得人们认为圣地的破坏都是政府军造成的。政府军试图解释激进分子已经把圣地变成一座防守坚固的工事，但一切解释都为时已晚，无法改变此前歪曲报道给人们带来的先入为主的印象。可以说，印度政府在争取民众支持方面处于极端被动局面，外界特别是锡克民众对于此次行动的看法已经被先入为主的传言主导，没有人会

---

① *The White Paper on the Punjab Agitation*, Govt. of India, 1984, p. 40.

② *The White Paper on the Punjab Agitation*, Govt. of India, 1984, p. 40.

相信军方给出的解释。

从军事层次看，选择夜间突袭是个灾难性的决定，除了是因为军方不了解激进组织实力有所轻敌之外，还在于军方本身就没有足够的夜战能力，士兵们不得不在黑暗的环境下突袭一座陌生的建筑。战场的被动形势也迫使军方不得不提高火力。在隔绝媒体的情况下，军方无法向公众实时有效地沟通改变突袭策略的原因，从而导致民众更容易相信关于突袭情况的种种流言。最重要的一点是，军方没有告诉民众，是宾德兰瓦里选择了藏身于锡克教最神圣的庙宇之一，而且他是刻意选择在摆放《锡金圣典》的楼层之上居住，也就是说，宾德兰瓦里把锡克教最神圣的庙宇和《锡金圣典》作为"人质"，政府想要抓捕他就不得不进入神庙，也不得不经过圣典所在楼层，而他早就加固了通往这些区域的防御工事，政府不动用强大火力是根本到达不了的。印度政府并没有充分考虑到宗教敏感性，因此并没有事先向锡克民众说明这些情况，等到行动结束、破坏已经造成时，政府已经很难再扭转民众先入为主的印象和认识了。

作为印度第一位锡克总统的宰尔·辛格的态度尤其关键。宰尔明确告诉英迪拉自己无法接受印度军队攻入锡克金庙，他也对外透露有意辞去总统职务。总统辞职将带来一场宪政危机，因为哪怕反对派的影响力已经非常弱，他们也有充足的理由要求在总统辞职的情况下英迪拉也应该辞去总理职务，在这种时刻重新举行大选，任何人都无法预料选举结果和选举之后印度政局的走向。宰尔坚持要尽快访问金庙，英迪拉很不情愿地同意了宰尔的要求。"蓝星行动"结束两天之后（6月8日），宰尔到访金庙，虽然他已经被告知现场仍未完全清理干净，他仍被眼前的一切惊呆了：一些激进分子的尸体仍漂浮在水池里，到处都是残存的血迹，神圣的金庙外墙上布满弹孔。宰尔伏地祈祷、祈求宽恕。附近建筑中有狙击手朝他开枪，万幸只是击中了他身旁的保镖。[1] 几天后，英迪拉本人也到访金庙，并亲眼看见了"蓝星行动"造成的破坏，她当然不能承认行动是错误的，也不知道最终需要面临什么样的惩罚。稍微有些身份的锡克人都拒绝出来为政府的行为辩护，政府被迫写好声明，然后施压一些人在镜头前朗读，

---

[1] Mark Tully and Satish Jacob, *Amritsar: Mrs Gandhi's Last Battle*, London: J. Cape, 1985, pp. 192 – 193.

其中就包括"永恒王座"的首席牧师（Head Priest）贾特达尔（Jathedar Kirpal Singh），印度政府的用意无非是通过他们出来讲话，以便向锡克民众说明政府行动对寺庙造成的影响微乎其微。

"蓝星行动"结束后不久，记者塔夫林·辛格（Tavleen Singh）访问了旁遮普。她这样描绘当时的旁遮普："实质上，整个邦仍处于军事管制状态。民用车辆不许上路，通往阿姆利则的主要路口都停放有坦克。由于担心村民们仍然向金庙进发，军方对周边的乡下地区也实行了宵禁。"① 诚然，印度政府有充分理由发起一次雷霆治理行动，而且在当时的情况下，由于激进分子的渗透，印度政府也有理由相信当时的旁遮普警察内部已经渗透了大量激进组织的同情者，已经无法全力开展族群治理任务，很多当地警员担心激进分子可能会对自己和家人发起报复行动（或威胁进行报复）而态度消极。

除了地方警察被激进分子渗透、担心激进分子对家人的报复等因素之外，当地警察力量不足也是重要因素，他们缺少足够的武器装备。警方的人员也不充足，缺少现代化的武器、通信和交通装备，警队的指挥系统也没有理顺，下辖的各个警署之间缺少协调行动机制，警察内部之间由于教派和种姓等原因导致内部冲突不断。几乎从任何一个方面来说，当地温和派和警察力量都没有做好准备，没有能力开展大规模治理行动。

但是，在遇上"蓝星行动"所造成的巨大平民伤亡数字时，以上种种客观理由都失去了说服力。这些情况的出现本身就与印度政府对地方政府支持和信任不够有关，温和派及其警察力量没有治理意愿和能力，是印度政府行为造成的结果，而不是造成印度政府不得不发挥主导作用的原因。当时的英迪拉政府不断插手地方事务，加剧了旁遮普形势的复杂性。前文已经提到过印度政府曾经对宾德兰瓦里提供过系统的支持，在宾德兰瓦里羽翼未丰之时，当地警察的几次抓捕行动最终都没有成功，要么是被他逃脱，要么就是在英迪拉和宰尔·辛格的纵容下被释放，直到宾德兰瓦里的破坏力和影响力上升，开始全面地成长为一股对抗政府的强大激进势力。

---

① Tavleen Singh, *Kashmir: A Tragedy of Errors*, New Delhi: Viking, 1995, p. 64.

第四节　“蓝星行动”的后续影响

毫无疑问，整个锡克族群都被“蓝星行动”所体现的无区别打击激怒了，人们纷纷采用各种方式表达自己的愤怒。锡克人把“蓝星行动”与历史上自身遭遇的外族入侵和大屠杀相提并论。“蓝星行动”激起了印度国内外锡克人同仇敌忾的情绪，部分保持温和立场的锡克人也对行动表示强烈谴责和抗议。前文提到过，锡克人在印度社会、政治、经济乃至军事上的地位并不低，尤其是锡克士兵和军官，在印度军队体系中占据重要地位。“蓝星行动”之后，印度政府首先需要处理的问题就是安抚在印度政府和军队系统任职的锡克人。

作为对政府行动的抗议，很多锡克人从军队和联邦部门辞职，一些人归还了印度政府授予的荣誉勋章。[1] 独立后，印度军队仍保留有由锡克人和廓尔喀人组成的单族群兵团，不过廓尔喀人最高作战单位只有联队（相当于步兵营）建制，而锡克人组成的最高作战单位已经包括步兵团建制，主要是贾特人组成的锡克兵团，以及马扎比（Mazhabi）、表列种姓（Scheduled Caste）和不可接触者（untouchables）等组成的轻装兵团（light infantry），成建制的锡克兵团数量更多，在印度各地的要塞都有驻扎。[2] 据不完全统计，“蓝星行动”之后，印度各地有 8 个兵营中的超过4000 名锡克士兵卷入兵变。例如，驻扎在比哈尔邦的锡克兵团杀死指挥官，部分锡克士兵还抢夺车辆试图奔赴旁遮普重新夺回金庙；驻扎在拉贾斯坦邦的第九锡克团也出现哗变，只是由于临近地区的驻兵干预，局面才得以控制，交火事件导致上百人伤亡。[3] 根据陆军退役中将洪的回忆，当

---

[1]　David Westerlund, *Questioning the Secular State: The Worldwide Resurgence of Religion in Politics*, London: Hurst, 1996, p. 1276.

[2]　Stephen P. Cohen, "The Military and Indian Democracy", in Atul Kohli ed., *India's Democracy: An Analysis of Changing State-Society Relations*, Princeton, N. J. : Princeton University Press, 1988, p. 133.

[3]　由于有兵变的历史，也最终导致印度政府于 1985 年 4 月解散该步兵团。关于“蓝星行动”激起的锡克士兵哗变，可参见 Pritam Bhullar, *The Sikh Mutiny*, New Delhi: Siddharth Publications, 1987, pp. 11 – 39。

时他的部队中也出现锡克士兵哗变的情况。①

来自人民院的两位锡克议员（同时也是国大党成员），集体提出辞去议员席位和国大党党员身份。印度政府派驻挪威的一位锡克外交官向挪威政府提出政治避难申请；在马哈拉斯特拉邦警局任职的一位锡克高级警官曼恩（Simranjit Singh Mann）提出辞职，同时向总统和总理提出一份措辞强硬的声明，他后来在试图穿越印度尼泊尔边境时被抓捕并拘押。② 几位著名学者，例如历史学家库什万特·辛格（Khushwant Singh）一直以来都是宾德兰瓦里的公开批评者，和 Ajit（在当地比较有影响力的一份旁遮普语报纸）总编沙都·辛格·哈姆达特（Sadhu Singh Hamdard），以及号称"旁遮普长胡子"的特瑞莎修女布哈贾特·辛格（Bhagat Puran Singh），由于在各自领域的卓越贡献曾被授予政府勋章，他们都将勋章返还给政府以示抗议。

7 月 10 日，印度政府发布了《旁遮普问题白皮书》（*The White Paper on the Punjab Agitation*），主要是强调因为阿卡利党与政府对抗，才催生了宾德兰瓦里的恐怖主义，由于阿卡利党地方政府无法控制局势，政府才被迫采取行动。但是指责阿卡利党要为当地紧张局势负责并不符合事实。③ 实际上，1978 年 4 月 13 日与尼朗迦利斯派的冲突时，宾德兰瓦里的恐怖活动就已经开始，后续开展的系列恐怖袭击等，都远远早于 1982 年 8 月 4 日阿卡利党开始"为正义而战"（the Dharam Yudh Morcha）运动。白皮书还指责巴基斯坦为旁遮普激进分子提供武器，并在巴境内设立激进分子培训基地，白皮书提出"政府有理由相信恐怖分子从特定国家获得各种积极支持"。印度情报部门认为，锡克极端分子也在加拿大进行使用武器

---

① P. N. Hoon, *Unmasking Secrets of Turbulence*：*Midnight Freedom to a Nuclear Dawn*, pp. 86 – 89.

② 曼恩后来成为锡克极端派别领导人之一。据媒体报道，在 2014 年 6 月 6 日"蓝星行动" 30 周年之际，曼恩领导的"最高阿卡利党（阿姆利则）"［Shiromani Akali Dal（Amritsar）］试图在"永恒王座"（Akal Takht）内发表抨击印度政府锡克政策的演说，并在现场呼喊锡克教分离主义口号，但遭到寺庙管理方的制止，在此过程中，曼恩及其支持者与最高锡克教寺庙管理委员会警卫爆发冲突，造成多人受伤。

③ 印度政府一度考虑在白皮书中指责巴基斯坦在幕后支持宾德兰瓦里，但出于两个原因而放弃，一个原因是缺乏确凿证据，二是当时美国是巴基斯坦的盟友，里根政府支持齐亚哈克对抗苏联，印度政府担心类似指责使旁遮普问题国际化。

的培训，但是这个消息的唯一来源是《温哥华太阳报》（The Vancouver Sun）的一份新闻报道，并没有其他情报来源的佐证。

政府对外发布的白皮书内容包含了很多低级错误，更是给媒体留下进行想象报道的空间。例如，印度政府仍宣称军队并没有在金庙里面开过枪，这些破坏全部都是激进分子造成的，这显然是欲盖弥彰的举动。由于政府在行动期间控制了所有的信息渠道，并没有其他报道可以支持政府的声明。在白皮书中，印度政府坚称行动没有对金庙造成损害，但是行动几天后获准进入现场的记者仍在金庙墙壁上找出数以百计的新鲜弹孔和弹痕。在金庙珍藏的大量锡克典籍和文物遭到破坏也是事实，白皮书为此做出的辩驳显得苍白无力。

白皮书受到的最大质疑之一，是披露的行动造成的伤亡数字，还别出心裁地创造了"平民—激进分子"（civilian-terrorists）的新提法，刻意模糊其中平民与激进分子的区别，将两者混为一谈。即便如此，白皮书披露的数字也是严重失实的，对于现场死亡的"平民—激进分子"，目击者认为人数应当在 1500—2500 人。① 但是，根据白皮书，行动共击毙"平民—激进分子"（civilian-terrorists）554 人，击伤 121 人；军队士兵阵亡低至 92 人，受伤 287 人。更让人怀疑的是，印度官方对此的口径也不一致，总理英迪拉的儿子、时任国大党副主席的拉吉夫·甘地在几天后的一次讲话中提到军方阵亡人数超过 700 人，约是《旁遮普问题白皮书》披露数字的 7 倍，不过他随后收回了讲话。但各界普遍都表示赞同，即实际数字应该是官方数字的 7 倍左右。

自此之后，官方没有再公布有关"蓝星行动"伤亡情况的进一步信息，也没有发表声明驳斥外界对于死亡人数的猜测。关于行动造成的直接伤亡人数有多个版本，有说法认为行动本身共造成包括宾德兰瓦里在内的近三千人死亡，其中包括 700 名政府士兵；② 根据印度退役陆军中将洪（P. N. Hoon）的估计，"蓝星行动"共造成 1000 多人死亡，其中包括 336

---

① Khushwant Singh, *A History of the Sikhs*, Volume 2, 1839 – 2004, New Delhi：Oxford University Press, 2004, p. 364.

② Maya Chadda, *Ethnicity, Security, and Separatism in India*, New York：Columbia University Press, 1996, p. 135.

名士兵。[①] 洪 1970 年晋升为陆军准将，负责指挥一个驻防在旁遮普印巴边界的锡克旅。此后，洪先后担任西部战区参谋长、总司令，西部战区总部位于哈里亚纳邦的昌迪曼第尔（Chandimandir），并以陆军中将衔退休。他撰写了多部军旅回忆录和有关回忆文章，成为研究他所处时期印度政府决策的重要资料。考虑到洪的身份和立场，这应该是相对保守的数字。

作为行动的现场指挥，尽管布拉尔将军一直否认此次行动的目的是反对任何特定的宗教，而是反对一群"误入歧途的人"，这些人绑架整个国家，意图实现所谓锡克独立建国信念，但是后来在接受采访时，他自己也认为"蓝星行动"伤害了很多无辜锡克人的感情，包括那些反对卡利斯坦激进分子的锡克人。[②] 根据布拉尔的回忆，"蓝星行动"结束后，布拉尔将军远在伦敦的舅舅拒绝与他再有任何联系，实际上由于在外国生活多年，他舅舅并不是一个虔诚的锡克教徒，而是与一个地道的英国人一样，抽烟、泡酒吧，也没有留长头发，但是在"蓝星行动"之后，开始留起了头发和胡子，并且参加一些支持卡利斯坦的集会，甚至还去了一趟巴基斯坦。[③] 在冲突发生之前和早期，宾德兰瓦里主要是表达对于锡克教宗教传统的担忧，但是在他之后的武装派别则希望建立一个锡克教国家"卡利斯坦"，并实行宗教法治理。[④] 显然这是印度政府所不能容忍的。当然这并不能说明宾德兰瓦里就不是分离主义者，实际上他只是较少公开提及这一目标，是因为那时锡克教中持极端思想者的比例仍较低，锡克教族群整体上仍没有准备好接受这一概念，这也是宾德兰瓦里没有过多地强调卡利斯坦理念的部分原因。至少在 1984 年的"蓝星行动"之前，卡利斯坦建国运动并没有得到旁遮普人的广泛支持。但是客观地看，印度政府在"蓝星行动"中使用无区别打击的行为，恰恰激发了此次行动试图压制的力

---

① P. N. Hoon, *Unmasking Secrets of Turbulence：Midnight Freedom to a Nuclear Dawn*, pp. 86 - 89.

② "You are not acting against any religion but against a section of misguided people", rediff. com, June 9, 2004, http：//in. rediff. com/news/2004/jun/07inter1. htm.

③ "You are not acting against any religion but against a section of misguided people", rediff. com, June 9, 2004, http：//in. rediff. com/news/2004/jun/07inter1. htm.

④ Kristin M. Bakke, "State, Society and Separatism in Punjab", *Regional & Federal Studies*, 19：2（2009）, p. 297.

量，推动了锡克教群体中武装分离主义思想的影响力进一步扩大。一个激进组织领导人这样说道：“在 1984 年 6 月之前，我们往往提及……在印度国家框架内的民族自决。1984 年以后我们要求建立自己的独立的家园。政府成百上千地杀戮，可以把更多的人投进监狱，强奸我们锡克女性，侮辱我们的人民（humiliate our people），我们是绝对不会妥协的。”[1]

1984 年“蓝星行动”以后的印度政党竞争环境，让阿卡利党为代表的锡克教温和派面临更加严峻复杂的局面。由于印度政府的过度武力打压，阿卡利党主张在联邦框架内谈判解决锡克人诉求的主张越发显得不合时宜。在锡克族群内部甚至有观点认为阿卡利党与印度政府打交道时过于软弱，应该采取更加强硬行动；在族群之外，阿卡利党又被描述成一个支持分离主义、与分离主义有联系的政党，因此被印度其他政党孤立。这种被孤立的经历或者说害怕被继续孤立的情绪，使得阿卡利党选择了印度教主义政党印度人民党（BJP）作为结盟对象。这成为当时印度政党政治环境中最不可能的政治组合之一，结盟一方是代表锡克教民族主义的阿卡利党，另一方代表的是印度教民族主义，但它还是出现了。阿卡利党的领导层坚信，与印度人民党结盟可以给 1984 年动乱后的锡克族群以更大的安全感，这是与其他任何政党结盟所无法带来的。[2] 可以说，阿卡利党此时的考虑无非是希望通过这样的政党联盟，打消外界关于阿卡利党是分离主义政党的猜疑。

第五节 “伍德罗斯行动” 及影响

如果说“蓝星行动”还只是印度政府在一场持续时间有限的治理行动中展现出使用无区别打击的特征，那么随后开展的“伍德罗斯行动”（Operation Woodrose）持续时间更长，受到波及的普通锡克民众更多，影响也更加深远。与“蓝星行动”中印军需要对付的激进分子都盘踞在金

---

① Joyce Pettigrew, *The Sikhs of the Punjab: Unheard Voices of State and Guerilla Violence*, London: Zed Books, 1995, p. 149.

② Pritam Singh, "Class, Nation and Religion: Changing Nature of Akali Dal Politics in Punjab, India", pp. 64 – 65.

庙区域不同，"伍德罗斯行动"的目标是抓捕那些逃往旁遮普乡村的激进分子。激进分子并没有排着队坐以待毙，而是需要印军挨个识别和抓捕。整个过程中呈现明显的无区别特征，包括军方对于旁遮普地理环境的陌生和对当地宗教文化的无知，以及抓捕的对象很多都是无辜锡克人，这些民众与宾德兰瓦里或锡克分离势力没有任何联系，这些事件都进一步加重了锡克人作为一个族群感受到的羞辱和迫害。①

印军对于锡克宗教的无知和轻视激怒了整个锡克族群。金庙主事曾经亲自向英迪拉本人抱怨，"蓝星行动"之后驻守金庙的印军士兵把金庙里的圣湖当作澡堂，公然在里面游泳，还无视锡克教义在神圣的金庙区域喝酒、抽烟。印军对外否认了相关指控，但是当历史学家库什万特随后到访金庙时，却亲眼见到"永恒王座"外墙上贴着"禁止吸烟、禁止饮酒"字样的标语，显然这是因为曾经有人在这里吸烟或饮酒。根据当时旁遮普税务局的一份公告，旁遮普政府决定免税提供 70 万夸脱朗姆酒、3 万夸脱威士忌、6 万夸脱白兰地和 16 万瓶啤酒，这些酒精饮料专供行动后驻守的印军人员使用。②

"伍德罗斯行动"中体现的政府无区别打击特征在于打击对象的甄别不是根据行为，而是外观或者说装饰。行动中的主要搜捕对象是哈尔萨践行者，即锡克人所称的 Amritdhari，这其实是由两个词构成的，Amrit 主要是指接受锡克教第十代上师戈宾德（1666—1708 年）所倡导的哈尔萨思想的人，Dhari 指的是践行者、实践者。③ 锡克教男性名字中加"辛格"（Singh），意为"狮子"，女性名字中加"考尔"（Kaur），意为"公主"。同时为了遵循戈宾德的教导，锡克教男性日常必须实践"五 K"习俗，即蓄长发（Keshas）、加发梳（Kanga）、戴钢手镯（Kara）、佩短剑（Kirpan）、穿短衣裤（Kachcha）。④

① 参见 Ved. Marwah，*Uncivil Wars*：*Pathology of Terrorism in India*，New Delhi：Centre for Policy Research，1996，p. 177；K. P. S. Gill，"End Game in Punjab，1988 – 1993"，Faultlines，http：//www. satp. org/publication/faultlines/volume/articles3_htm。

② Mark Tully and Satish Jacob，*Amritsar*：*Mrs Gandhi's Last Battle*，London：J. Cape，1985，p. 203.

③ "Amritdhari"，Sikiwiki，http：//www. sikhiwiki. org/index. php/Amritdhari.

④ 朱明忠：《锡克教的"五 K"》，《世界知识》1995 年第 5 期。

不幸的是，在"伍德罗斯行动"中，联邦安全部队主导的抓捕行动只认"五K"特征，特别是蓄长发的特征，问题在于蓄长发已经成为锡克男性的普遍特征之一，例如锡克人中的"不剃发者"（Keshdhari），虽然无法进行确切统计，但锡克研究学者估计"不剃发者"已经占到锡克人的1/3甚至2/3。[①] 因此，即便安全部队抓捕"哈尔萨践行者"具有法律基础，但依靠蓄长发特征进行的抓捕，也是无法有效甄别普通锡克民众与激进分子的。

更何况，对于大多数的哈尔萨践行者来说，接受"五K"习俗，本质上与基督教中受洗等宗教习俗类似，只是表明他们在生活中接受上师戈宾德的教诲，并不代表支持或参与了宾德兰瓦里正在发起的这场运动。或者可以这样说，将哈尔萨践行者当作激进分子或者涉嫌激进运动，是过度地夸大了当时激进思想在锡克民众中的影响力。但是对于印度政府来说，这些已经并不重要，因为既然宾德兰瓦里和其他激进分子是在利用宗教进行族群动员，那么这就是一场族群叛乱，信奉宗教已然成为一种不言自明的罪证，是支持激进组织的一种指征，更可笑的是这一抓捕指南甚至堂而皇之地登上1984年7月出版的一本军方杂志，用来指导安全部队士兵们执行抓捕任务。[②] 由此造成的抓捕之荒谬可想而知，大量无辜的锡克青年被捕入狱，其中一部分人被关押一段时间后释放出来，还有一部分将要在监狱中度过一段漫长的岁月。

对于"伍德罗斯行动"造成的影响，一位退役的锡克将军纳林德尔（Narinder Singh）是这样描述的："真正造成伤害的是'伍德罗斯行动'……锡克男人被抓走……然后他们（士兵）搜查整个屋子，拿走了很多值钱的物品。只要被军方怀疑可能是激进分子，就可能被就地枪毙。在马加地区尤其如此……士兵们还得到了当地印度教徒的帮助。所以当时两个族群，锡克教徒和印度教徒，的确出现了一定程度的对立。"[③] "伍德

① Jugdep S. Chima, *The Sikh Separatist Insurgency in India: Political Leadership and Ethnonationalist Movements*, New Delhi: Sage Publications, 2010, pp. 23 – 24.

② Philip Hultquist, "Countering Khalistan: Understanding India's Counter-Rebellion Strategies during the Punjab Crisis", *Journal of Punjab Studies*, Vol 22 No. 1 (2015), p. 107.

③ Joyce Pettigrew, *The Sikhs of the Punjab: Unheard Voices of State and Guerilla Violence*, London: Zed Books, 1995, p. 36.

罗斯行动""反而促进了极端主义的发展。无辜锡克平民受到伤害，使得锡克人更加不相信政府。那些十几岁和二十几岁的年轻锡克人受到的打击最大，使得他们更容易受到分离主义思想的影响"。① 古尔达山（Gurdarshan Singh Grewal）曾经担任过旁遮普的代理检察长，他相信"伍德罗斯行动"造成大量无辜锡克人被抓捕，他们被释放之后也容易加入激进组织，因此激进组织的实力反而借机扩张，导致武装袭击活动的增加。从1984年6月到9月，大量15—25岁的锡克人被带离家乡。② 一些人被长期关押，但还是有很多人在关押期间"失踪"，幸存者在出狱后都准备加入或再次加入分离主义运动。

当时的情况是，在"蓝星行动"之前的旁遮普，"人们都发现宾德兰瓦里就是造成数以百计无辜印度教徒死难的谋杀案主谋，他们还公开携带武器并公然宣称乐意使用武器，让自己成为法律惩治的对象。更明目张胆的是，他还把总部搬进金庙，这实际上就是挑战政府，因为要把他绳之以法就必须进入金庙。旁遮普民众乃至锡克教的训诫都不认同谋杀"，③ 但政府的无区别打击，最终把自己享有的民众支持，拱手让给了激进组织。

"蓝星行动"以及之后的伍德罗斯行动也激起了海外锡克人的愤怒，他们也开始更多地投入这场锡克独立运动。从行动之后很多锡克人的反应，特别是当锡克士兵哗变和有声望有地位的锡克人交出政府勋章的时候，就可以看出这场行动造成的印度国内族群分裂的严重情况。后来为印度平息锡克问题做出最大努力的吉尔曾经这样评论"蓝星行动"："这是所谓'卡利斯坦'运动取得的最重要胜利……不是激进分子赢得的，而是我们的政府把胜利给了他们。"④ 如果没有这场行动和随后屠杀锡克平民的行为，吉尔坚信锡克分离运动最早可能在1984年就可能被平息。著名的锡克学者、历史学家库什万特·辛格这样写道："一切都回不到从前了。即使是那些与宾德兰瓦里和政治没有任何瓜葛的锡克人，也有强烈的

① Gurmit Singh, *History of Sikh Struggles*, Vol. Ⅲ, New Delhi: Atlantic, 1991, p. 17.

② Joyce Pettigrew, *The Sikhs of the Punjab: Unheard Voices of State and Guerilla Violence*, London: Zed Books, 1995, p. 139.

③ Murray J. Leaf, "The Punjab Crisis", *Asian Survey*, Vol. 25, No. 5（May, 1985）, p. 494.

④ K. P. S. Gill, *Punjab: The Knights of Falsehood*, New Delhi: Har-Anand Publications, 1997, pp. 95 – 97.

屈辱感。宾德兰瓦里被击毙了，反而成了锡克人的英雄，成了烈士，原本他根本配不上这些崇高的称号。激进组织也因此得到了更多的发展机会。"[1]

可以说，"蓝星行动"和随后的"伍德罗斯行动"使得原本能够解决的族群冲突问题进入螺旋升级模式。[2] 1984 年 10 月 31 日，英迪拉的两位锡克人保镖选择用刺杀自己保护对象的方式表达愤怒，英迪拉遇刺身亡，锡克人与印度教徒之间的族群关系进入新一轮的对抗。英迪拉遇刺身亡激发印度全国范围的袭击锡克人事件，至少有 3000 名锡克人遇难。[3] "蓝星行动"以及英迪拉·甘地遇刺导致的全印范围的锡克教与印度教仇杀事件使得两个族群之间的关系走向完全对立。到了 1984 年年底，越来越多的激进团体出现并要求独立，接任的拉吉夫政府面对的族群治理压力更大。

第六节　本章小结

印度面临的锡克问题中，少数族群出于防御目的进行族群动员会被国家视为需要做出反应的威胁，政府方面为防范紧张态势进行的警察行动或军队调动则会被少数族群当作迫害加强的信号，从而形成杰维斯所称的螺旋模型。[4] 这种相互作用的过程是博弈双方难以摆脱的一种困境，双方的不信任主导事件的发展过程，一方做出的具体的、局部的甚至微不足道的行动或言辞不一致，均有可能被另一方认为是大的攻击性武装行动的前奏，从而夸大对威胁的认知和做出过分的反应，而这一反应同时又会引起另一方做出更进一步的反应。"蓝星行动"开启了印度政府新的族群治理阶段，此次行动及后续的"伍德罗斯行动"具备明显的无区别特征。当中央政府使用无区别策略时，激进组织将倾向于使用区别袭击策略，此时

---

[1]　Khushwant Singh, *My Bleeding Punjab*, New Delhi: UBSPD, 1992, p. 71.

[2]　K. P. S. Gill, *The Knights of Falsehood*, New Delhi: Har Anand, 1997, pp. 95 – 97.

[3]　Pritam Singh, *Federalism, Nationalism and Development: India and the Punjab Economy*, London: Routledge, 2008, pp. 43 – 45; Bidisha Biswas, *Managing Conflicts in India: Policies of Coercion and Accommodation*, Plymouth: Lexington, 2014, pp. 27 – 28.

[4]　关于合作难题和安全困境的有关论述，可参见 Robert Jervis, "Cooperation Under the Security Dilemma", *World Politics*, Vol. 30, No. 2 (1978), pp. 167 – 214; Robert Jervis, "Deterrence Theory Revisited", *World Politics*, Vol. 31, No. 2 (1979), pp. 289 – 324。

无论温和派是否发挥主导作用，冲突都将持续。

与印度政府的无区别打击相比，激进分子在这阶段袭击的对象十分清楚，主要针对反对激进运动的印度教徒、有告密嫌疑的警察（包括锡克警察）和政治人物。① 一些激进分子则发誓要杀掉那些对"蓝星行动"负责的人，他们的刺杀名单包括总统宰尔·辛格、总理英迪拉·甘地及其家人、陆军总参谋长瓦迪亚（A. S. Vaidya）将军等人。② 可以说，激进组织此时的袭击策略是很明确的，即通过使用区别袭击的方式，打击温和派和亲印度政府力量，巩固自身的民众基础。

"蓝星行动"的重大影响还在于这使得宾德兰瓦里曾经煽动的宗教迫害得到自我实现。作为锡克教重要的教义之一，殉教是宗教教育的重要部分。锡克人历史上经历过的灾难和无数锡克英雄的坚韧牺牲，让这个民族拥有显而易见的受害者心态，这种受害者情绪也被带入现实政治，通过隐喻和象征的形式，营造出一种想当然的不公正对待和压迫，被人利用以获取政治利益。③ 在 20 世纪 50—70 年代，这种对教义的曲解还被认为是极端分子特有的行为，但到了 80 年代的时候，至少在某些社区里，发表类似观点的人已经能赢得联邦议会、地区议会的选举，并掌控可观的宗教权力，例如最高锡克教寺庙管理委员会的位置。

---

① Mark Tully and Satish Jacob, *Amritsar：Mrs Gandhi's Last Battle*, London：J Cape, 1985, pp. 130－131.

② 下文将涉及英迪拉遇刺身亡及引发的族群冲突。瓦迪亚于 1986 年 1 月 31 日退役，当年 8 月 10 日就遇刺身亡，哈尔萨突击队（the Khalsa Commando Force）宣称对此事负责（"Sikhs kill ex-army chief, massacre revenge hinted", *Chicago Sun-Times*, August 11, 1986）。

③ K. P. S. Gill and Ajai Sahni, "India：The Defeat of Religious Extremist Terror in Punjab", in Albrecht Schnabel and Rohan Gunaratna eds., *Wars from Within：Understanding and Managing Insurgent Movements*, London：Imperial College Press, 2015, p. 190.

第 五 章

拉吉夫·甘地的族群治理策略演变 I

印度政府的无区别打击族群治理策略只是暂时压制了冲突的势头，而且由于军方主导的治理行动缺乏有效情报信息，行动并不彻底，反而带来更大隐患。首先，早在军队包围金庙之前，宾德兰瓦里的很多手下已经得以逃离，一些核心分子的逃脱，使得冲突有卷土重来之忧。事先离开金庙的激进组织核心、领导人之一贾斯万特（Jaswant Singh Bhullar），后来获准逃亡美国，继续在海外为锡克独立建国运动奔走宣传。其次，印度政府的无区别打击族群治理策略影响了锡克族群中的年轻人，他们或听闻或经历过"蓝星行动"以及"伍德罗斯行动"，通过自己的感受和经历，他们更加容易接受激进思想的影响，无形中增加了激进组织可以招募到的人员数量。对于锡克教民众来说，金庙具有高度的宗教象征意义，金庙建筑在行动中受到的损害，以及随后的"伍德罗斯行动"造成的锡克族群与印度教族群之间的尖锐对立，使得激进组织在锡克民众中的影响力扩大。

1984年10月31日，时任总理英迪拉被自己的锡克保镖刺杀身亡，印度政府迎来了新任总理拉吉夫·甘地，印度各界也热切盼望新的领导人能带来新的族群治理策略。自尼赫鲁以来，印度领导人的领导风格对于族群行为的影响是分化的，例如尼赫鲁强调政党对话与合作，但他在旁遮普问题上始终持强硬态度，坚决反对旁遮普语言建邦。英迪拉·甘地则被视为强硬领导人，但她在上任之初就选择满足旁遮普民众的语言建邦要求，分析人士也倾向于认为英迪拉政府在旁遮普建邦问题上做出的妥协，为当时印度政府与地方之间在族群和语言问题上的冲突画上句号。① 英迪拉的合作态度还体现在分邦之后，满足了阿卡利党的一些宗教诉求，例如在 1982—1983 年的谈判中，印度政府做出让步，同意修改宪法，列明锡克族群不是印度教群体。② 阿卡利党曾经在此前人民党执政期间向时任总理德赛（Morarji Desai）和副总理查兰（Charan Singh）提过同样的请求，但都被以锡克人属于印度教群体的理由拒绝。③ 也就是说，被认为执政风格强势的英迪拉，其实在旁遮普问题上展现了更具妥协让步精神的姿态，她在与阿卡利党的谈判中做出的让步，甚至超过后来的拉吉夫和拉奥政府。

比较锡克问题期间涉及的三位主要国家领导人，也可以发现虽然拉奥领导风格相对温和，但他平息锡克问题靠的是强势打击手段，英迪拉领导风格更加强势，但其任内采取的强势打击手段适得其反。拉吉夫领导风格总体温和，在英迪拉遇刺身亡之后，新上任的印度总理拉吉夫带来新的族群治理思路。与英迪拉的族群治理策略具备的明显无区别打击形象不同，拉吉夫的领导风格更具协商精神，至少在处理旁遮普问题上，拉吉夫改变了英迪拉自"蓝星行动"以来的强硬策略，转而选择与锡克温和派的代表进行接触，并且在较短时间内达成了一项颇有突破意义的协议，本章将考察拉吉夫的族群治理策略对于旁遮普形势的具体影响。

第一节　英迪拉遇刺与拉吉夫接任

"蓝星行动"和"伍德罗斯行动"之后，旁遮普的安全局势虽然被政府强行压制，但冲突并没有因此平息，看似平静的局势下其实暗流涌动。激进组织不断发出有针对性的暗杀威胁，联邦和地方政要们纷纷加强自身安全保护，在外出时加穿防弹背心和增加保镖等。印度安全部门增加新德里总理官邸的不间断巡逻强度，所有来访者都需要接受包括身体搜查在内

---

①　Ajit Singh Sarhadi, *Punjabi Suba: The Story of the Struggle*, Delhi: U. C. Kapur & Sons, 1970, p. 462.

②　Paul R. Brass, *Ethnicity and Nationalism: Theory and Comparison*, New Delhi: Sage, 1991, p. 203.

③　Khushwant Singh, *A History of the Sikhs*, Volume 2, 1839 - 2004, New Delhi: Oxford University Press, 2004, p. 340.

的严密安检，他们还建议英迪拉撤换官邸的锡克安保人员，但是出于安抚锡克人情绪的考虑，英迪拉拒绝了有关建议，她的回答是，"我们不是一个世俗国家吗？"[①] 这样的安排冥冥之中为随后发生的悲剧做了铺垫，英迪拉最后的时刻即将来临。

1984 年 10 月 31 日，英迪拉从官邸出发准备去参加一个 BBC 电视台的访谈，两名锡克保镖从背后向她开枪。她一共身中 18 弹，其他安保人员迅速做出反应，最终两名袭击者都被活捉，但是其中一人（Beant Singh，38 岁）随后被其他安保人员殴打身亡，另一人（Satwant Singh，21 岁）则被击中，身负重伤。[②] 这两名锡克士兵在此前刚从旁遮普休假返回岗位不久，相信休假时在家乡的所见所闻改变了他们对自己的职责要求，也永远改变了他们的人生轨迹。受伤的英迪拉被紧急送往附近的全印医学院（the All-India Institute of Medical Sciences，AIMS）。英国媒体 BBC 率先报道了英迪拉遇刺的消息，在一个小时后全印广播电台（All-India Radio）跟进报道。当天下午 2 点，英迪拉不治身亡，当天下午 6 点，全印广播电台获准播发了英迪拉去世的消息。所有主流报纸都使用了官方通报的标题，即凶手是"两名锡克人"。[③] 这个字眼刺激了印度敏感的族群关系，印度教徒从中寻找到了发泄怒火和仇恨的对象。

政府层面的动作非常迅速，时任印度总统宰尔·辛格立刻宣布拉吉夫·甘地为下一任印度总理，在简短的宣誓仪式之后拉吉夫马上重组内阁，并由自己兼任国防部部长和外交部部长。后来在接受采访时，宰尔表示关于接任印度总理的人员还有其他选择，例如慕克吉（Pranab Mukherjee）、拉奥（P. V. Narasimha Rao）或塞提（P. C. Sethi）等国大党资深部长，他们都是有力人选，但任命他们中的任何一个人接任总理，"国大党很可能就会因此分裂，在这样关键的时刻，这并不符合国家利益的需

---

① Khushwant Singh, *A History of the Sikhs*, Volume 2, 1839 - 2004, New Delhi: Oxford University Press, 2004, p. 374.

② 另一名参与和策划刺杀事件的同案犯（Kehar Singh）也被抓获。1986 年 1 月，这两人先后被判绞刑。

③ 根据笔者对当时印度媒体报道风格的观察，印度媒体在报道国内族群冲突时，通常会避免突出有关人员的宗教身份。

要"。他选择立即任命拉吉夫接任印度总理，"也是作为我对尼赫鲁—甘地家族的感恩，毕竟我也是尼赫鲁的追随者，甘地夫人先是任命我为印度政府的内政部部长，后来提名我作为印度最高文官。最后一点，我也认为拉吉夫·甘地具有现代化的理念，廉洁的政治形象，和令人愉悦的个性，在国内外的知名度也更高。我认为他可以引导这个国家走出当前的危机"。① 但是宰尔·辛格的举动并没有帮助锡克人避免一场即将来临的灾难。

拉吉夫面临的挑战是巨大的。几乎在同一时间，一场大规模骚乱开始自德里向全国蔓延，聚集的人群开始攻击身边的锡克人。宰尔·辛格的专车在从全印医学院出来的时候，也遭到在医院外面等候的暴徒袭击。普通锡克人更是开始遭受灭顶之灾，对于他们中的很多人来说，接下来几天的经历堪比人间炼狱。

德里的印度教徒之间开始出现各种流言，例如锡克人在旁遮普载歌载舞庆祝成功刺杀英迪拉、从旁遮普开往德里的火车上载满了被当地锡克人伤害的印度教徒尸体，甚至锡克人正在向德里的自来水系统下毒等。② 类似流言无一例外都是突出英迪拉遇刺的族群特征。流言传播的速度非常快，国大党控制下的地方政府并没有立刻澄清，印度各大电视台上在不断滚动播放英迪拉躺在病床上、悲恸欲绝的拉吉夫一边低泣，一边接待慰问者的画面，背景音则是外面的群众高喊口号的声音，"我们要报仇，以牙还牙"（khoon ka budla khoon say lengey）和"英迪拉·甘地永垂不朽"（Indira Gandhi Zind-abad）。10 月 31 日深夜，拉吉夫召开了一次包括德里警长在内的安全会议，商讨如何应对愈演愈烈的骚乱形势，在会议上警局一位资深官员提出应该派

---

① Khushwant Singh, *A History of the Sikhs*, Volume 2, 1839 – 2004, New Delhi：Oxford University Press，2004，p. 375。实际上，作为拉吉夫宣誓就任的见证者，慕克吉（自 2012 年以后担任印度总统）和拉奥（1991—1996 年担任印度总理）在各自的回忆录中都详细描述了在此前后的状况，可参见 Pranab Mukherjee, *The Turbulent Years：1980 – 1996*, New Delhi：Rupa Publications India，2016 和 Vinay Sitapati, *Half Lion：How P. V. Narasimha Rao Transformed India*, New Delhi：Penguin，2016。

② 根据事后人权组织发布的调查报告，印度地方政府部分官员甚至采信了部分谣言，后来的证据显示"在一些地区，地方警察在警车上用喇叭特地大声广播火车抵达和自来水被下毒的消息"（Rajni Kothari, Gobinda Mukhoty, *Who are the Guilty?*, New Delhi：People's Union for Democratic Right and People's Union for Civil Liberties，1984，p. 2。

军队稳定局势，否则将发生一场大屠杀，但是这一建议并没有得到重视。据报道，同一个晚上，时任内政部部长拉奥（P. V. Narasimha Rao）仍在向印度人民党主席瓦杰帕伊保证，"几个小时内一切都将恢复正常"。[1] 但印度政府和德里当局没有在第一时间采取措施。

普通印度教徒对旁遮普问题的认知是，当地锡克人正在试图分裂他们的国家，他们对英迪拉的认知更多地停留在 1971 年那场成功肢解巴基斯坦的战争和她任内提高穷苦印度人生活水平上，两个认知之间形成了鲜明对比。一场族群报复行动正在快速发展，而锡克人在这场以族群为主要特征的冲突中遭受严重冲击。

在印度，族群冲突比较频繁和常见，但此次锡克人受到的冲击程度仍是不同寻常的，与穆斯林民众相比，在德里的锡克人居住相对分散，这代人此前也并没有经历过大规模族群冲突，显然他们欠缺处理类似冲突的经验。与其他族群的最大不同还在于锡克人独特的装扮，很容易被袭击者辨别和区分，这使得锡克人很难逃脱。人权组织后来的调查发现，国大党地方官员甚至在帮助印度教暴徒，给他们提供选民名单、学校登记名单和配给名单，上面标注了辖区内锡克人的姓名、住处等详细信息，方便暴徒定位袭击目标；而且由于很多暴徒都是文盲，这些提供名单的人也就不吝啬于再帮忙认读名单和引路。[2] 根据这些名单，锡克人的住所被标记"S"记号，参与骚乱的暴徒可以在德里庞杂的社区中轻而易举地准确定位锡克人的住所，这些因素都扩大了骚乱中锡克人的伤亡数量。

"锡克人被拖出房屋、殴打甚至被烧死。小孩也未能幸免，锡克店铺被打砸抢，汽车被烧毁。人们登上火车，挨个寻找锡克人，找到之后再拖下车打死"，而且面对暴徒对锡克人的种种暴行，德里警察几乎是无动于衷。[3] 骚乱结束后，记者和人权组织的深入挖掘和报道表明，德里当局当时直接接受当地国大党官员的指令，在全国其他发生骚乱的地区也是如此，地方警察收到的命令是不要干涉局势发展，目的是给锡克人一个教训，让

① *The Statesman*, 10 November 1984.

② Jaskaran Kaur and Barbara Crossette, *Twenty years of impunity*: *the November* 1984 *pogroms of Sikhs in India* (2nd ed.), Portland, OR: Ensaaf 2006, p. 29, http://ensaaf-org. jklaw. net/publications/reports/20years/20years－2nd. pdf.

③ J. S. Grewal, *The Sikhs of the Punjab*, New York: Cambridge University Press, 1990, p. 229.

他们永世不忘。① 拉奥授权的传记中提到，随着冲突愈演愈烈，有关消息都被直接送往总理办公室（Prime Minister's Office，PMO），官方的理由是便于提高处置效率，但结果却导致拉奥作为内政部部长无法在第一时间接收到关于事件最新进展的报告，也就谈不上发挥内政部部长的职能了，要知道内政部是担负印度全国社会治安的权力部门。② 实际上，军队已经接到指令，要求整装待命，但高层并没有下令出动军队稳定形势。

政府的态度对于事件发展的态势是决定性的，及时有效的干预可以稳定局势和减少伤亡，其他城市的例子或许可以提供借鉴。例如，加尔各答，当地生活了至少 5 万名锡克人，大部分是出租车司机这种服务业人员，也很容易从外观上辨认，但是在德里发生严重族群骚乱期间，加尔各答的情况则完全不同，那里的锡克人并没有受到严重伤害，没有一个锡克人因为骚乱而丧失生命；西孟加拉邦首席部长也在第一时间命令当地警察部门维持秩序，邦内各城市的工会组织也行动起来约束工人们的行为，因此邦内并没有出现严重骚乱。③ 这些例子表明，积极的政府干预是完全可以避免这场惨剧的，在英迪拉遇刺身亡后的 11 月 1—2 日，即事件发生的头 48 小时内，政府的态度决定了成千上万人的生死。

或许拉吉夫随后的一次讲话最能说明他和他领导下的印度政府对于骚乱的态度，11 月 19 日是英迪拉·甘地的诞辰纪念日，当时骚乱最严重的时期已经过去，但拉吉夫在致辞中并没有为刚过去的骚乱致歉或表达同情，而是说："当一棵大树倒下，它脚下的土地肯定要颤抖。"④

由于政府部门的漠视和纵容，人们很难准确统计在此次骚乱中受害锡克人的确切数量。政府控制的媒体发布的官方数字认为受害人数不到 400人，但是人们很快发现仅在德里一个地方，在骚乱的前两天成为寡妇的锡克妇女人数就超过 1000 人。德里之外，发生针对锡克人骚乱的地方至少

① Khushwant Singh, *A History of the Sikhs*, Volume 2, 1839 - 2004, New Delhi：Oxford University Press, 2004, p. 376.

② Vinay Sitapati, *Half Lion：How P. V. Narasimha Rao Transformed India*, New Delhi：Penguin, 2016, p. 63.

③ "The Violent Aftermath", *India Today*, 30 November, 1984.

④ Vinay Sitapati, *Half Lion：How P. V. Narasimha Rao Transformed India*, New Delhi：Penguin, 2016, p. 63.

还包括喜马偕尔邦、哈里亚纳邦、拉贾斯坦邦、马迪亚邦、北方邦和比哈尔邦，骚乱最严重的城市包括坎普尔（北方邦南部城市）、勒克瑙（北方邦首府）、兰契（比哈尔邦南部城市）和鲁尔克拉（奥里萨邦北部城市）等，粗略估计全印范围内受害锡克人数量不少于 10000 人，其中大部分发生在首都德里。[1] 吉尔把"蓝星行动"和英迪拉遇刺之后的反锡克骚乱视为"卡利斯坦"运动取得的两大胜利，而且"不是激进分子赢得的而是我们的政府拱手相让的……这两大事件一起给了锡克独立运动全新的动力"。[2] 可以说，发生在德里及扩散至印度其他地区的针对锡克人的这场骚乱规模之大、伤害之深，已经成为锡克人遭受印度教迫害和屠杀历史记忆的一部分，直接伤害了很多锡克人的国家认同，锡克民族认同的上升也影响着旁遮普地区的族群治理走势。

第二节　拉吉夫任期之初的族群治理思路

对于大部分印度人来说，旁遮普邦发生的一切，特别是刚刚发生的英迪拉遇刺事件，让他们陷入迷茫无助。在很多印度人看来，旁遮普问题正在撕裂这个国家，两个锡克人刺杀总理正好印证了他们的这种担心。1984 年 12 月，印度提前举行大选，当时在中央邦博帕尔发生的毒气泄漏事件正愈演愈烈[3]，国大党央地两级政府由于应对不力，执政能力备受人们指责，但拉吉夫仍然成功地将自己塑造为英迪拉的合法继承者，将大选议题设置在"团结还是分离，这取决于你的投票"，在选举中占据了绝对有利

---

[1]　Khushwant Singh, *A History of the Sikhs*, Volume 2, 1839 – 2004, New Delhi: Oxford University Press, 2004, pp. 378 – 379. 印度 *Seminar* 杂志主编 Romesh Thapar 认为受害的锡克人数量在 6000—8000 人。(*Illustrated Weekly of India*, December 23 – 29, 1984, p. 12.)

[2]　K. P. S. Gill, *Punjab: The Knights of Falsehood*, New Delhi: Har-Anand Publications, 1997, pp. 95 – 97.

[3]　1984 年 12 月 3 日凌晨，印度中央邦首府博帕尔市的美国联合碳化物下属的联合碳化物（印度）有限公司设于贫民区附近的一所农药厂发生氰化物 MIC 泄漏，引发了严重的后果。事件造成了 2.5 万人直接死亡，55 万人间接死亡，另外有 20 多万人永久残疾的人间惨剧。(《"我没想再当个人"：印度博帕尔毒气泄漏事件 30 周年》，澎湃新闻网，2014 年 12 月 3 日。)

的位置。① 拉吉夫领导的国大党选情高涨，还得益于印度民众对甘地家族的强烈同情，最终国大党以巨大优势控制了人民院，在人民院 533 席中获得 404 席。② 这一巨大优势甚至超过了尼赫鲁或英迪拉时期。③ 值得一提的是，英迪拉此前属意的政治接班人是小儿子桑杰，但他因飞机失事不幸身亡，原本并不热衷政治事务的拉吉夫被迫出来作为尼赫鲁—甘地家族的代表参与国大党事务。在熟悉政务工作时，他经常负责接见来德里参加谈判的阿卡利党代表，也经常负责监督英迪拉旁遮普政策的执行，可以说在当选之前就深度参与了旁遮普事务，这也提高了人们对他在有关问题上采纳新立场的期待。

　　选举期间，拉吉夫在锡克问题上的表态十分强硬，在以极高的支持率当选后，强有力的执政基础让拉吉夫对自己的任期踌躇满志，他相信自己的执政已经获得人民的充分授权，可以在旁遮普问题上有所作为。1985 年 1 月 5 日，拉吉夫在大选后的首次全国广播讲话中表示解决旁遮普问题是自己领导的国大党新政府工作的"重中之重"（top priority），为此他还专门成立了一个由相关部门负责人组成的委员会，不过考虑到大选之后马上就是多达 10 个地方邦的地方选举，在此之前委员会是肯定无法进行任何实质性工作的。拉吉夫期待等到政权稳定后再在旁遮普问题上大展手脚，但是在旁遮普，阿卡利党的耐心正在耗尽，他们面临锡克人要求彻底调查德里骚乱的巨大压力。

　　如果说之前阿卡利党主要是在《阿南德普尔萨希布决议》框架下提出与印度政府的谈判条件，那么现在的谈判清单上肯定还需要再加上一条，那就是要求印度政府彻底调查德里骚乱。英迪拉遇刺之后锡克人的处境日益严峻，全印范围内都出现尖锐的族群对立情绪，锡克人在骚乱中遭受了严重的精神和肉体创伤，而印度政府对骚乱一直没有进行任何官方调查的表态，阿卡利党有义务要求印度政府给锡克民众一个交代。3 月 7 日，阿卡

---

① Hari Jaisingh, *India after Indira*: *The Turbulent Years* (1984 – 1989), New Delhi: Allied Publishers, 1989, pp. 19 – 20.

② 谢超：《印度政党政治碎片化的成因和历程》，《国际政治科学》2015 年第 4 期，第 63 页。

③ 不过此次国大党赢得的主要是反锡克情绪浓厚的地区，相反在有关情绪相对温和的地区，例如西孟加拉邦、阿萨姆邦和南部地区如安德拉邦、泰米尔纳德邦和卡纳塔克邦等，反对党仍然保持了执政地位。

利党和最高锡克教寺庙管理委员会联合向印度政府发出警告，如果政府仍然不对 1984 年 11 月那场针对锡克人的骚乱进行司法调查，如果在 4 月 13 日拜萨客节①（Baisakh，即印度历的 2 月）前还没有释放在"蓝星行动"中被关押的锡克领导人，那么他们将发起新一轮的抗议示威活动。②

　　拉吉夫不想与阿卡利党又一次陷入冲突，此次大选获得的民众支持让他对于执政成绩有了新的期待。不过鉴于之前英迪拉政府在应对旁遮普问题方面的经验教训，拉吉夫需要借此机会寻找新的谈判方向。英迪拉在世时对于解决旁遮普问题犹豫不决，经常受到其他因素的干扰，决策者个人的立场反复不定也加大了印度政府与阿卡利党之间的隔阂，使得主张与印度政府谈判解决问题的锡克温和派逐渐失去锡克民众的支持，导致宾德兰瓦里为首的极端派影响力趁势上升。随着当地安全局势恶化，冲突造成的死亡人数日益上升，印度政府和国内民众都认识到应该尽快通过对话结束冲突，同时也继续坚定地认为旁遮普主权不能丢。对于拉吉夫政府来说，与激进分子对话显然是不可能的，当务之急是在旁遮普问题上重新选择和支持一个温和派锡克领导人，以抗衡极端派日益上升的影响力。

人物小传：古尔查兰·辛格·托赫拉（Gurcharan Singh Tohra）

　　古尔查兰·辛格·托赫拉，1924 年 9 月 24 日出生于旁遮普帕提亚拉。作为锡克教和阿卡利党的领导人之一，他坚持自己独特的政治理念，在宗教和族群问题上持极端保守立场，英国殖民时期参加了独立运动，后来与阿卡利党一起对抗国大党的一党独大统治；在锡克问题兴起前后又与激进组织保持密切联系，与持温和立场的阿卡利党领导人针锋相对。"蓝星行动"期间，他与其他几位锡克宗教领导人被困在 SGPC 办公室，在被军方解救之后他关心的首要问题是宾德兰瓦里是否还活着。他反对拉吉夫与阿卡利党达成的协议，后被印度政府拘禁。被拘禁期间，他仍连续当选 SGPC 主席，1999 年他因为与巴达尔的政治竞争被解除 SGPC 主席职务，后于 2003 年又短暂复职。他担任锡克教寺庙最高管理委员会（SGPC）主席的时间长达 27 年，是锡克教历史上最有影响力同时也最具争议性的领导人之一。2004 年 4 月 1 日，托赫拉因病去世。

---

　　① 锡克教重要节日之一，主要是纪念锡克上师戈宾德，在 1919 年 4 月 13 日阿姆利则惨案发生后，拜萨客节又加入了缅怀锡克教先烈的内容。

　　② Khushwant Singh，*A History of the Sikhs*，Volume 2，1839 – 2004，New Delhi：Oxford University Press，2004，p. 387.

拉吉夫的策略之一是首先向阿卡利党示好。3 月 12 日，印度政府下令释放了关押的包括隆格瓦尔和苏尔吉特（温和派）在内的八位阿卡利党领导人和塔尔万迪（Talwandi Singh，极端派），但是托赫拉和巴达尔仍被继续关押。拉吉夫可以观察这些人被释放后的活动和表态，了解他们在锡克人中的威望和对于旁遮普问题的基本态度，然后再决定自己谈判的对象。3 月 14 日，拉吉夫又宣布不会在与阿卡利党的谈判中设置任何先决条件，此前印度政府要求双方谈判的前提是阿卡利党放弃《阿南德普尔萨希布决议》；3 月 23 日，拉吉夫访问旁遮普，拜谒了供奉有锡克先烈的国家烈士墓园，并在访问期间宣布印度政府将对德里骚乱展开调查。[1] 随后，在拉吉夫和旁遮普问题委员会的主导下，印度政府放开了对旁遮普部分地区的媒体管制；4 月 11 日，印度政府正式发布命令，宣布将对 1984 年 11 月的暴乱事件进行司法调查，同时解除了对 AISSF 的禁令，这也是拉吉夫送给锡克民众的拜萨客礼物。拉吉夫还宣布印度政府将在旁遮普邦设立一个火车车厢厂，从而为当地带来至少 20000 个工作机会。[2] 通过这些举措，拉吉夫的目的是释放善意，并借此展示他领导下的印度政府致力于解决旁遮普问题的决心。

值得关注的是，拉吉夫还任命阿琼·辛格（Arjun Singh）为新的旁遮普邦邦长（1985 年 3—11 月），阿琼此前正担任中央邦首席部长，也正是在他主政的时候发生了震惊世界的博帕尔毒气泄漏事件，1984 年 12 月 2—3 日的夜晚，在毒气泄漏之初，阿琼跑到博帕尔城外躲避毒气，根本就没在应对灾难性事件的岗位上，地方政府应对迟缓也被外界认为是事件造成如此重大伤亡的原因之一，阿琼也因此被国大党解除了地方邦首席部长职务。尽管如此，作为拉吉夫的密友，阿琼很快就被委以重任，接下来的一段时间内阿琼将负责印度政府与阿卡利党之间的接触策略，并提供谈判建议。

在被释放的阿卡利党领导人中，隆格瓦尔是阿卡利党主席，需要负责

---

① Sarab Jit Singh, *Operation Black Thunder：An Eyewitness Account of Terrorism in Punjab*, New Delhi：SAGE, 2002, p. 58.

② Khushwant Singh, *A History of the Sikhs*, Volume 2, 1839 - 2004, New Delhi：Oxford University Press, 2004, p. 394.

向锡克民众解释阿卡利党及其领导人一段时间以来在旁遮普问题上的立场，他赞扬了刺杀英迪拉的两位锡克人以身殉教的立场，严厉指责了印度政府和军队的行动对锡克人造成的伤害，同时也并没有回避自己主张与印度政府谈判的立场。[①] 隆格瓦尔还谴责了族群内部极端派掀起的族群恐怖主义和分离主义行径，号召大家致力于实现族群间和平共处。隆格瓦尔的演讲激起了锡克人的强烈共鸣，对于过去几年来一直生活在动荡和恐惧中的旁遮普民众来说，隆格瓦尔无疑提供了非常及时的领导力，而激进分子再一次发现自己的影响力似乎在下降，民众响应温和派呼声和希望谈判解决问题的声音得到加强。到 3 月 25 日，代表极端思想的塔尔万迪发现，其近半数的支持者已经转而支持隆格瓦尔。

显然，印度政府的谈判对象选择中，隆格瓦尔已经优先于塔尔万迪。4 月 19 日，印度政府又释放了托赫拉，并在几天后释放了巴达尔，并开始观察在隆格瓦尔、托赫拉和巴达尔中到底应该支持谁。

托赫拉过去十几年里一直担任最高锡克教寺庙管理委员会主席，这是一个至关重要的宗教岗位，在锡克教徒中间拥有很强号召力，在很多宗教事务上拥有巨大话语权。作为宗教保守派，托赫拉一直同情极端派和激进分子，但是在"蓝星行动"中他不进行抵抗就向政府军投降，大大降低了自己在锡克人中的威望。为了能修复自己的形象，他能做的就是宣布委员会将拆除之前由印度政府出资修复的"永恒王座"，然后按照锡克教的传统，以信徒们自愿奉献（kar seva）的形式重新修复。当然，这些事后弥补的举措并不足以挽回他的声誉损失，因此对于托赫拉来说，被释放后继续保持宗教影响力的手段就是顺应隆格瓦尔已经聚拢的锡克主流民意，支持阿卡利党与印度政府谈判解决族群关切，从而尽快实现族群和平。被释放的巴达尔还没有完全决定站在哪一边，但是口头表达了对隆格瓦尔个人的支持。隆格瓦尔将成为锡克温和派领导人的不二之选，而拉吉夫开始明确自己的谈判对象。

---

① *India Today*, 30 April 1985.

第三节 《拉吉夫—隆格瓦尔协议》

实际上，对于任何锡克温和派领导人来说，与印度政府重开谈判非常具有挑战性，过往的经验一再证明，一旦与政府接触就会被极端派和激进组织斥责为族群的叛徒或政府的走狗，随时可能面临激进组织的威胁恐吓甚至刺杀。承受族群内部巨大压力的同时，如果没有一定的把握能够从印度政府处获得相对有利的谈判结果，这份工作肯定是没有任何吸引力的，而隆格瓦尔展现了巨大的勇气和担当。

1985 年 7 月 2 日，拉吉夫首先伸出橄榄枝，他给隆格瓦尔写了封密信，提议重开谈判。在锡克问题已经变得极度敏感的情况下，任何外界的干扰或压力都可能让谈判半途而废，因此双方的接触和会谈是在保密状态下进行的。① 在谈判中，阿卡利党根据 1984 年之后发生的一系列事件提出了一些新的诉求，包括但不限于解除联邦军队对旁遮普的军事管制、停止印度政府宣布的旁遮普为"骚乱地区"状态、要求允许被遣返的锡克士兵根据原有的军衔重新返回部队、释放全部被关押的阿卡利党高层，并对锡克人遭受的暴行启动独立调查等。② 双方的代表进行了几轮磋商之后，已经就协议的大方向达成一致。7 月 23 日，隆格瓦尔表示愿意与拉吉夫本人亲自会面。谈判进展到这一步，基本上所有的条款双方已经达成一致，双方的最高领导人出面是为了解决最后的细节问题和签署最终的协议。

---

① 根据吉尔的回忆，拉吉夫当时同时进行了两场谈判，吉尔本人出席了印度政府与全印锡克学生联合会（ASSIF）的谈判，同时与温和派和激进组织开展谈判也体现了拉吉夫的雄心，但显然也给日后印度政府和温和派执行双方协议留下芥蒂。全印锡克学生联合会在谈判的最后要求印度政府推迟举行地方选举，以便他们可以更好地准备参选，这一要求遭到了隆格瓦尔派的坚决反对，他们担心到时全印锡克学生联合会可能会有机会影响选举结果，最终拉吉夫政府与全印锡克学生联合会因为无法就推迟地方选举达成一致而宣布谈判失败。参见 K. P. S. Gill, *Punjab: The Knights of Falsehood*, New Delhi: Har-Anand Publications, 1997, pp. 95 - 97。

② Jugdep S. Chima, *The Sikh Separatist Insurgency in India Political Leadership and Ethnonationalist Movements*, New Delhi: SAGE Publications, 2010, p. 110.

《拉吉夫—隆格瓦尔协议》全文①

谅解备忘录

1. 对被杀害的无辜者进行赔偿

1.1　对于在 1982 年 8 月 1 日之后发生的骚乱或其他行动中无辜被杀的人员提供抚恤金，并且要对骚乱中损害的财物进行赔偿。

2. 征兵

2.1　任何公民都有加入军队的权利，征兵标准应是量才录用。

3. 对 11 月事件展开调查

3.1　米斯拉法官委员会（Shri Justice Ranganath Misra）对于 11 月发生在德里的骚乱开展调查，并且调查范围应延伸覆盖发生在博卡罗（Bokaro）和坎普尔（Kanpur）地区的骚乱。

4. 对被军队解职的人员进行安置

4.1　对于那些被军队解职的人，应该采取安置措施，妥善安排就业。

5. 《全印寺庙管理法》

5.1　印度政府同意考虑制定一部全印寺庙管理法，有关的立法工作应该与最高阿卡利党和其他有关方进行协商，并尽快完成宪法规定的所有要求。

6. 对于待审案件的处理

6.1　撤销在旁遮普实行《武装力量特殊权力法案》的统治。现行特别法庭应该只审理由于如下原因导致的伤害案件：

发动战争；

绑架。

6.2　所有其他案件应移交普通法庭审理，有需要的话，本届议会应推动有关的立法工作。

7. 领土主张

7.1　昌迪加尔的首都规划区域应该归属旁遮普。邻近的印地语或旁遮普语区域，应纳入联邦属地范围内。首都地区归属旁遮普，同时从旁遮普语区域内被纳入联邦属地范围的区域应移交旁遮普邦，印地语区域移交哈里亚纳邦。苏库纳湖（Sukhna lake）作为昌迪加尔的一部分，因此应纳入旁遮普邦。

7.2　英迪拉·甘地总理一直以来的观点是昌迪加尔归属旁遮普邦，那么旁遮普邦的一些印地语区域应纳入哈里亚纳邦。应成立专门的委员会，以决定旁遮普哪些印地语区域应纳入哈里亚纳邦，以替换昌迪加尔。委员会的决策原则应该是特定村庄的地理就近原则和语言相同原则。委员会最迟应于 1985 年 12 月 31 日提交相关报告，相关报告对于签约双方具备约束力。委员会的工作将仅限于上述范畴，至于其他的领域主张，应由第 7.4 条提及的委员会处理。

---

①　协议全文参见 http：//www. sikhcoalition. org/about-sikhs/history/rajiv-longowal-accord。

7.3 向旁遮普移交昌迪加尔，以及向哈里亚纳移交其他替换区域，移交仪式应于 1986年1月26日同时进行。

7.4 对于旁遮普邦和哈里亚纳邦存在的其他边界的相互主张，政府将成立另一个委员会调查相关事务并出具报告。相关报告对于有关各邦具有约束力。受权调查范围将根据特定村庄作为一个整体的语言相通和地理就近原则。

8. 联邦与地方关系

8.1 最高阿卡利党认为《阿南德普尔萨希布决议》完全符合印度宪法的框架规定，目的是定义能够真正实现联邦制度特点的联邦与地方关系；决议的目的是给各邦更多自治权，从而加强国家团结，因为保持多样性原则的团结是我们国家统一的核心。

8.2 有鉴于以上内容，《阿南德普尔萨希布决议》将作为处理央地关系的文件，呈送给萨卡里亚委员会。

9. 河水共享

9.1 旁遮普邦、哈里亚纳邦和拉贾斯坦邦的农民可以继续从拉维—比亚斯流域（拉维）取水，可取水量不低于1985年7月1日之前。基于消费目的的用水需求不受影响。用水量将根据第9.2条所指的审议庭审核。

9.2 组成由一位最高法院法官主持的审议庭，负责审查旁遮普邦和哈里亚纳邦要求调整水量分配的主张。审议庭应在六个月之内做出裁决，裁决对于双方具有约束力。应尽快完成与此有关的所有宪法和法律程序。

9.3 继续有关 SYL 输水渠的建设工作，输水渠应于1986年8月15日之前建成。

10. 少数族群的代表性

10.1 向各邦首席部长转发关于保护少数族群利益的现有规定（以总理亲自向各邦首席部长致信的方式）。

11. 旁遮普语的推广使用

11.1 印度政府应采取措施推广旁遮普语。

本协议将终结一段时间以来的冲突，并引领一个充满和平、善意与合作的新时代，从而进一步提高和加强印度的国家团结。

印度总理：拉吉夫·甘地

阿卡利党主席：圣·哈尔昌德·辛格·隆格瓦尔

1986年7月24日

7月24日，双方就协议文本达成一致并最终签署了《旁遮普协议》（Punjab Accord），又称为《拉吉夫—隆格瓦尔协议》（Rajiv-Longowal Accord）。对于隆格瓦尔和拉吉夫来说，双方最重要的谅解在于都认为《阿南德普尔萨希布决议》不是一项分离主义决议，锡克人只

是要求获得更多的自治权力。对于阿卡利党内主导谈判解决争端的温和派别来说，这份协议无疑是积极的。其实早在两年前，双方就有可能达成类似协议，只是英迪拉在最后时刻改变了想法，这次拉吉夫似乎要吸取教训，满足了阿卡利党的一系列要求。两个领导人的谈判持续了两天的时间，隆格瓦尔方面提出尽快解决旁遮普邦与邻邦之间的纷争，例如向旁遮普移交昌迪加尔和调整河水分配方案等。根据签署的协议，印度政府同意向后者移交昌迪加尔和哈里亚纳邦其他旁遮普语区的要求，保障旁遮普邦的河水分配权利以及充分保障联邦制度下的印度政府与地方政府的权力分配关系。

总体来说，这份协议回应了《阿南德普尔萨希布决议》提出的建立真正联邦制度的要求，也代表了印度政府转变了此前对待锡克问题的政策，之前被英迪拉政府认为不可谈判的问题，例如土地和宗教问题，现在都可以谈判了。[①] 这也被认为是印度政府在以另一种方式向锡克人承认"蓝星行动"是错误的。对于阿卡利党内主导通过谈判解决争端的温和派别来说，这份协议是积极的，向锡克民众展示了阿卡利党是如何切实维护锡克人利益的。普林斯顿大学南亚问题专家阿图尔·科里（Atul Kohli）教授也注意到《拉吉夫—隆格瓦尔协议》（*Rajiv-Longow-al Accord*）的积极意义，他的调研表明这份阿卡利党争取来的协议在旁遮普地区广受欢迎，如果协议能真正实施，将是治理成功的关键一步。

最后达成的协议文本满足了锡克人的大部分诉求，但显然并不是《阿南德普尔萨希布决议》的所有诉求都能得到满足，这就给了反对谈判解决旁遮普地位问题的激进组织以口实。隆格瓦尔希望凭借这份协议可以尽快结束锡克人的抗争，但是代表武装分离主义的激进组织并不认同协议的合法性。极端派谴责阿卡利党与"印度教政府"（a Hindu government）妥协谈判，达成的协议伤害了锡克人的利益。激进分子明确表示拒绝，并指责隆格瓦尔为了个人政治利益出卖了锡克人利益。当然即使在温和派内部，隆格瓦尔也面临一些不同意见，包括最高锡克教寺庙管理委员会主席托赫拉和曾担任过首席部长的巴达尔等实力派人物表示坚

---

① Atul Kohli, *Democracy and Discontent*: *India's Growing Crisis of Governability*, Cambridge: Cambridge University Press, 1991, pp. 368 – 369.

决反对，他们也因为自己被完全排斥在谈判过程之外感到愤怒；宾德兰瓦里的父亲乔京德·辛格（Joginder Singh）代表极端派别召开了一次会议，严厉谴责该协议出卖了锡克人的利益，完全违背了《阿南德普尔萨希布决议》的精神。①

面对反对者的抨击，隆格瓦尔决定征求锡克民众对这份协议的意见，7月26日，他在阿南德普尔召开了一个大型会议，专门在会上宣讲了协议内容并征求阿卡利党各区负责人的意见，是接受还是拒绝该协议，最终大会以欢呼鼓掌的形式接受了协议。当时，印度主要报纸《印度时报》在旁遮普地区做了一次民意调查，结果显示81%的受访者表示支持《拉吉夫—隆格瓦尔协议》。②

隆格瓦尔诉诸锡克民众的做法非常正确，准确把握了当时大多数锡克民众意愿。最终《拉吉夫—隆格瓦尔协议》得到了阿卡利党和锡克人的支持，实际上阿卡利党内部各派别能够摈弃分歧支持协议也出乎所有人意料，应该说反映了多数锡克人希望早日结束紧张局势的愿望。很显然，拉吉夫应该庆幸自己选择了隆格瓦尔，后者在锡克民众中的威望以及卓越的政治领导才能，将有助于旁遮普问题的最终和平解决。但是，激进组织很快做出了反击，8月20日，在《拉吉夫—隆格瓦尔协议》签署之后不到一个月，57岁的隆格瓦尔在一场公开集会上被刺身亡，而他原本计划当天要劝说托赫拉和巴达尔在阿卡利党赢得9月份地方选举的情况下，支持苏尔吉特作为阿卡利党的代表担任首席部长。8月20日也是印度总理拉吉夫的生日，在这样的日子里刺杀隆格瓦尔具有特别的象征意义，锡克人也失去了一个可能带领他们尽快摆脱冲突实现和平的领导人。

---

① J. C. Aggarwal and S. P. Agrawal, *Modern History of Punjab*, New Delhi: Concept Publishing Company, 1992, pp. 122 – 123.

② Khushwant Singh, *A History of the Sikhs*, Volume 2, 1839 – 2004, New Delhi: Oxford University Press, 2004, p. 387.

人物小传：苏尔吉特·辛格·巴纳拉（Surjit Singh Barnala）

苏尔吉特·辛格·巴纳拉，1925 年 10 月 21 日出生于哈里亚纳的一个富裕家庭，年轻时学习法律，后从事印度独立运动。20 世纪 60 年代加入阿卡利党并从政，1969 年担任旁遮普教育部部长。苏尔吉特曾参与审定《阿南德普尔萨希布决议》文本，是阿卡利党的资深领导人之一。1977 年，苏尔吉特加入当时的德赛内阁并担任印度农业部部长。1985 年 9 月—1987 年 5 月，苏尔吉特担任旁遮普首席部长，但未能在任内完成印度政府与阿卡利党签订的《拉吉夫—隆格瓦尔协议》，旁遮普安全局势进一步恶化并进入"总统管制"。随后，苏尔吉特先后在泰米尔纳德邦、比哈尔邦等地方邦担任过邦长。1998 年，苏尔吉特曾进入瓦杰帕伊内阁担任食品和消费者事务部部长，后于 2000—2003 年担任新组建北阿坎德邦邦长，2003—2004 年担任安得拉邦和奥里萨邦邦长。苏尔吉特是印度历史上担任邦长时间第二长的人，同时还是唯一先后三次担任泰米尔纳德邦邦长的人。2017 年 1 月 14 日，苏尔吉特因病去世。

此前激进组织刚刚暗杀了包括一位国大党地方领导人在内的几位印度教徒，为此印度政府还提升了旁遮普邦的安全警戒等级，但这并没能阻止激进组织对锡克温和派领导人和印度教族群的袭击，直至出现隆格瓦尔遇刺身亡这样重大的案件。[①] 锡克教问题专家普里塔姆·辛格（Pritam Singh）当时参加了隆格瓦尔的葬礼，他注意到参加葬礼的人数是超过以往的。[②] 激进组织把隆格瓦尔与德里政府达成协议看成出卖锡克人利益的行为，但实际上对于更大范围的锡克民众来说，刺杀隆格瓦尔给他们带来的感受更多是震惊和彷徨，或许也就是从这一刻开始，激进组织与普通锡克民众对于锡克人未来道路选择出现分歧，并且这个分歧将日益变大，使得双方的关系最终走向对立。但是，在那一刻，激进组织成功地搅乱了来之不易的族群间关系缓和态势，将自己执念中的卡利斯坦事业仍保留在族群事务日程之上。

当时的旁遮普警察局局长是科帕尔（Kirpal Dhillon），他是"蓝星行动"后英迪拉亲自确定的局长人选，主要负责当地社会治安，当时旁遮

① "Sikh Leader in Punjab Accord Assassinated", *Los Angeles Times*, August 21, 1985, http://articles. latimes. com/1985－08－21/news/mn－1021_1_sikh-militants.

② Pritam Singh, "The Political Economy of the Cycles of Violence and Non-Violence in the Sikh Struggle for Identity and Political Power: Implications for Indian Federalism", *Third World Quarterly*, Vol. 28 No. 3 (2007), p. 563.

普的族群关系近乎对立，警长的职务并不是一份轻松的差事。他认为隆格瓦尔遇刺身亡事件发生之前警察局已经提高当地安全等级，在此情况下仍发生如此重大的刺杀事件，这不是一个简单的社会问题，而是政治问题。科帕尔认为当时的旁遮普邦长阿琼难辞其咎，阿琼代表印度政府几乎主导了旁遮普的地方事务，包括与印度政府进行日常沟通和为即将到来的地方挑选候选人等，因此只有阿琼才具备能力在严密的安保机制下找到行动时机。科帕尔提出，隆格瓦尔并不是阿琼青睐的领导人，在此之前他已经在挑拨隆格瓦尔与托赫拉和巴达尔的关系，并希望同样支持协议的苏尔吉特·辛格·巴纳拉（Surjit Singh Barnala）能够担任首席部长。[①] 当然科帕尔并没有能力通过调查去证实自己的猜测，对于锡克民众来说隆格瓦尔已经不在了，这种领导力的损失是无法弥补的。

第四节　拉吉夫政府未能履行协议

隆格瓦尔遇刺身亡之后，阿卡利党出现了领导真空，和平协议诞生不久就失去了隆格瓦尔这样的核心领导人，继任者是谁？是否有能力主持大局？协议能否顺利执行？这些都成为摆在拉吉夫和锡克民众面前的现实问题。在邦长阿琼的支持下，苏尔吉特接任阿卡利党主席，但是后续的内部竞争逐渐显露了温和派内部团结问题。让人不愿意看到的是，隆格瓦尔派新任领导人苏尔吉特还缺少隆格瓦尔的威望和领导力，特别是考虑到锡克温和派精英之间对于这份协议还存在不同意见，少了隆格瓦尔的政治领导，苏尔吉特能否担起责任成为人们关注的问题。

拉吉夫·甘地注意到锡克民众热切支持和平协议，他也期待在解决旁遮普问题上取得更大进展，在政策选择方面也更加大胆。早在隆格瓦尔遇刺之前，尽管旁遮普地区的恐怖袭击事件仍不时发生，拉吉夫仍然宣布将在 9 月 22 日举行旁遮普邦地方选举，在选举结束之后印度政府将停止在

---

① 科帕尔在任期内已经开始着手整治当地警察队伍，在 1985 年被胡里奥取代之前，旁遮普警察的治安能力已经得到很大提高，直到后来吉尔上任，旁遮普警察成为平息冲突的主要力量（Kripal Dhillon, *Time Present & Time Past*：*Memoirs of A Top Cop*, New Delhi：Penguin, 2013, especially Chapter 13, Punjab：The Ultimate Challenge）。

旁遮普的"总统管制"，由新的地方政府接手地方事务和负责落实《拉吉夫—隆格瓦尔协议》。联邦选举委员会在隆格瓦尔遇刺之后重新评估了当地局势，不过仍然决定按时举行地方选举。

旁遮普地方各势力派别对于 1985 年 9 月将举行旁遮普地方选举的决定反应不一。不出意料的是，包括 Damdami Taksal 和 AISSF 等在内的极端派别号召抵制这次选举，但是响应他们的民众并不多。① 考虑到此次选举与《拉吉夫—隆格瓦尔协议》的密切关系，与其说 9 月的地方选举是各党对 13 个人民院席位和 117 个邦议会席位的争夺，倒不如说是锡克民众对于《拉吉夫—隆格瓦尔协议》的一次公投，锡克民众的选择将决定协议的命运。

因此，此次选举出现了一个有趣的画面，作为主要竞争对手的阿卡利党和国大党选举竞争的重点反而不在于如何执行《拉吉夫—隆格瓦尔协议》，而在于如何复苏当地经济。两党都支持协议反对激进行为，而且都有领导人因为旁遮普问题牺牲，阿卡利党刚刚失去了他们的主席隆格瓦尔，国大党虽然避免提及，但他们的领导人英迪拉也是在一年前遇刺，因此两个党选举竞争的焦点反而聚焦在安全议题和《拉吉夫—隆格瓦尔协议》之外。同样有趣的是极端派别方面的反应，他们中的一些人和组织忽略了之前抵制选举的号召，例如同样属于激进组织支持的毕马尔（Bimal Kaur Khalsa）派别就在两个选区提交了参选申请。毕马尔是英迪拉刺杀者之一毕安特（Beant Singh）的遗孀。塔洛克（Tarlok Singh）是另一位刺杀者（Satwant Singh）的父亲，他也参加了地方议员选举。这两人并没有因为自己与锡克极端派别的特殊联系而获得额外选票，在此次选举中未能取得胜利。

最终此次旁遮普地方选举中，每个席位的平均参选人数达到历史最高水平，总共有 832 名候选人报名参选，最终的投票率也达到了 67%，高于上次选举。阿卡利党也满意选举结果，例如在 13 个人民院席位中，阿

---

① 这几个极端派别的锡克支持群体有所区别，但相同点是都得到了海外锡克人的大力支持，获得了大量来自海外的活动资金，参见 Pritam Singh, "The Political Economy of the Cycles of Violence and Non-Violence in the Sikh Struggle for Identity and Political Power: Implications for Indian Federalism", *Third World Quarterly*, Vol. 28, No. 3 (2007), pp. 563 - 564。

卡利党候选人参选其中 11 个，赢得 7 个席位；国大党参加了全部 13 个人民院席位的角逐，赢得剩下的 6 个席位。从得票率看，国大党有 41.53% 的得票率却没能占得席位优势，阿卡利党依靠 37.18% 的得票率就取得 7 个席位。地方议会席位的竞争结果也差不多，在全部 115 个席位（有两个席位由于候选人去世而被取消）中，阿卡利党参加了 100 个席位的角逐，赢得其中 73 席，但得票率只有 38.55%，第一次在地方议会获得多数席位，也是第一次单独获得地方邦的执政地位；国大党参加了全部席位的竞争，得票率（37.86%）略低于阿卡利党，但只赢得了 32 个席位。[①] 很显然，这是由于选区划分的因素导致的，如果得票率再向国大党倾斜 1 个百分点，最终结果就可能大不相同。无论如何，地方选举的顺利举行和支持协议的政党上台执政，至少标志着协议的执行有了一个好的开始。

1983 年 9 月 29 日，苏尔吉特宣誓就任首席部长，这届地方政府是旁遮普人自己选择的，最终也是由本地政党主导，因此人们对于这届政府有着很高的期待，期望旁遮普能在阿卡利党的引领下走向持续和平。但是随后的进展证明了之前人们对于苏尔吉特的个人威望和领导力的担心。苏尔吉特上任后不久，阿卡利党就再次曝出内部分裂的问题。在隆格瓦尔仍在世时，巴达尔和托赫拉都表示过支持阿卡利党的选择和达成的协议，但对于如今的苏尔吉特他们是满心不服。两个人在苏尔吉特组阁阶段就提出了难题，先是巴达尔拒绝担任地方政府的任何部长职务，唯一能接受的是副首席部长。巴达尔的追随者众多，苏尔吉特如果想在执政期间有所作为，理想的选择肯定是满足巴达尔的要求争取他的支持，但是苏尔吉特的考虑却是巴达尔曾经两次担任首席部长，在锡克人中的声望远胜过自己，在副手的位置极有可能威胁自己的首席部长宝座。托赫拉也不是理想的选择，因为他不仅控制着最高锡克教寺庙管理委员会，还毫不掩饰自己觊觎首席部长宝座。面对两个对首席部长位置虎视眈眈的竞争对手，苏尔吉特的任何失误都可能被人利用，导致自己下台。因此苏尔吉特最终还是选择了巴尔万特·辛格·辛德（Balwant Singh Thind）作为副手。他认为巴尔万特是个理想的人选，他不是贾特人，但已经证明了自己可以成为一个忠诚可

---

①　Khushwant Singh, *A History of the Sikhs*, Volume 2, 1839 – 2004, New Delhi：Oxford University Press, 2004, p. 393.

靠的执行者，更适宜与旁遮普的其他锡克政要们打交道。

人物小传：巴尔万特·辛格·辛德（Balwant Singh Thind）

巴尔万特·辛格·辛德，1929 年出生于旁遮普。作为阿卡利党领导成员之一，巴尔万特是锡克温和派的代表人物之一，曾担任过旁遮普财政部部长，并参与审定《阿南德普尔萨希布决议》文本。巴尔万特参与了 1985 年隆格瓦尔与拉吉夫之间的谈判，在双方签订《拉吉夫—隆格瓦尔协议》之后帮助阿卡利党在地方选举中获胜，随后任首席部长苏尔吉特的副手。在苏尔吉特遭遇不信任投票之际，曾利用自己的影响力和政治技巧帮助前者渡过难关。1990 年 7 月 11 日，一直倡导实现地方停火协议的巴尔万特在昌迪加尔被激进组织刺杀身亡，享年 61 岁。

苏尔吉特面临的更大对手来自印度政府层面，后者能否采取有力措施落实《拉吉夫—隆格瓦尔协议》，是他需要首先面对的问题。对于新一届地方政府来说，巩固执政地位最重要的事项无非就是落实《拉吉夫—隆格瓦尔协议》，这一事项的重要性不言而喻。新组建的地方议会通过的第一个决议，就是高度肯定该协议的重要作用，并敦促印度政府忠实履行协议中的承诺。① 苏尔吉特政府需要完成的首要任务就是向锡克人证明温和派可以对抗极端派别在族群内不断上升的影响力，阿卡利党提供的是比极端派别的族群主张更优的途径，温和的、遵循宪法的途径更能帮助锡克族群实现目标。但是事情的走向却不容乐观。

首先是印度总理拉吉夫·甘地，他在协议中郑重承诺将在 1986 年 1 月 26 日把昌迪加尔移交给旁遮普地方政府，昌迪加尔将成为旁遮普民众独享的邦首府，但是当这一日期到来的时候，联邦并没有兑现向旁遮普移交昌迪加尔的承诺。官方给出的理由是一直未能确定旁遮普应该补偿给哈里亚纳邦的村庄名单，但实际的原因则是哈里亚纳邦首席部长巴江·拉尔（Bhajan Lal）向拉吉夫的进言发挥了作用。巴江告诉拉吉夫如果真的移交昌迪加尔，国大党将失去印度教徒的大量选票，而哈里亚纳地方选举即将举行，拉吉夫需要考虑其中得失。

---

① Sarab Jit Singh, *Operation Black Thunder：An Eyewitness Account of Terrorism in Punjab*, New Delhi：SAGE, 2002, p. 63.

客观来看，《拉吉夫—隆格瓦尔协议》始终面临如何平衡考虑少数族群与主体族群之间利益诉求的问题。在这场持续冲突中，锡克民众并不是唯一的受害者，印度教徒和被极端教派视为异端的尼朗迦利斯派承受着来自激进组织的袭击，他们也是受害者，这也是为何"蓝星行动"备受争议，但却得到一部分民众支持的原因。对于那些生活在旁遮普但却一直承受激进组织袭击的印度教徒和尼朗迦利斯派来说，中央政府的强硬治理行动是对他们的安全保护，而如今中央政府与旁遮普地方代表达成的这份协议，背叛了他们的安全利益。拉吉夫和国大党需要考虑全体印度人的整体利益。

中央政府对于兑现协议犹豫不决，原本这应该是苏尔吉特向中央政府施压，证明自己作为首席部长是旁遮普和锡克人利益代表的时候，他甚至应该为此向印度政府递交辞呈作为施压手段，即使这样做不能迫使拉吉夫下定决心，至少也可以让旁遮普邦的民众看到他领导下的政府在实现地方和平方面所做的努力。但是苏尔吉特并没有这么做，而是选择接受拉吉夫给出的官方理由。在旁遮普民众看来，苏尔吉特这样做的唯一好处就是不得罪拉吉夫，在国大党的支持下继续执政。与此同时，协议的另一项重要内容，即旁遮普邦境内的引水渠的建设，也是推进缓慢，人们开始批评苏尔吉特政府不过是印度政府的傀儡，形势明显不利于苏尔吉特政府。

除了执政能力不强的问题之外，苏尔吉特领导的地方温和派政府最令人诟病的政策就是采取对激进组织的绥靖政策。上任之初，在极端派别的施压下，苏尔吉特政府宣布释放超过 1000 名被拘押的人员，当然其中很多人是在"蓝星行动"期间无辜被捕的，但也有相当部分是激进组织成员，其中甚至包括 the Akhand Kirtani Jatha 这样专门鼓励刺杀尼朗迦利斯派的极端组织的创始人。[①] 无论如何，其中相当一部分人在获释后重新加入激进组织，使得一段时间以来印度政府付出巨大代价主导的族群治理工作打了水漂。[②] 这再次让人们思考一个问题，如果隆格瓦尔仍在世的话，

---

① Sarab Jit Singh, *Operation Black Thunder: An Eyewitness Account of Terrorism in Punjab*, New Delhi: SAGE, 2002, pp. 64–65.

② C. Christine Fair, "Lessons form India's Experience in the Punjab, 1978–1993", in Sumit Ganguly and David P. Fidler eds., *India and Counterinsurgency: Lessons Learned*, London: Routledge, 2009, p. 118.

他完全有能力抵制住族群内极端派别的影响，并向拉吉夫施加压力，促使双方按照协议带来族群和平。

第五节　"黑色闪电Ⅰ行动"

苏尔吉特政府释放的大量激进分子为激进组织带来生力军，被印度军方强力压制的激进组织重新活跃，这也成为此后一段时间旁遮普安全局势恶化的导火索。而在1986年1月26日这个原定移交昌迪加尔的日子，印度政府违背协议的做法遭到锡克民众的抗议，激进组织趁机号召民众在金庙附近聚集，声讨印度政府背弃协议的行为，聚集在金庙四周的激进分子趁机冲入金庙，逐出了在里面办公的最高锡克教寺庙管理委员会领导层，重新占据金庙并第一次在金庙升起卡利斯坦旗帜。① 回想在宾德兰瓦里时期，那时的激进组织对于卡利斯坦理念的表态还闪烁其词，如今卡利斯坦旗帜已经公然飘扬在神圣的金庙上空。这样的新动向足以让拉吉夫政府提高警惕，他选择的地方政府似乎并没有能力管制地方局势。

托赫拉首先看到了赢回锡克民众支持的机会，此时他虽仍贵为最高锡克教寺庙管理委员会主席，但由于在"蓝星行动"中的懦弱表现，他在民众中的宗教威望大大下降，已经失去了对大多数锡克寺庙的控制权。为了重塑自己的形象和挽回民心，托赫拉开始与激进组织合作，默许激进分子拆除了印度政府出资重建的"永恒王座"，并鼓动锡克民众按照锡克教的方式，以捐款和自愿劳动的方式重建寺庙。这相当于是托赫拉以最高锡克教寺庙管理委员会主席的身份背书了激进组织的行为。"永恒王座"的修复工作最终被全印锡克学生联合会（AISSF）接手完成，而后者在冲突期间一直被认为是激进组织的外围组织，在族群问题上的立场极其强硬。

实际上自从1986年1月26日没有兑现移交昌迪加尔的协议之后，拉吉夫已经没有通过谈判解决问题的空间。拉吉夫需要重新规划自己的族群治理思路，为可能恶化的安全局势做准备。1986年4月2日，拉吉夫任命了悉达多·雷（Siddhartha Shankar Ray）为旁遮普邦新的邦长，后者曾

---

① 人们普遍认为这份宣言是由在美国的锡克组织主导的，这个组织的负责人就是"蓝星行动"中逃脱的退役将军贾斯万特（Jaswant Singh Bhullar）。

经担任过西孟加拉邦首席部长，有着在西孟加拉邦对付纳萨尔激进分子的经验。雷的观点是应该把旁遮普问题作为一个纯粹的社会治安问题，按照法律处理，借此可以摆脱复杂政治和宗教因素的影响。新的警察局局长胡里奥·里贝罗（Julio Ribeiro）也同时到任，他曾经负责治理孟买肆虐的黑帮，同时也具备应对族群冲突的丰富经验，他的任命体现了拉吉夫新的族群治理思路，而胡里奥提出的族群治理口号就是"以牙还牙"（Bullet for Bullet）。① 悉达多和胡里奥的到任，标志着拉吉夫将重新采取强硬策略应对在他看来冥顽不灵的锡克激进分子。

旁遮普安全局势也不出所料地迅速恶化。温和派主导和谈和达成和平协议帮助自己赢回民心，但是却在执行协议时遭遇重大挫折，这重新给了极端分子机会。托赫拉的宗教身份提高了激进运动在锡克民众心中的合法性，激进组织重新占据金庙和重修"永恒王座"，表明他们重新在族群事务中拥有了话语权，他们再次活跃并开始借此扩大在锡克族群中的影响力。1986年4月29日，激进分子通过一份关于卡利斯坦的宣言，并再次在金庙升起卡利斯坦旗帜，金庙再次成为各激进组织争夺地盘和族群内部影响力的场所，神圣的金庙不断上演各种内斗和犯罪事件。

激进分子的声势再度高涨起来，外界担心旁遮普回到1984年"蓝星行动"之前的动荡局面，对苏尔吉特政府执政表现的质疑之声不断增加。在拉吉夫本人的授意下，邦长悉达多和警长胡里奥一起向首席部长苏尔吉特施压，认为金庙发生的是明目张胆的分裂行径，要求采取断然行动。② 4月30日，无奈的苏尔吉特同意联邦军队进入金庙，这也被称为"黑色闪电I行动"。"黑色闪电I行动"也标志着拉吉夫重新采取强硬的族群治理策略。

这次行动吸取了"蓝星行动"的部分教训，例如避开了宗教节日，也没有在夜间行动，还特意添加了一项征求当地政府意见的程序，但这并不足以帮助印度政府削减激进组织的同族群优势。这次行动的主导权仍不

---

① Julio Ribeiro, *Bullet for Bullet: My Life as a Police Officer*, New Delhi: Penguin, 1998.

② Pritam Singh, "The Political Economy of the Cycles of Violence and Non-Violence in the Sikh Struggle for Identity and Political Power: Implications for Indian Federalism", *Third World Quarterly*, Vol. 28 No. 3（2007）, p. 565.

属于地方温和派，行动开始之前，地方警察只是负责用高音喇叭通知庙内的信徒尽快撤出来，约 300 名国家安全卫队突击队员首先攻进金庙，随后约 700 名武装警察开始清除躲藏在金庙内的 300 名激进分子，整个行动只有零星交火，持续时间不到 8 个小时。①

实际上，由于行动走漏风声，相当一部分激进分子已经提前撤离，能够抓捕到的只是一些非核心人员。即便如此，孱弱的地方政府也因为同意联邦军队进入金庙开展抓捕行动而备受反对派别和激进组织的攻讦。军队和当地警察联合开展平叛行动，并没有能削减行动的族群敏感性，巴达尔和托赫拉指责这次行动是"蓝星行动"的重演，再次亵渎了锡克教圣地，是对锡克人的公然侮辱，因此他们呼吁邦议会对苏尔吉特政府提起不信任动议。很多地方政府部长和议员都开始响应这一动议，面对汹涌的内部反对浪潮，苏尔吉特甚至失去一部分党内议员的支持，不得不依靠国大党和另一个印度教民族主义政党印度人民党（BJP）的联合支持，才侥幸过关。② 此时，作为苏尔吉特的副手，巴尔万特体现了他的价值。巴尔万特将其他剩余的阿卡利党议员带到外地开会，断绝了反对派与议员们接触的途径，反对派无法联系到他们，也就确保了在议会投票之前不会再有议员被策反，在议会开会投票的时候才把他们带回来。最终，在这些议员、国大党和印度人民党部分议员的帮助下，苏尔吉特躲过了此次弹劾，但是在其他人眼里，苏尔吉特政府也彻底沦为印度政府的木偶，需要仰仗印度政府的支持才能继续执政。

温和派影响力下降还表现在 SGPC 选举。在一年一度的 SGPC 主席选举中，苏尔吉特推举的候选人再次败给托赫拉，托赫拉第 16 次当选为 SGPC 主席。托赫拉的"永恒王座"修复动议和允许激进分子重新进驻金庙等举措，为他赢回了部分锡克民众的支持。让人哭笑不得的是，作为拉吉夫旁遮普政策的代理人，苏尔吉特却并没有得到拉吉夫的全部支持，相反当时的印度内政部部长布塔·辛格（Buta Singh）暗中插手了这次主席

① "India Deliverance: Rooting out Sikh Extremists", *Time*, May 12, 1986, http://content. time. com/time/magazine/article/0, 9171, 961349, 00. html.

② Jugdep S. Chima, *The Sikh Separatist Insurgency in India Political Leadership and Ethnonationalist Movements*, New Delhi: SAGE Publications, 2010, pp. 134 – 135.

选举，他在选举前夕安排释放一名支持托赫拉的锡克地方领导人，从而为托赫拉带来了很多额外选票。①

在苏尔吉特执政陷入困境之际，"黑色闪电Ⅰ行动"造成的负面影响仍持续发酵，旁遮普地方政府的数名部长辞职以示抗议。1987年，5名高级锡克教领袖组成宗教委员会（Panthic Committee），在"永恒王座"召开会议，决议宣布由于苏尔吉特的宗教不端行为，将后者逐出教会，并因此解散了阿卡利党的所有竞争派别，成立了全新的联合阿卡利党（the U-nited Akali Dal），委任宾德兰瓦里的父亲巴巴·乔金德·辛格（Baba Jog-inder Singh）为名义领袖。② 这加剧了地方温和派的分裂，此时的阿卡利党事实上已经分裂为两个单独的政党，一个是联合阿卡利党，要求印度政府完全兑现《阿南德普尔萨希布决议》，拒绝在此基础上做出任何让步，另一个则是包括隆格瓦尔派等持相对更温和观点的派别，愿意在决议基础上做出适当让步，以换取旁遮普问题的早日和平解决。两者都在竞争锡克民众的支持，宣称自己才是锡克利益的代言人。但是几个月后，巴巴·乔金德·辛格发现自己根本无法控制激进分子，于是他选择宣布辞职。③

苏尔吉特领导的温和派地方政府陷入困境，还因为拉吉夫在旁遮普问题上的耐性有限。拉吉夫希望尽快见到成效，但是举行地方选举和对地方诉求进行适当让步就能够立即减少袭击事件的想法并不现实，因此当激进组织扩大了袭击范围和力度，缺少耐心的拉吉夫认为，自己与锡克人的和解姿态并没有得到回应，反而使得国大党在全国范围内印度教群体中的支持率下降。在这一想法的支持下，印度政府在兑现《拉吉夫—隆格瓦尔协议》上的步子也越来越小，越来越谨慎。

事情的发展进入恶性循环，激进组织的袭击增加，印度政府兑现承诺的步子越小，温和派的执政压力越大，激进组织的发展势头就越盛，发动

---

① Sarab Jit Singh, *Operation Black Thunder: An Eyewitness Account of Terrorism in Punjab*, New Delhi: SAGE, 2002, pp. 73 – 74.

② T. N. Madan, "The Double-Edged Sword: Fundamentalism and the Sikh Religious Tradition", in Martin E. Marty and R. Scott Appleby, eds., *Fundamentalisms Observed*, Chicago: University of Chicago Press, 1991, p. 615.

③ T. N. Madan, "The Double-Edged Sword: Fundamentalism and the Sikh Religious Tradition", in Martin E. Marty and R. Scott Appleby, eds., Fundamentalisms Observed, Chicago: University of Chicago Press, 1991, p. 615.

的袭击就越多。印度政府和锡克教温和派相互之间的不信任越来越深，使得温和派与印度政府合作十分迟疑，也变相加强了激进组织的政治吸引力，温和派的主张也受到激进分子的更多诘难。[①] 激进组织能够造成的死亡人数开始上升。1986 年冲突造成的死亡人数全面恢复并很快超过了"蓝星行动"之前的水平，当年安全部队死亡 38 人，激进分子死亡 78 人；1987 年，因冲突造成的死亡人数更高，安全部队死亡 95 人，激进分子死亡 328 人，情况升级态势确定无疑。

1985 年 9 月—1987 年 5 月，旁遮普地方政府是由温和派苏尔吉特执掌，当时的警察局长胡里奥是一位基督徒，他是从外地调入旁遮普来负责族群治理的，但是胡里奥到任不久就与阿卡利党地方议员产生摩擦，他多次抱怨地方议员插手警局事务，对他本人和高级警员施压要求调换选区内的警员，或者要求释放涉嫌参与激进组织的嫌犯等。实际上，类似摩擦频繁出现，胡里奥最终向苏尔吉特提出如果苏尔吉特不能有效约束党内议员的话，他将不得不辞职。[②] 的确，胡里奥威胁辞职也是拉吉夫最终下定决心解散苏尔吉特政府的原因，此后对旁遮普进行的总统管制也一直持续到 1992 年 2 月。[③] 拉吉夫还受到来自哈里亚纳邦首席部长的持续影响，后者使得拉吉夫坚信，如果对锡克人或旁遮普再做出任何让步，都会导致国大党失去在哈里亚纳邦的印度教徒选票，最终拉吉夫下定决心于 1987 年 5 月 11 日下令解散了苏尔吉特的阿卡利党地方政府。即便如此，国大党在随后的哈里亚纳邦地方选举中仍一败涂地。

此时的情形符合研究推论 1 中针对 A1 的情形，即中央政府和激进组织都是使用区别策略，但温和派并没有发挥主导作用，中央政府主导的有区别族群治理策略并没能有效执行，反而因为被激进组织宣传成为主体族群对锡克人的持续压迫，激进组织的民众基础扩大，冲突再次反弹并快速

[①] Shale Horowitz and Deepti Sharma, "Democracies Fighting Ethnic Insurgencies: Evidence from India", *Studies in Conflict & Terrorism*, Vol. 3 No. 8 (2008), p. 759.

[②] Tavleen Singh, "Julio Francis Ribeiro: 'No Chance of Success'", *India Today*, 15 May 1987, pp. 58 - 59. http://indiatoday.intoday.in/story/no-terrorism-can-be-fought-unless-you-win-hearts-and-minds-of-people-says-julio-francis-ribeiro/1/337049.html.

[③] Jugdep S. Chima, *The Sikh Separatist Insurgency in India Political Leadership and Ethnonationalist Movements*, New Delhi: SAGE Publications, 2010, p. 146.

发展。这也推动了拉吉夫时期的族群治理策略的演变。

第六节　本章小结

总体来看，在"蓝星行动"以后，印度政府重启与地方族群的谈判，让激进组织再次得到活动空间，而政府违约给了激进组织动员的口实，导致当地安全形势再度恶化，印度政府不得不重新启动主导地方事务的模式。但是"黑色闪电Ⅰ行动"让印度政府在控制人口和民心争夺两个目标上都处于十分被动的位置，激进组织趁机加强民众动员，激进组织的数量和成员数量越打击反而越多。从激进组织的行为方式来看，总体仍是强调有区别袭击策略。普里塔姆认为隆格瓦尔的遇刺身亡，代表的是锡克激进组织的怨恨情绪，并且这种情绪已经开始转移到族群内部人身上。[①] 这个阶段激进组织的袭击目标仍限定在温和派领导人和印度教徒上，这是他们明确定位的敌人和叛徒，激进组织的袭击活动并没有大规模地以普通锡克民众为目标，激进组织充分发挥同族群叛乱优势，势力快速扩张。

上任之初，拉吉夫政府决定转变英迪拉时期开始的族群治理策略，推动与锡克教温和派代表的阿卡利党进行谈判，意图通过满足锡克教政治和经济诉求的方式，缓解当地政治力量对于印度政府的反对情绪，并于1985 年7 月达成《拉吉夫—隆格瓦尔协议》。对于隆格瓦尔派来说，与印度政府达成协议可以换来本派别掌权，而印度政府的目的则是借助隆格瓦尔派加强对激进组织的打击。但是对于协议中做出的承诺，拉吉夫政府要么无法执行，要么执行效率低下，这使得隆格瓦尔派的执政能力和在锡克民众中的号召力受到严重损害。随着隆格瓦尔派地方政府与印度政府合作的积极性日益丧失，并没能发挥主导作用，拉吉夫政府还操控了旁遮普警察局局长人选等问题，进一步打击了温和派与拉吉夫政府合作的积极性，这导致后者在当地的社会支持率下降，冲突持续发展。

---

① Pritam Singh, "The Political Economy of the Cycles of Violence and Non-Violence in the Sikh Struggle for Identity and Political Power: Implications for Indian Federalism", *Third World Quarterly*, Vol. 28 No. 3 (2007), p. 563.

第 六 章

拉吉夫·甘地的族群治理
策略演变 Ⅱ

　　拉吉夫政府和锡克教温和派在执行《拉吉夫—隆格瓦尔协议》的过程中互不信任，拉吉夫对于执行协议的态度消极，温和派对与中央政府合作十分迟疑。温和派因为协议未能落实而遭受了巨大的族群内部压力，他们主张与印度政府谈判解决问题的路径也受到激进势力的更多诘难，变相地加强了激进分子政治主张的吸引力。① 隆格瓦尔本人遇刺身亡后，当地温和派缺少足够的政治领导力和决心对抗激进势力，无法为中央政府的治理行动提供有力支持，冲突势头并没有得到有效遏止。到了1988年，拉吉夫已经认定执行《拉吉夫—隆格瓦尔协议》失去意义。虽然我们有理由相信如果印度政府能够坚定地执行与锡克温和派双方达成的协议，那么旁遮普邦的和平可能会更早一些到来，但实际情况就是如此，任何事后假设都没有办法让历史重演一遍，拉吉夫政府治理锡克问题开始新的尝试。

　　拉吉夫转变锡克族群治理策略的时间，也契合了印度政府在处理族群治理的策略总体转向强硬的时期。随着印度政府在全印范围加大对非印度教族群的控制力度，在旁遮普问题上也已经没有采取政治谈判解决的空间。但是自1984年以后旁遮普进入军管时代以来，印度军队无法应对日益糟糕的族群关系，甚至军队在旁遮普的存在本身就成为族群关系恶化的原因之一。中央政府主导的族群治理难以为继，当地民众对军队的敌视甚

<hr>

① Shale Horowitz and Deepti Sharma, "Democracies Fighting Ethnic Insurgencies: Evidence from India", *Studies in Conflict & Terrorism*, Vol. 3 No. 8 (2008), p. 759.

至开始危害印度的边防安全。前文已经反复提到过，旁遮普在印巴冲突中占据特殊的地缘位置，印巴一旦卷入军事冲突，旁遮普的印巴边界地区的安全和警戒就变得尤其重要。20 世纪 80 年代以来，印度与巴基斯坦在克什米尔地区的对抗日益激烈。拉吉夫政府有理由担心外部环境的变化将带来内部的连锁反应，如果巴基斯坦决心利用印度境内锡克问题开辟新的战场，对于拉吉夫政府来说是得不偿失的。考虑到"蓝星行动"之后印度军队中的一些锡克军团和锡克士兵较多的军队单位出现哗变的情况，这种担心就更有必要了，因此拉吉夫政府希望尽快稳定旁遮普局势。

第一节　罗德计划的无疾而终

1987 年 5 月，拉吉夫政府宣布由于旁遮普出现的混乱和无政府状态而解散隆格瓦尔政府，对旁遮普实行"总统管制"，这也标志着拉吉夫政府承认应对锡克问题的谈判策略失败。与英迪拉时期一样，拉吉夫也依靠引用宪法第 356 条对地方政府实行"总统管制"，这仍然是加强印度政府相对于地方政府权力的重要手段，是主导政党打击地方执政党的利器。[①]在旁遮普邦的情况也是如此，萨卡里亚报告的出台并没有影响拉吉夫·甘地即将在旁遮普邦进行的族群治理政策调整，印度政府仍有充分的权力和政策选择自由。旁遮普进入"总统管制"，意味着印度政府再度主导旁遮普的地方事务。如果说《拉吉夫—隆格瓦尔协议》在失败后还能继续发挥作用，那就是对锡克族群的内部分化，在协议出台和（试图）执行过程中，激进组织加大了对温和派的族群内部袭击，不过这种袭击仍非常具有针对性，在印度政府的挤压和激进组织的恐吓之下，温和派的影响力式微，地方管治失位，旁遮普的安全局势日益恶化。

---

① 针对宪法第 356 条的滥用问题，印度政府于 1983 年成立了专门的调查委员会，成员包括来自最高法官的退休大法官萨卡里亚（Rajinder Singh Sarkaria），委员会也因此得名萨卡里亚委员会（Sarkaria Commission），该委员会于 1988 年发布的萨卡里亚报告列举了 247 条建议，其中关于立法问题、邦长角色和宪法第 356 条使用问题提出的建议影响最为深远，为后续 1994 年最高法院做出限制第 356 条滥用的判决奠定了基础，H. M. Rajashekara, "The Nature of Indian Federalism: A Critique", *Asian Survey*, Vol. 37, No. 3（Mar., 1997），pp. 245－253。

人物小传：贾斯比尔·辛格·罗德（Jasbir Singh Rode）

贾斯比尔·辛格·罗德，1954年出生。罗德是宾德兰瓦里的外甥，在外形和气质上都比较接近宾德兰瓦里，早期追随宾德兰瓦里加入the Damdami Taksal。在"蓝星行动"之后，罗德流亡海外并创立致力于"卡利斯坦"的国际锡克青年联盟（the International Sikh Youth Federation），为锡克事业寻求海外支持而奔走，后返回印度被羁押。被羁押期间，罗德缺席当选"永恒王座"主事，"永恒王座"是锡克寺庙中宗教地位最高的寺庙。拉吉夫主政期间，罗德曾经返回"永恒王座"试图以自己介于温和派和激进组织之间的立场整合锡克各方势力，但在锡克内部争斗和激进组织的武力示威之下，很快放弃并搬出"永恒王座"。罗德的中间立场也造成他创立的国际锡克青年联盟内部分裂，当前印度政府已经宣布国际锡克青年联盟为恐怖主义组织，该组织已被多国禁止，但据信仍处于活跃状态，继续接受世界各地锡克人的资助。

印度政府放弃执行协议的做法让阿卡利党在锡克民众中的威望和合法性一落千丈，也让印度政府失去了一个重要的象征族群内温和派力量的合作伙伴，阿卡利党花了数年时间才从这一事件中逐渐恢复过来。对于印度政府来说，直接控制地方政府，解决了央地沟通和信任问题。拉吉夫对于锡克温和派无法控制旁遮普局势感到失望，开始尝试直接与激进分子接触，当然这些接触都是私底下进行的，而且接触的具体人选也是再三斟酌之后确定的。1988年3月，在印度内政部的主导下，拉吉夫政府释放了贾斯比尔·辛格·罗德（Jasbir Singh Rode），并希望罗德能就任"永恒王座"主事（Jathedar）。拉吉夫的计划是扶持罗德，通过罗德约束激进分子的行为，并吸引一些激进分子加入与印度政府的谈判中。[1] 选择罗德的理由很充分，他是宾德兰瓦里的外甥，考虑到宾德兰瓦里父亲被击毙后享有的宗教地位，罗德来自激进分子认可的"烈士家庭"（family of martyrs）的身份也能吸引很多激进分子的支持。

罗德本人的过往经历也让拉吉夫政府觉得其介于温和派和激进组织之间的立场比较容易让各方接受，罗德与托赫拉类似，在族群问题上持极端保守观点但反对使用武力。"蓝星行动"之后，罗德曾在英国组织国际锡

---

① 锡克教有五大王座寺庙，王座的负责人称为Jathedar。五大寺庙中，"永恒王座"的宗教地位最高，"永恒王座"的主事者领导其他四个主事者，就寺庙事务做出决策。由于五大寺庙在锡克教中的重要地位，"永恒王座"的主事者也被认为是拥有很高地位的宗教领导人。

克青年联盟，并公开与时任巴基斯坦领导人齐亚哈克（Zia-ul-Haq）会面，寻求后者对印度锡克人事业的支持。[①] 罗德的公开立场曾经惹怒了当时的印度政府，最终施压英国方面将罗德驱逐出境，辗转数国之后回到印度被长期拘押。[②] 罗德并没有积极参与过旁遮普政治，因此印度政府认为罗德更应该是"极端派"而不是激进分子，这一理由也说服了拉吉夫政府利用罗德的特殊角色尝试新的策略。

在 1986 年 1 月的哈尔萨大会（Sarbat Khalsa）上，罗德原本就已经被任命为"永恒王座"主事，只是因为一直被政府关押而未能上任，"永恒王座"的事务一直由临时主事达尔山·辛格（Darshan Singh）负责。罗德被释放后，达尔山主动辞职，这也给罗德回归创造了条件。在与印度政府代表沟通后，罗德同意合作并且认为自己回归"永恒王座"后，可以聚集足够力量，帮助旁遮普邦和锡克族群赢得半独立（Semi-autonomous）地位。[③] 可以说在拉吉夫政府的新政治提议中，双方最初就互不信任，不过是相互利用以实现自己的背后目标，拉吉夫认为相对于激进分子坚决要求建立卡利斯坦而导致政府无法与其谈判相比，罗德代表的是其他在族群关系问题持极端立场但是反对武装独立的一部分人的思想，算是两害相权取其轻，至少是可以作为谈判的对象，在谈判的过程中找寻双方都能接受的方案。

最高锡克教寺庙管理委员会对罗德回归"永恒王座"的反应是矛盾的，一方面管理委员会不得不接受 1986 年哈尔萨大会的决定，做好迎接罗德就任"永恒王座"主事的准备工作，另一方面管理委员会发言人对于拉吉夫政府直接安插代理人管理锡克宗教事务颇有微词，"政府可以安插自己人或买通某些人，但这个人无法为民众、政府或宗教委员会带来任

---

① Jugdep S. Chima, *The Sikh Separatist Insurgency in India：Political Leadership and Ethnonationalist Movements*, New Delhi：Sage Publications, 2010, p. 158.

② Shekhar Gupta, "There will Be No Sell-out of the Sikh Community：Jasbir Singh Rode", *India Today*, March 31, 1988, https：//www. indiatoday. in/magazine/special-report/story/19880331－there-will-be-no-sell-out-of-the-sikh-community-jasbir-singh-rode－797086－1988－03－31.

③ Sarab Jit Singh, *Operation Black Thunder：An Eyewitness Account of Terrorism in Punjab*, New Delhi：SAGE, 2002, p. 106.

何好处"。① 罗德回归"永恒王座"面临的挑战巨大，因为此时盘踞在金庙区域的激进组织已经事实上控制了包括几大王座在内的宗教事务。在获悉罗德有意回归和主持"永恒王座"事务之后，激进分子加强了袭击活动，与印度安全部队在金庙区域展开频繁交火。激进分子展现出的攻势有效地对抗了拉吉夫政府所谓的罗德计划，罗德担心自己的个人安危，打消了立刻进入金庙区域的念头，转而强调自己将在政府清除金庙区域内的激进分子之后才进入金庙履职。

显然在印度政府没有下定武力清除激进分子的决心之前，罗德不会回归"永恒王座"，为此印度内政部做出了一项特殊安排，额外释放了几名已抓捕的激进分子，换取后者的停火，以便让罗德能进入金庙正常履职。罗德提出与拉吉夫政府达成"一揽子解决方案"的建议赢得了包括宾德兰瓦里猛虎组织（BTF）等一些组织和全印锡克学生联合会（AISSF）有条件的响应，包括释放被关押的锡克政治领导人、给予激进分子安全保证以便与政府开始和平谈判等。② 但是罗德寻求旁遮普实现半自治状态的提案，根本无法吸引大多数激进组织，因为激进组织如果有任何共同目标的话，那也是实现完全独立。因此罗德的计划虽然吸引了一部分激进分子的支持，但是那些更有影响力的人物，包括宗教委员会、卡利斯坦突击队（Khalistan Commando Force，KCF）等组织，坚决反对完全独立（即卡利斯坦）以外的任何方案。③

罗德坚持自己的极端但又区别于激进组织的路线，由于目标和手段上的分歧，罗德与激进组织之间的关系很快就变得不那么融洽了。鉴于罗德的宗教影响力等原因，激进组织希望罗德公开宣布支持卡利斯坦，但是罗德只是宣布锡克人的政治目标是实现"完全自由"（puran azadi）并且拒绝详细阐述完全自由的确切含义。④ 激进组织希望罗德能在此召开哈尔萨

① Sarab Jit Singh, *Operation Black Thunder: An Eyewitness Account of Terrorism in Punjab*, New Delhi: SAGE, 2002, p. 107.

② Maloy Krishna Dhar, *Open Secrets: India's Intelligence Unveiled*, New Delhi: Manas Publications, 2005, p. 329.

③ Jugdep S. Chima, *The Sikh Separatist Insurgency in India: Political Leadership and Ethnonationalist Movements*, New Delhi: Sage Publications, 2010, pp. 163 – 164.

④ Shekhar Gupta and Vipul Mudgal, "Punjab: A Risky Move", *India Today*, March 31, 1988, p. 12.

大会（Sarbat Khalsa），并且召开地点就在金庙，鉴于哈尔萨大会的政治敏感含义，罗德只希望在金庙召开一次会议，而不是正式的哈尔萨大会。激进组织担心罗德利用这次聚会推翻上次哈尔萨大会的一些决议，包括组建"宗教委员会"（Panthic Committee）等，因此在罗德明确自己的目标之前表示反对。为了进一步约束罗德的行动，宗教委员会发布一项声明，警告任何人试图与印度政府谈判卡利斯坦之外方案的"严重后果"。[①] 对于罗德来说，虽然与激进组织之间尚未公开反目，但这些组织的反对意见让他在推行自己方案的时候感受到危险，他担心自己随时可能被反对自己主张的组织暗杀。1988 年 4 月中旬，罗德决定从"永恒王座"搬出来，转而来到了阿姆利则郊区的一座锡克寺庙。

罗德计划的推出本身表明了拉吉夫政府的某种妥协姿态，但是这种妥协姿态反而给了激进组织更多信心，他们相信自己追求的卡利斯坦事业和加大族群内部袭击的做法，正在击垮拉吉夫政府，这或许是拉吉夫推出罗德计划时所不曾预料到的。如果罗德计划为最终治理成功做出了任何贡献的话，那或许在于罗德计划促使激进组织内部的分化组合，在罗德尝试推销自己与政府谈判实现锡克"完全自由"主张的过程中，卡利斯坦突击队就公开谴责罗德、宾德兰瓦里猛虎组织和全印锡克学生联合会已经被"印度政府收买"，在探讨"在旁遮普组建新政府"，已经完全背叛了卡利斯坦事业。[②] 激进组织之间观点的分化，为后续的激进组织碎片化进程埋下了种子，这可以认为是罗德计划留下的唯一火种，但是这种猜测性的推论只能是外界的事后推论，已经无法证实或证伪。对于拉吉夫政府来说，有一点是确定的，罗德搬离"永恒王座"，也就脱离了与盘踞在金庙区域内激进组织的直接接触，"永恒王座"的控制权也拱手让出，这基本宣告拉吉夫政府借助罗德与激进分子达成一项和平计划的希望落空。

人们在探讨印度联邦制度下的央地关系竞争时，隐含前提是地方邦内部是团结一致的，以便在与印度政府谈判时提出协调一致的立场。但在政治实践中，很多时候并不具备这样的条件。在处理锡克问题时，印度政府

---

① Tribune Correspondent, "Talks only on 'Khalistan'", *The Tribune*, April 12, 1988, p. 1.

② Tribune Correspondent, "Takht chief under fire", *The Tribune*, May 5, 1988, p. 1; "Pathnic Committee Disowns Gurjit Singh", *World Sikh News*, May 13, 1988, p. 21.

的谈判对象是锡克温和派，但是锡克温和派只是代表了一部分或者说大部分锡克人，在冲突已经发生的情况下，温和派必须说服激进组织和同情激进组织的部分温和派接受其与印度政府可能达成的协议，这对于温和派来说是巨大的挑战。在冲突已经发生的情况下，族群内部对于未来道路的选择已经出现方向性的分歧，激进组织已经拥有一定的民众基础，此时要想说服后者放弃族群分离主义主张并非易事。对于拉吉夫来说，通过政治谈判解决锡克问题的两次尝试都已经落空，与锡克温和派不同思想形态的人都尝试过合作，都因为自己或温和派内部的原因导致失败。

第二节　吉尔首次出任旁遮普警长

治理锡克问题的主要工具中，拉吉夫仍未坚决尝试的就只剩下武力打击了，这一政策的好处是不用再向激进分子或者温和派做出任何政治让步。从印度国内政治形势来看，当 20 世纪 80 年代旁遮普问题爆发时，正逢印度教右翼民族主义政党印度人民党出现和发展的时期，拉吉夫和国大党面临的印度教民众压力非常大。随着印度教原教旨主义思想的影响力开始上升，印度政府被迫在族群政策上采取日益强硬的政策，但是正如英迪拉时期的经验教训所展示的，一味强硬的策略也导致印度政府与少数族裔宗教群体的关系日益紧张，拉吉夫第一任期后半段时间内也迎来一系列地方分离主义挑战，不仅有旁遮普，还包括克什米尔、阿萨姆和印度东北部其他地区。

实际上，此前信奉基督教的警察局局长胡里奥已经开始提倡"以牙还牙"的族群治理策略，但效果并不显著。在胡里奥的主导下，地方警察保持对激进分子的高压抓捕态势，在 1987 年 5 月至 1988 年 4 月的一年时间内，平均每个月抓捕 127 名激进分子。但是与地方警察在族群治理一线出生入死抓捕激进分子时，印度政府仍在试图寻找政治解决方案，因此人们惊讶地发现当地方警察提高抓捕力度时，印度政府却开启了释放进程，通过选择性地释放一些激进分子，包括在蓝星行动中抓获的宾德兰瓦里组织前成员，希望能换取激进组织的合作。例如，1988 年 3 月印度政府释放了 40 名激进分子头目，这些人获得自由之后又重新进入金庙，没有受到任何阻拦。① 这种两面策略最大的缺点就在于相互矛盾的举动让地方警察部队无法决定自己的行动重点和方向。② 于是就出现比较讽刺的一幕，即地方警察愿意加大族群治理力度和抓捕更多的激进分子，但是印度政府却愿意释放更多的激进分子，以向极端派释放善意和寻求政治解决方案。政府的妥协行为并没有减少激进组织的袭击，相反仅在 1988 年 3 月，就有 288 人被杀，其中包括 25 名警察；到了 4 月，259 人被杀，其中也包括 25 名警察。③

于是也就不难看到，锡克问题治理局面在转了一圈之后又回到起点，同样的场景再次上演：被释放的激进分子又开始在金庙里构筑工事，此时金庙管理者和最高锡克教寺庙管理委员会领导层要么本来就是积极支持，要么是害怕打击报复，放任神圣的宗教场所成为激进组织的活动基地。④ 从政策性质来看，印度政府主导的两面策略本质上就是一种妥协策略，只是政府的妥协并没有换来激进分子的合作，相反激励激进组织加大袭击的力度和频率。在此背景下，拉吉夫做出的第一步调整是任命 K. P. S. 吉尔为新一任的旁遮普警察局局长，这也是他第一次担任旁遮普警察局局长的职务。

人物小传：K. P. S. 吉尔（Kanwar Pal Singh Gill）

K. P. S. 吉尔，1935 年（或者 1934 年）出生于当时的旁遮普拉合尔，1957 年加入印度警察队伍，此后 25 年在印度东北部邦和查谟和克什米尔任职。在锡克问题发生之后，吉尔曾

---

① C. Christine Fair, "The Golden Temple: A Tale of Two Sieges", in C. Christine Fair and Sumit Ganguly eds., Treading on Hallowed Ground: Counterinsurgency Operations in Sacred Spaces, New Delhi: Oxford University Press, 2008, p. 51.

② K. P. S. Gill, "Endgame in Punjab: 1988 – 1993", Faultlines, Vol. 1 No. 1 (1999), http://www.satp.org/publication/faultlines/volume/articles3_htm.

③ C. Christine Fair, "The Golden Temple: A Tale of Two Sieges", in C. Christine Fair and Sumit Ganguly eds., Treading on Hallowed Ground: Counterinsurgency Operations in Sacred Spaces, New Delhi: Oxford University Press, 2008, p. 51.

④ K. P. S. Gill, "Endgame in Punjab: 1988 – 1993", Faultlines, Vol. 1 No. 1 (1999), http://www.satp.org/publication/faultlines/volume/articles3_htm.

先后两次担任旁遮普邦警察局局长（1988—1990 年，以及 1991—1995 年）。1988 年 5 月，吉尔指挥了"黑色闪电 II 行动"。1989 年，吉尔获得印度政府第四级公民荣誉奖莲花士勋章（Padma Shri）。吉尔在第二任警长任期领导了最后治理成功的"保护者行动"，下文论述吉尔第二次担任旁遮普警长时，将对其个人性格和族群治理理念有更详细的叙述。1995 年，吉尔退出现役，后来创立了致力于研究南亚地区族群治理的冲突管理研究所（Institute for Conflict Management），为印度各级政府和一些南亚国家提供相关的族群治理建议。他曾参与印度国内多个地方的族群治理咨询，2000 年为斯里兰卡政府提供反恐建议；2002 年古吉拉特族群骚乱期间，他被任命为古吉拉特邦安全顾问，其工作得到时任古吉拉特首席部长莫迪的高度评价。2017 年 5 月 26 日，吉尔病逝。

吉尔既有实战经验也有专门研究，尤其精于对恐怖分子心理的研究，对旁遮普情况又非常熟悉，是理想的警长人选。在 1984 年加入旁遮普警察局之前，吉尔曾经负责指挥印度政府在阿萨姆邦的族群治理行动，有着丰富的一线指挥经验。[①] 1988 年，鉴于吉尔的专业能力，印度政府将其提拔为旁遮普警察局局长。吉尔本身就是锡克人，来自贾特种姓，其本人的外在形象和身份认同与要面对的敌人是一样的。[②] 他也曾经一再对外界表示，只有贾特人才能击败贾特人，这一理念也引导他有针对性地制定了日后主导的族群治理策略。[③]

吉尔本人是以脚踏实地和注重结果而闻名的警官，反感当时印度官僚机构盛行的繁文缛节。他这样阐述他的族群治理理念："如果他（指激进分子）反抗，如果他开枪……我会开枪回击。如果他杀人，我会杀了他……我给警员们的命令十分清楚，即依法行事。如果某位警员犯了错误，那也是他和他上司之间的事。"[④]

---

① Prem Mahadevan, "The Gill Doctrine: Model for 21st Century Counter-terrorism?", Faultlines, Volume 19, April 2008, http://www.satp.org/satporgtp/publication/faultlines/volume19/article1.htm.

② 前文也提到，大部分锡克激进分子是贾特人。

③ Julio Ribeiro, *Bullet for Bullet: My Life as a Police Officer*, New Delhi: Penguin, 1998, p. 322.

④ Julio Ribeiro, *Bullet for Bullet: My Life as a Police Officer*, New Delhi: Penguin, 1998, p. 272.

吉尔身材高大，着装讲究，是一个典型的贾特锡克人，在任的时候经常参加一线行动，包括下属的夜间巡逻和在旁遮普乡村开展的突击行动。他还拥有英语文学硕士学历，高超的语言技能也让他成为媒体最喜欢的采访对象。[①] 用吉尔的话来说，"有时特定形象服务于特定目的，所以我就随它（我的形象）去"。[②] 虽然爱好喝酒，而且脾气暴躁，但是吉尔严格遵守锡克宗教精神，在办公室保存了一本锡金圣典的复刻版，办公室的墙壁挂满了历届锡克上师的图像。这种对锡克教的公开尊崇也起到了很好的展示作用，即这是一位真正的锡克人，他在代表锡克民众与激进分子进行战斗。

1988年吉尔上任的时候，适逢激进组织加强族群内部袭击的阶段，而地方温和派的族群治理热情已经在上升。锡克温和派与激进组织关于族群未来道路选择的分歧日益加深。此前，激进组织已经通过刺杀温和派领导人隆格瓦尔的方式，试图震慑族群内任何试图与政府谈判达成妥协方案的尝试。在某种程度上，激进组织也的确实现了目标，不仅是温和派，普通锡克民众担心由于支持政府立场而遭受激进组织的报复，保持沉默的人越来越多，在旁遮普一个普通锡克人不敢公开表明自己反对激进组织，也不敢公开支持政府的治理行动。与此同时，激进组织日益扩大的族群内袭击，也警醒了更多的锡克温和派领导人，他们在加强自我保护的同时意识到只有治理成功才更符合锡克民众的利益。

第三节 "黑色闪电Ⅱ行动"

印度政府在罗德计划后得出的结论是和平倡议失败，对付冥顽不灵的激进分子仍需坚持强硬策略。由于激进分子不断对外发起袭击，印度军警重新集结并包围了整个金庙区域，双方交火事件时有发生，金庙所在的阿

---

① Shekhar Gupta and Kanwar Sandhu, "K. P. S. Gill: Pakistan Has Lost", *India Today*, April 15, 1993, p. 43, http: //indiatoday. intoday. in/story/you-can-say-i-have-vested-interest-in-restoring-normalcy-in-punjab-k-p-s-gill/1/302041. html.

② Shekhar Gupta and Kanwar Sandhu, "K. P. S. Gill: Pakistan Has Lost", *India Today*, April 15, 1993, p. 43, http: //indiatoday. intoday. in/story/you-can-say-i-have-vested-interest-in-restoring-normalcy-in-punjab-k-p-s-gill/1/302041. html.

姆利则市也笼罩在武装冲突的阴云之下。在印度政府迟迟下不定决心之际，中央预备警察部队（Central Reserve Police Force，CRPF）副检察长萨拉迪普（Sarabdeep Singh Virk）遇刺受伤事件成为压垮骆驼的最后一根稻草，印军必须对激进分子的挑衅有所回应，新的军事行动迫在眉睫。不过这次政府并没有动用军队，而是忌惮于"蓝星行动"时的教训，决定一线突击行动交给当地警方处理，由国家安全部队和其他准军事部队提供外围支持。① 此次行动代号"黑色闪电Ⅱ行动"，从1988年5月9日持续到5月18日，从持续的时间、投入的警员数量来看，都明显高于第一次行动，这次行动也因此经常被单独称为"黑色闪电"行动。②

　　刚担任旁遮普警长不久的吉尔负责此次行动的现场指挥工作。自从1988年年初上任以来，吉尔继续坚持前任胡里奥制定的强硬族群治理政策，只是有段时间里印度政府认为有可能寻找到政治解决方案，因此在族群治理力度上又有所放松，如果能以"黑色闪电Ⅱ行动"为契机，重新确定一致且持续的族群治理策略，不失为一件好事。当然印度政府希望这次的警察行动能够避免上次蓝星行动造成的灾难性后果。政府的决定主要也考虑到了当地警察的族群治理积极性。从族群关系的角度来看，旁遮普警察大部分是本地锡克人，与当地锡克族群和宗教力量有着天然的紧密联系。因此与动用联邦军事力量相比，地方警察的行动不会被认为是非锡克力量在压迫他们，这也是政府从"蓝星行动"中得出的重要教训之一。"蓝星行动"时，印度政府怀疑当地警察的族群治理积极性，很多警员从思想上就不愿意参与治理行动，此次行动是由锡克人自己的警官吉尔主导的，算是印度政府对旁遮普的锡克警官们的一次检验，也可以认为是对当地警方一段时间以来族群治理热情的某种肯定。

　　印度内政部主持了11次会议，制订行动计划，拉吉夫亲自参与了其中的8次会议，并在批准行动时提出两点明确要求，即印军人员不得

---

① "Gandhi Under Pressure to Oust Sikhs From Temple"，*The New York Times*，May 11，1988，https：//www. nytimes. com/1988/05/11/world/gandhi-under-pressure-to-oust-sikhs-from-temple. html.

② 根据后来的采访，吉尔透露此次行动一度被命名为"吉尔行动"，只是为了与1986年的黑色闪电行动形成呼应，官方才决定行动代号改成"黑色闪电Ⅱ行动"，参见"Now, Gill slams author of Operation Black Thunder"，Rediff. com，July 29，2002，http：//www. rediff. com/news/2002/jul/29onkar. htm。

进入走廊和核心的金庙区域，以及严格控制人员伤亡。[①] 从两点要求来看，拉吉夫十分希望任内的金庙突袭行动能吸取当年"蓝星行动"时的教训。

此次行动的大背景还包括 1988 年以来罗德计划的失败。罗德计划的效果不尽如人意，但在执行罗德计划的过程中，当地警察和情报部门获得了关于金庙区域内的更多情报。萨拉布吉特（Sarabjit Singh）当时担任阿姆利则的副专员（Deputy Commissioner of Amritsar），在其 2002 年出版的回忆"黑色闪电Ⅱ行动"的专著中就专门提到了情报部门的作用，例如当时印度情报局（Intelligence Bureau，IB）副主任纳察尔（Nahchal Sandhu）化装成记者采访了金庙内的激进分子，发现对方情绪不高时建议他们与副专员谈一谈如何找条出路，结果第二天包括萨拉布吉特等在内的几名政府高级官员真的接到了激进分子打来的电话。[②]

莫迪政府任期内的国家安全顾问多瓦尔（Ajit Doval）职业生涯早期是成功的一线情报人员。[③] 据信，多瓦尔当时刚完成在巴基斯坦的潜伏任务就匆忙来到金庙执行下一个任务。多瓦尔化装成三轮车司机进入金庙，并成功让激进分子相信他是一名被派来支持他们的巴基斯坦情报人员（ISI），是来协助他们建立卡利斯坦的，最终他成功地发送出了包括激进分子实际人数、武装水平和火力部署等情报，并在警方进入金庙后通过特定的喊声引导突击搜查工作。[④] 退役上校卡兰（Karan Kharb）是当时一个突袭小组的组长，也是少数几个在行动时见到多瓦尔的军官之一，他透露

---

① Vipul Mudgal and Shekhar Gupta, "Success of Operation Black Thunder in Amritsar Clears Golden Temple Complex of terrorists", *India Today*, June 15, 1988, https：//www. indiatoday. in/magazine/cover-story/story/19880615 – success-of-operation-black-thunder-in-amritsar-clears-golden-temple-complex-of-terrorists – 797338 – 1988 – 06 – 15.

② Sarab Jit Singh, *Operation Black Thunder：An Eyewitness Account of Terrorism in Punjab*, New Delhi：SAGE, 2002, pp. 135 – 137.

③ 公开资料显示，多瓦尔的情报官员生涯非常成功，多次执行潜伏任务并出任危机谈判代表。多瓦尔 2005 年从印度情报局主任的职位退休，2009 年创立辨喜（the Vivekananda International Foundation）并担任创始主任，直到 2014 年莫迪上台后出任国家安全顾问。

④ Nitin Gokhale, "Ajit Doval：The Spy Who Came in from the Cold", *NDTV*, May 30, 2014, https：//www. ndtv. com/people/ajit-doval-the-spy-who-came-in-from-the-cold – 564734；Yatish Yadav, "Return of the Superspy", *The New Indian Express*, June 7, 2014, https：//www. newindianexpress. com/magazine/2014/jun/08/Return-of-the-Superspy – 622565. html.

多瓦尔说服印度政府在此次行动中放弃军事突袭计划，而是选择在炎炎酷暑采取断水断电的措施。当然也有一些报道质疑多瓦尔在"黑色闪电Ⅱ行动"中的传奇作用，认为多瓦尔当时已经是情报局联合主任（Joint Director），考虑到金庙内激进组织内部关系复杂和相互倾轧，多瓦尔不太可能亲自执行如此凶险的卧底任务，而且即使多瓦尔能够打入金庙也不具备传递情报的条件。① 褪去这些演绎的传说性质，可以肯定的是尽管情报人员可能未敢进入最里层的走廊和金庙本身，但密集的人力情报工作已经帮助指挥部获取了激进组织的派别和人数、火力配备、内部防御乃至组织之间关系等重要信息，这与"蓝星行动"时的情报失败形成了鲜明对比。

　　根据各方人员的回忆，可以肯定的是当时已经就任旁遮普警察局局长的吉尔在行动中发挥了主导作用。当地温和派得以主导"黑色闪电Ⅱ行动"，在行动层面也吸取了"蓝星行动"的诸多教训。与后者一样，突袭小组事先已经在阿姆利则附近集结并进行了长时间的模拟攻击训练，在训练科目中还加入了如何在宗教敏感区域行动的内容，此前"黑色闪电Ⅰ行动"的战斗人员也获邀来分享上次行动的经验和体会。此次行动计划避开了从正门开始进攻的做法，"蓝星行动"的教训已经告诉大家，正门是激进分子防守最严密的地方，在建筑上打出缺口的战法可以避开正面火力，打对手一个措手不及。② 当然此次行动开始的时间选择也避开了夜晚而选择在白天进行，这也是来自"蓝星行动"的最大教训之一，白天开展行动有利于进攻人员观察战场情形和识别非战斗人员，毕竟相对于激进分子，进攻人员接受的训练更加专业更加完善，在同等条件下的战斗力更强。

　　此次行动由当地警察主导，当地警察队伍主要是锡克本族群的人，有

---

① Praveen Donthi, "What Ajit Doval Did during Operation Black Thunder Ⅱ", *The Caravan*, Februaruy 11, 2019, https://caravanmagazine.in/government/ajit-doval-operation-black-thunder-excerpt.

② 实际上，在反恐攻坚战中避开正面攻入已经成为各国反恐部队的标准操作。2019年10月27日，美国总统特朗普在对外透露美特种部队抓捕"伊斯兰国"头目巴格达迪时，提到美军是避开正门从侧面破墙而入等细节，引发美军对特朗普泄露反恐部队战法等担忧。（《炫耀击毙巴格达迪行动细节，特朗普泄了哪些密》，人民网，2019年10月30日，http://sc.people.com.cn/n2/2019/1030/c345527-33487607.html）。

着相同的宗教信仰，行动的制定者和参与者对金庙的神圣性都有充分了解，清楚在特定区域行动时应该注意的细节。金庙坐落在人工开凿的圣湖中间，湖面的面积有 1500 平方米，一条约 60 米长的栈桥通往金庙与湖边平台相连。整个金庙建筑群分为三个部分，包括住宿区（the serai，供信徒和管理人员居住）、厨房区（the langar，供管理人员用餐和举行共餐）和庙宇区。通过城堡式门楼，可以发现金庙内部呈长方形布局。金庙一共有三层，第一层是教徒祈祷大厅，第二、第三层为经室、圣物室、博物馆等，供奉了锡金圣典原本等珍贵文物。从宗教敏感性来看，警方通过住宿区不会引起锡克民众太大的反感，厨房区则比较敏感，因为这是锡克宗教中举行共餐的地方，是非常神圣的，因此在厨房区的行动更加敏感。住宿区和厨房区都位于庙宇区之外，一旦进入庙宇区，特别是进入金庙（the Harminder Sahab）建筑本身，这是最敏感的，会被锡克民众认为是严重挑衅和亵渎宗教尊严的行为。

考虑到不同区域的敏感性不同，吉尔提出先占领住宿区和厨房区，如果必要的话，可以对庙宇区展开行动，但一定要克制，快进快出。[①] 与"蓝星行动"中突击队面临的猛烈炮火和顽强抵抗不同，此次行动突击队并没有遇到像样的抵抗，队员们接到的命令是尽可能制造枪声，以保持对激进分子的压力。面对躲藏在长廊和地下室的激进分子，突击队也是克制使用重型武器，只是通过连续射击保持压迫态势。最初警方通过高音喇叭要求被围困的激进分子出来投降，换来的回应不过是激进分子"卡利斯坦万岁"（Khalistan Zindabad）的喊声和几梭子子弹，不过突击队按照要求克制使用重武器，以长时间围困的方式断绝了激进分子粮食和水供应，迫使他们从躲藏处主动出来暴露在突击队的火力之下。第一个被击毙的人是担任宗教委员会发言人的贾格尔（Jagir Singh），他从躲藏的房间里跑出来取水，被狙击手当场击毙，另一个试图把他尸体拖回去的同伴也被击毙，当时正值盛夏，两具尸体在阿姆利则的烈日下暴晒的场面给仍在负隅顽抗的激进分子带来巨大心理震撼，后来对投降人员的审讯也证实了贾格

---

①　有关对吉尔本人对此次行动的访谈，可参见 C. Christine Fair, "The Golden Temple: A Tale of Two Sieges", in C. Christine Fair and Sumit Ganguly eds. , *Treading on Hallowed Ground: Counterinsurgency Operations in Sacred Spaces*, New Delhi: Oxford University Press, 2008, p. 53。

尔被狙杀带来很好的心理战效果。①

根据现场报道，约 146 名激进分子走出来投降，其中有 17 名妇女和儿童，备受鼓舞的突击队进一步延长了停火间隙，以便留出时间，让想投降的激进分子有时间走出来而不用担心被击中。这个方法的效果不错，又有几个激进分子利用这些间隙走出来向警方投降，不过还是有几个人利用这段时间冲过栈桥躲进了金庙内部。根据当时的媒体报道，在这些人冲进金庙的过程中，警方并没有开枪，一则是遵守了自己停火间歇不开枪的承诺，二是警方已经意识到如果到朝金庙方向开枪，会不可避免地会伤害到金庙建筑外观。事情的进展表明，旁遮普警方的审慎是有道理的，特别是这些审慎的举动都在媒体记者的注视下，被传播到电视机前的锡克民众眼前，这取得了很好的公众传播效果。

不过更多激进分子躲进金庙这一新情况给指挥部带来挑战。所有人都清楚激进分子躲进金庙无法坚持太久，因为里面缺少食物和水，但是突击队担心激进分子会引爆炸药炸毁金庙，或者他们集体自杀，都有可能造成无法预料的影响，为此指挥部有人主张强攻，不过吉尔决定保持耐心。②在接下来的几天里，突击队仍保持劝降态势，吉尔想了很多办法给激进分子施加心理压力，"我们采取多种方法打击他们的士气……有时我们保持寂静，然后又制造巨大的炮火声。提供开火间隙，以便他们可以出来到水池取水。我们希望通过他们使用的取水容器，计算取水间隔的时间，从而判断出躲藏的激进分子人数。这一信息使得警方可以估算出在断绝食物和水的情况下，激进分子能够坚持的最长时间，从而据此调整围捕方案"。③在激进分子筋疲力尽之后，突击队又根据情况宣布取消停火间隙，在完全

① Vipul Mudgal and Shekhar Gupta, "Success of Operation Black Thunder in Amritsar Clears Golden Temple Complex of Terrorists", *India Today*, June 15, 1988, https：//www. indiatoday. in/magazine/cover-story/story/19880615 – success-of-operation-black-thunder-in-amritsar-clears-golden-temple-complex-of-terrorists – 797338 – 1988 – 06 – 15.

② Vipul Mudgal and Shekhar Gupta, "Success of Operation Black Thunder in Amritsar Clears Golden Temple Complex of Terrorists", *India Today*, June 15, 1988, https：//www. indiatoday. in/magazine/cover-story/story/19880615 – success-of-operation-black-thunder-in-amritsar-clears-golden-temple-complex-of-terrorists – 797338 – 1988 – 06 – 15.

③ 有关对吉尔本人对此次行动的访谈，可参见 C. Christine Fair, "The Golden Temple：A Tale of Two Sieges", p. 54。

失去食物和水的情况下，激进分子无法继续坚持，最终吉尔的策略取得胜利，躲藏在金庙的剩余46名激进分子也选择投降，这个结果既满足了行动之前拉吉夫提出的控制伤亡的要求，也让各界敏锐地发现此时的激进组织已经不同于宾德兰瓦里时期，与"蓝星行动"中激进分子战斗至最后一个人不同，宾德兰瓦里之后的激进组织已经不再执念于成为烈士，而是选择继续活着追求世俗利益。

第四节　吉尔带来的全新媒体策略

"黑色闪电Ⅱ行动"的最大特点还在于前所未有的媒体开放策略。吉尔提出应该邀请媒体全程监督警方的行动，这与"蓝星行动"时全程对媒体封闭是截然不同的。此次行动的媒体报道，不是由政府主导选择特定媒体垄断整个行动的报道，而是允许不同媒体进入现场观察，然后从它们自己选择的角度进行报道，警方并没有限定媒体报告的题材和方向。这种开放报道的形式，一方面展示了警方对于行动合法性和行动效率的自信，另一方面也使民众得以从不同的角度更加理性地看待整个事件。本书第三章详细论述了激进组织在族群动员方面的优势，对于绝大多数族群冲突来说，激进组织有着丰富的经验通过媒体影响当地民众的态度，政府在媒体和舆论方面总是处于被动态势，吉尔引入的开放策略则帮助当时印度中央和旁遮普地方政府扭转了长久以来在锡克族群治理问题上的媒体劣势。

"黑色闪电Ⅱ行动"当天，警方只对部分区域实行了宵禁，而且由于行动对媒体开放，在场的媒体记者通过镜头可以观看到行动的整个过程。在诸多媒体的见证下，首先映入锡克民众眼帘的是神圣的金庙是如何被激进分子改造成用于顽抗死守的战场的，神圣的金庙和宗教器具被他们亵渎。试想一下，如果不是现场直播，而是从中央或地方政府发布媒体声明、通稿或视频片段等方式，普通民众不会马上接受这些改造和亵渎行为都是他们曾经视为锡克勇士的激进组织所为。在突袭和包围过程中，当地警察的每个动作和长官的每个命令都更加职业和克制，政府极力保护寺庙建筑的努力也展现在民众眼前，这一点尤其体现在部分激进分子利用停火间隙逃进金庙的过程中，警方遵守承诺没有开枪阻止他们接水，在他们趁接水间隙逃进金庙之后警方也并没有展开强攻，而是在接下来的几天时间里保持了耐心，直至激进分子走出来投降。① 这些现场情况都通过现场记者的报道传递给公众。

通过记者的报道和镜头，锡克民众可以看到警方是如何极力保护寺庙建筑的，而激进分子是如何把圣庙变成一个碉堡的，激进分子的谋杀行为让民众看到他们的真正面目，特别是最后时刻激进分子一个个微笑着走出来投降的画面，更是摧毁了他们在民众心中的"圣战士"形象，很快被族群内民众（无论是持温和还是极端观点）唾弃。开放的媒体策略帮助民众看到了政府相对于激进组织的区别，"黑色闪电Ⅱ行动"向普通民众展示了极端分子在大金庙内的各种激进行为。民众最终发现致力于利用和破坏金庙的一方是激进分子，玷污宗教圣地的也是激进分子，他们借口从事锡克独立事业，其实进行的是绑架、暗杀等犯罪行为，锡克族群的整体利益成为他们追逐个人利益的牺牲品。② 当这些事实被逐一以最可信的方式呈现出来的时候，激进分子的任何族群动员策略都是无法辩解的。

之所以强调可信的方式，是因为公开媒体策略可以帮助抵抗不实消息甚至恶意散布的流言。维普尔（Vipul Mudgal）是当时密切跟踪旁遮普问题的印度记者之一，通过《今日印度》发表了大量的新闻报道和时事评论。在锡克问题被平息多年后，他也回忆了当时吉尔在"黑色闪电Ⅱ行动"前后是如何在与激进组织及其同情者的媒体竞争中获胜的，其中公开多元的媒体策略发挥了重要作用。例如，现场记者和寺庙管理人员发现激进组织投降之后警方急着处理两具激进分子尸体，追问之后发现是由于天气炎热尸体正在加速腐烂，已经等不及必要的尸检程序（panchnama），只能在首要的文件程序之后紧急拉走。随后便有目击证人宣称突袭造成了大量伤亡，在突袭现场发现了运送尸体的卡车并提供了照片等，但由于媒体记者已经在现场了解到事实经过，类似举证

---

① 警方的耐心甚至超出了媒体记者的耐心，根据当时参与报道记者的回忆，由于包围行动持续多日，现场及周边的市场关闭导致食物供给困难，坚持在现场的记者饥饿难耐之时想回住处休息，旁遮普警方的媒体官获悉情况之后请人紧急送餐，记者们才得以继续坚持观察和报道。参见 Vipul Mudgal，"Black Thunder's Silver Lining"，*Hindustan Times*，May 13，2008，https：//www.hindustantimes. com/india/black-thunder-s-silver-lining/story-yuadJLyFw8QlxJscUp3LLN. html。

② Prem Mahadevan，"The Gill Doctrine：Model for 21st Century Counter-terrorism？"，Faultlines，Volume 19，April 2008. http：//www. satp. org/satporgtp/publication/faultlines/volume19/article1. htm.

并没有被采纳。① 流言被断绝的原因就在于，一切都是在现场的所有人员面前进行的，在现场的既有政府和警方人员，也有大量记者和神职人员，所有人都是见证者。②

激进组织进行族群动员时，主要的目的是把政府的治理行动宣传为主体族群对锡克人的压迫，从而为激进组织成员诉诸激进手段提供新的族群身份认同源泉，而出于同族群的认同因素，当地民众更愿意相信自己人一方提供的故事，对于政府提供的故事另一方则表现出排斥心理。因此，政府方面的媒体封闭策略反而可能帮助激进组织的族群动员，丢掉影响地方民众的舆论阵地，让政府的族群治理陷入两难境地。通过媒体开放策略揭露激进组织的行为，有利于化解激进组织借政府治理行动发起的族群动员。当自诩的族群救世主开始袭击族群内民众、对宗教圣地大加亵渎时，那些有可能加入激进组织的个体开始反思激进行为的正当性，从而弱化甚至化解激进组织提倡的献身和殉道思想。

与政府宣传面临的困境相对应的是政府族群治理的目的，其中之一是警告和威慑可能支持激进组织的人员，即参加激进组织将受到严厉制裁。显然静悄悄地处罚是起不到这种效果的，民众也无法知晓政府的行动确实发挥了效果，而由地方政府主导的治理行动有助于化解这一困境。吉尔主导的开放媒体策略，可以帮助民众认识到地方政府有能力逮捕和惩罚违法者，有利于加大政府治理行动的宣传和警示效果。结合利用同族群因素，当地警察力量主导的治理行动还可以在同族群优势方面与激进组织展开竞争。对于当地民众的族群文化和认同来说，当看到媒体呈现的是自己人（同族群警察）在保护他们时，可以减弱或消除激进组织所谓的主体族群压迫宣传，同时减少政府的打击和搜捕行动对当地民众的影响。

正是在此有效的民众宣传策略下，一度在"蓝星行动"后主导锡克宗教事务的"宗教委员会"内部分歧加剧，并按照是否应该武力实现独

---

① Vipul Mudgal, "Black Thunder's Silver Lining", *Hindustan Times*, May 13, 2008, https://www.hindustantimes.com/india/black-thunder-s-silver-lining/story-yuadJLyFw8QlxJscUp3LLN.html.

② 当然，随着直播技术的日益发达，现场镜头的指向和直播时的镜头切换等原因，重新赋予了记者编辑事实的权利，在媒体技术日益进步的今天，采取开放的媒体报道策略的同时如何制定更加详细的传播策略，重新成为政府在制定平息冲突策略和与激进组织争夺当地民心时必须思考的内容。

立目标而很快分裂为两个相互竞争的宗教委员会，锡克问题的意识形态领导力量出现分化。[①] 罗德计划实施期间，激进组织分化为支持和谈派与反对和谈派，"黑色闪电Ⅱ行动"之后所有激进分子都将怨气撒在罗德身上，选择与罗德保持距离，在对待谈判的态度上也统一了立场。除马诺查哈尔（Gurbachan Singh Manochahal）创立的旧五人宗教委员会，一个由索汗（Sohan Singh）领导的新宗教委员会也逐渐开始获得话语权，两者的区别在于索汗在强调复兴锡克教义之外，还明确要求建立独立的锡克国家。[②]

两个委员会代表着锡克极端分离主义思想的不同路径。宗教委员会（索汗派）的骨干力量都出身教育水平相对较高的城市或城乡地带，执行的任务主要针对事先拟定好的目标，虽然也经常造成公众死伤，但在形式上坚持了有区别袭击策略，造成的间接伤害在可解释的范围之内；宗教委员会（马诺查哈尔）的骨干力量则更多来自乡村地区，组织成员大多是文盲和半文盲，他们的冲突策略更加粗放，主要目标是制造尽可能大和多的动乱，贯彻的是彻底的无区别袭击策略。[③] 随着锡克激进组织的内部分化，在进入20世纪90年代初之后开始导致各激进组织之间的激烈竞争，他们之间相互竞争当地政治和宗教资源，在人员招募上也存在竞争，激进分子的组成日益变得鱼龙混杂，这为警方成功打入组织高层创造了条件，激进组织的分化和冲突策略的犯罪化也摧毁了自身的民众基础。

"黑色闪电Ⅱ行动"的积极意义是显而易见的，特别是政府转变媒体策略，使得所谓的卡利斯坦运动被剥去宗教的神圣外衣，并且再也无法恢复到行动之前的水平。至少就行动本身来说，行动计划得到有效执行并且

---

①　Jugdep S. Chima, *The Sikh Separatist Insurgency in India: Political Leadership and Ethnonationalist Movements*, New Delhi: Sage Publications, 2010, pp. 166 – 169.

②　多年来，索汗一直是为激进组织提供理论服务的顾问，在旧宗教委员会成立时扮演了幕后智囊的角色并负责起草了1986年的卡利斯坦宣言，在"黑色闪电Ⅱ行动"之后，索汗开始走到前台，不仅成立了支持自己的全印锡克学生联合会派别，还进一步拉拢了巴巴尔·哈尔萨（the Babbar Khalsa）和卡利斯坦解放力量（KLF）等组织。1988年11月，新的五人宗教委员会正式成立。详见Jugdep S. Chima, *The Sikh Separatist Insurgency in India: Political Leadership and Ethnonationalist Movements*, New Delhi: Sage Publications, 2010, pp. 166 – 169。

③　K. P. S. Gill, "End Game in Punjab, 1988 – 1993", Faultlines, http://www.satp.org/publication/faultlines/volume/articles3_htm.

效果不错，包括吉尔本人也认为"黑色闪电Ⅱ行动"是自己从警生涯的高光时刻之一。当然期望一场有限的警察行动治理成功并不现实，至少在这个时候吉尔与激进分子的战争还远没有到结束的时候，在此阶段族群治理策略的累积效果还需要经过很长时间才能展现。

第五节 "黑色闪电Ⅱ行动"评价

此次黑色闪电Ⅱ行动的现场指挥官是 K. P. S. 吉尔，正如前文所交代的，这是他第一次担任旁遮普警察局局长的经历（1988—1990）。虽然真正让吉尔获得"超级警察"称号的还是他第二任任期（1991—1995），后文将对他第二任任期内的族群治理策略和效果做出详尽展示，但这次行动已经展现了他的一些族群治理理念。与1984年的"蓝星行动"相比，吉尔主导的此次行动的效果很不错，外界报道也普遍认为这是一次成功的行动。行动共击毙43名激进分子，另有67名激进分子选择投降，在实现抓捕目标的同时并没有对金庙造成实质性损害。① 吉尔表示此次行动充分吸取了"蓝星行动"的教训，没有重复印度军方在1984年6月犯下的错误，自己制定的耐心施压（patient pressure）策略取得成功。②

"黑色闪电Ⅱ行动"的另一个成功是开启了普通锡克民众转变对激进分子和政府态度的进程。"黑色闪电Ⅱ行动"在计划阶段就充分考虑了金庙的神圣性和在金庙开展武装行动的敏感性。对于锡克人来说，位于阿姆利则的金庙的神圣性不言而喻。这里是锡克人历史上重大宗教活动的举办地，除了宗教上的重要象征意义，早在印度独立之前金庙就已经成为锡克人政治活动的中心，阿姆利则也因此成为锡克人的政治中心。值得一提的是，虽然寺庙每天都开放，但是在"蓝星行动"之前，印度政府并没有充分考虑平民伤亡问题，甚至都没有能力派人渗透进入金庙收集关于激进分子在内活动的情报。此次行动吸取了之前的教训，在计划和展开行动时

---

① "Indian Commandos Close in on Sikhs"，*The New York Times*，May 18, 1988，http：//www. nytimes. com/1988/05/18/world/indian-commandos-close-in-on-sikhs. html.

② "Sikhs Surrender to Troops at Temple"，*The New York Times*，May 19, 1988，http：//www. nytimes. com/1988/05/19/world/sikhs-surrender-to-troops-at-temple. html.

注重区分激进分子与平民，强调使用最低限度的武力，强调所有参加行动人员必须严守纪律，充分尊重金庙的神圣性，最大限度地降低了对建筑物的损害。

对比"蓝星行动"和"黑色闪电Ⅱ行动"，可以看出来两次行动的效果区别是明显的。与上次"蓝星行动"时的情况不同，此次行动没有对金庙造成破坏。激进分子并没有能在金庙储存足够的物资和弹药，他们无法长期坚守，最终饥渴难耐的激进分子选择投降。在众多摄像机的注视下，激进分子走出来投降，很多人的表现并不英勇，一些激进分子甚至是有说有笑地走出来投降，这一切都暴露在媒体的镜头之下，并通过媒体传达给旁遮普和全国观众。至少在锡克民众看来，这些人的行为举止显然够不上勇士的称号，民众开始发现真正不考虑和尊重金庙神圣性的反而是这些激进分子，是激进分子把金庙作为"人质"来抵抗警察的追捕。锡克民众也注意到，警方在开展打击行动的同时，也照顾和尊重了金庙的神圣性，这进一步加大人们对激进分子的鄙视和对治理行动的支持。

与"蓝星行动"遭到锡克族群一致谴责不同，锡克人对"黑色闪电Ⅱ行动"的看法相对更加客观。最高锡克教寺庙管理委员会发表声明谴责印度政府批准"黑色闪电Ⅱ行动"，并且开除了罗德和其他几个寺庙主事的职务;[1] 但锡克民众对政府行动的支持开始增加，这可以从行动结束后民众对待寺庙修复工作的态度得到反映。对比两次行动后的寺庙修复工作，"蓝星行动"之后印度政府出资进行了修复工作，但是锡克民众对此十分反感，最终他们去除了政府修复的部分，然后自己内部集资和志愿贡献劳力重新做了必要的修复。与此形成鲜明对比的是，"黑色闪电Ⅱ行动"之后，政府的修复工作并没有遭到锡克民众的反对，这可以认为是锡克民众对政府行为合法性的部分肯定。[2]

这次行动还促使了一些比较重要的法案的出台，包括 1988 年 5 月 26日通过并生效的《宗教机构（防止滥用）法案》[the Religious Institutions (Prevention of Misuse) Act]，禁止出于特定政治目的或意图颠覆政府和损

---

[1]　Staff Correspondent, "SGPC Sacks Head Priests", *The Tribune*, May 31, 1988, p. 1.

[2]　Sarab Jit Singh, *Operation Black Thunder: An Eyewitness Account of Terrorism in Punjab*, New Delhi: SAGE, 2002, pp. 158 – 162.

害主权的目的使用宗教机构，同时法案禁止被政府起诉或被判伤害罪的罪犯使用宗教机构作为庇护所，禁止在宗教机构内构筑防御工事。[①] 通过从法律上禁止了任何利用宗教场所从事政治和军事行为，为治理行动提供更多法律支持。[②] 当激进分子不能再合法地利用寺庙进行恐怖活动以后，以前被激进分子作为保护屏障的寺庙高墙，反而成为警察围捕激进分子的铁网。如前文所述，激进分子利用锡克教的宗教设施和人员开展活动，而当局对于进入这些寺庙一直犹豫，害怕出现连锁反应，激发宗教冲突。也就是说，藏身于寺庙的激进分子相当于拥有"免死金牌"，警察对他们无法采取有效措施。但是《宗教机构（防止滥用）法案》颁布后，这种情形就难以合法存在了，激进分子再也不能合法利用锡克教寺庙作为基地，而且法令还解决了政府武装力量进入宗教场所抓捕嫌犯的法律障碍。[③] 可以说"黑色闪电Ⅱ行动"的顺利开展也部分推动该法令的出台。

实际上，《宗教机构（防止滥用）法案》的出台也标志着印度政府在推动族群治理立法和反恐怖活动方面的成效累积逐渐显现。这种努力早在十年前就开展了，旨在为加强联邦和地方两级政府族群治理提供法律依据。例如，《国家安全法》（National Security Act of 1980）允许为着印度的国防安全，可以对特定个人采取预防性的拘捕措施。虽然有评论指出，该法被有针对性地用于阿卡利党和锡克群体，使得后者感受到政治和个人挫折，激进组织认为政府行为是对锡克人的歧视和迫害，也因此从中找到了诉诸武力的理由，也就是说该法的广泛执行反而帮助激进组织扩大了自己的影响力。

《武装力量（旁遮普和昌迪加尔）特殊权力法案》［the Armed Forces（Punjab and Chandigarh）Special Powers Act of 1983］以及《旁遮普骚乱地区法》（the Punjab Disturbed Areas Act of 1983）是相互补充的两项立法，《旁遮普骚乱地区法》使得邦长可以宣布全邦或邦内特定区域为"骚乱地

---

① *The Religious Institutions（Prevention of Misuse）Act*, 1988, September 1, 1988. www. mha. nic. in.

② "India Bans the Political and Military Use of Shrines", *The New York Times*, May 29, 1988, https：//www. nytimes. com/1988/05/29/world/india-bans-the-political-and-military-use-of-shrines. html.

③ Christine Fair, "Military Operations in Urban Areas：The Indian Experience", *India Review*, Vol. 2 No. 1（2003）, pp. 49 – 76.

区"，同时当怀疑特定个人可能危害公共秩序，或违反不能五人或五人以上集会的法令，或携带武器时，授权警方可以最大限度地使用武力。《特殊权力法案》则授权军队可以根据需要使用武力，以确保地方秩序，它还允许武装力量无证逮捕涉嫌或有合理理由造成"可认知的伤害"的嫌犯，和无证进入屋内逮捕嫌犯或预防非法行为。印度政府1992年11月开展的"守护者 Ⅱ 行动"（Operation Rakshak Ⅱ）就得益于《特殊权力法案》。当时旁遮普邦被宣布为骚乱地区，印度政府向当地派驻军队协助文官政府，协助范围包括开展巡逻、建立安全屋、搜查和没收武器及爆炸物、抓捕犯罪分子，同时特别针对激进组织成员及其支持网络。

在《宗教机构（防止滥用）法案》生效后，藏身寺庙不再能获得宗教保护，原先起到保护和隔绝作用的围墙反而把激进分子围困在里面无处可逃，安全部队可以更有效地开展监控和抓捕行动。失去了锡克教寺庙的庇护，由此产生的另一个效应就是1988年以后，极端分子招募成员的能力大不如前，他们也不能继续在寺庙内储备物资和枪支弹药，无法使用电话、电力系统、食物和水。这使得很多极端分子被迫转入乡村，他们的日常行动更多地暴露在村民的视野中，被发现、举报、抓捕和击毙的概率大大增加。

印度政府从"黑色闪电 Ⅱ 行动"获得的经验之一，是印度政府重新认识到温和派发挥主导作用可能带来的好处。但症结仍在于印度政府与旁遮普地方政府之间的联系并不顺畅，即便是在总统管制期间，印度政府与地方温和派对于族群治理策略似乎仍未能统一思想，但与上次温和派消极治理不同，这次需要责怪的是拉吉夫领导的印度政府，因为面对地方政府日益上升的族群治理热情，印度政府却对激进组织采取绥靖策略，甚至尝试与激进组织谈判妥协，寄希望于同激进组织直接谈判来解决问题，这也进一步降低了央地政府之间在族群治理问题上达成协调一致立场的可能性。

但是如果从行动结束后恐怖袭击是否持续来判断的话，"黑色闪电 Ⅱ 行动"并不能算是成功，反而导致了从1986年持续到20世纪90年代初的问题升级，造成的各类人员伤亡急速上升。原因可能包括几个方面。首先，从警方行动规模来看，黑色闪电行动的规模较小，并没有打击到激进组织的核心力量。其次，随后印度政府进入动荡期，在此期间执政的少数政府与地方政府的配合失调，地方政府获得的支持十分有限，甚至不知道下一步是继续治理还是与激进组织妥协。当激进组织加强对当地温和派和普通锡克民众的无区别袭击之时，温和派并不具备足够的能力发挥主导作用，导致激进组织的无区别袭击事件得不到有效惩罚。此时印度政府也并没有下定决心让温和派发挥主导作用。温和派期待的地方选举一再推迟，地方警局一再因为印度政府的政策动摇而无法确定有效工作目标。因此，"黑色闪电Ⅱ行动"结束后，旁遮普的形势并没有好转，反而使得锡克教内的温和派被进一步边缘化，温和派的影响力不断降低，极端分子的影响力升高。[①] 激进分子开始大规模的随机袭击行动，例如在自行车、公交车上安放炸药并引爆，通过制造针对平民的恐怖袭击案件，迫使人们离开城市。

到 1989 年，印度国内政治形势再次发生变化，由于腐败丑闻的持续发酵，反对党再次联合起来组建了联盟准备在当年大选中挑战国大党，拉吉夫和国大党的国内支持率不断走低，败选下台的可能性已经非常高了。回想 1984 年时，拉吉夫还是挟超高民意胜选上任的，国大党在人民院的席位数超过绝对多数（2/3 以上），不到五年拉吉夫和国大党民众支持就降到低点，连简单多数的席位也无法维持。拉吉夫的执政业绩泛泛，在旁遮普问题上也未能取得突破，人民同盟指责拉吉夫和国大党没有能尽力与锡克人协商，导致中央政府在旁遮普丧失权威。为了争取舆论主动权，1989 年 3 月拉吉夫宣布系列"政治让步"措施，包括释放被关押的锡克领导人和加快审理被控参与 1984 年反锡克人骚乱的人员等。[②] 这一举措得到印度国内的肯定，拉吉夫也寄希望以此能缓解一下自己在应对锡克问题上面临的国内压力。

对于锡克人来说，拉吉夫小恩小惠的让步未能回应他们的核心关切。1989 年以后，由于温和派在"黑色闪电Ⅱ行动"中的成功，锡克激进组织开始专门针对敢于发声支持政府和反对独立的温和派，耽于连任选举的

---

　　① Gurharpal Singh, "The Punjab Crisis since 1984: A Reassessment", *Ethnic and Racial Studies*, Vol. 18, No. 3 (1995), pp. 411 –412.

　　② 被释放的锡克人有相当部分是根据《国家安全法》采取的"预防性的拘捕措施"，另有 86 人的案件则转为普通民事案件，参见 Staff Tribune, "Political Package: Many Jodhpur detainees to be freed", *The Tribune*, March 4, 1989, p. 1。

拉吉夫政府并没有投入更多的资源加强温和派的实力。在激进组织加大报复力度之后，旁遮普的政治形势转变，极端思想成为锡克政治的主流，温和派的声音日渐式微。一个可以观察到的现象是，没有一个温和派的代表出席在阿南德普尔萨希布（Anandpur Sahib）举行的锡克传统节日比武大会（holla mohalla）。① 作为对比，比武大会上激进组织开始登场，他们强烈批评阿卡利党领导层，公开要求哈尔萨统治和建立卡利斯坦。② 锡克政治的新进展迫使拉吉夫转变妥协口吻，在接下来的选举策略中重新打出"国家面临危险"的族群牌，这也意味着在选举期间面临执政危机的国大党无法再出台任何大胆措施改变锡克问题的现状，人们不得不等待选举后是拉吉夫继续自己的族群治理试验还是其他领导人上台尝试新策略。

　　值得关注的是，吉尔上任以来代表锡克温和派主导的治理行动取得了一定效果，特别是在"黑色闪电Ⅱ行动"之后，激进分子日益上升的袭击势头得到遏制。1989 年族群治理的伤亡情况可以说明这一成果，1989年被击毙的激进分子数量达到 703 人，是前一年击毙数量（373 人）的两倍多，而这一数字是在抓捕数量下降 1/3 的基础上实现的（1988 年抓捕3882 人，1989 年抓捕 2466 人），也表明在以牙还牙的族群治理策略下，警方的毙敌数量明显上升。③ "黑色闪电Ⅱ行动"后，警方将激进分子驱逐出金庙，这使得后者失去了藏身之所，不得不更多地依靠乡村和民众的庇护，但是民众对于激进组织的支持也开始出现分化，特别是在吉尔上任后对媒体的开放策略，使得媒体在消除激进组织的族群动员效果方面发挥了重要作用。④ 这在短时期内遏制了激进组织对平民造成的伤亡。

　　总体来说，地方温和派族群治理意愿和能力的上升，在短时期内有效地遏制了冲突的发展势头，使得 1989 年成为自锡克问题出现以来比较少

---

　　① 比武大会是由上师戈宾德创建，目的是传承锡克的尚武传统，是锡克教徒的军事技能演习聚会，传统项目一般包括摔跤、比武等，一般是在印度教春节洒红节（Holi）之后一天举行。

　　② "Massive Turnout at Hola Mohala：Conference Re-endorses Khalistan"，*World Sikh News*，March 31，1989.

　　③ Paul Wallace，"Countering Terrorist Movements in India"，in Robert Art and Louise Richardson（eds.），*Democracy and Counterterrorism*（Washington，D. C.：United States Institute of Peace，2007），p. 432.

　　④ Ved. Marwah，*Uncivil Wars：Pathology of Terrorism in India*，New Delhi：Centre for Policy Research，1996，pp. 200 – 201.

见的缓和年份。但是，也正是因为冲突势头被遏制，导致在接下来的时间里，激进组织开始转变行为方式，也正是从这一时期开始，锡克民众的死亡数量开始超过印度教徒的死亡数量，开始成为激进组织无区别袭击的主要受害者。显然，激进组织是希望利用对锡克民众的无区别袭击，来获取更多的资源和威慑民众减少对政府的支持，以突破自身面临的战略困境。

第六节　本章小结

以 1987 年 6 月为转变时间节点，直到 1989 年 12 月，是拉吉夫开始调整其上任前期以来的族群治理策略阶段。拉吉夫上任后采取的谈判策略并没有取得效果，面对日益失控的旁遮普安全局势，印度政府不得不于 1987 年 6 月宣布再次对旁遮普实行"总统管制"。在此情况下，中央政府直接控制地方事务，这解决了央地两级政府之间沟通和合作时可能出现的问题，拉吉夫政府也可以放手让自己选择的地方政府发挥主导作用。族群温和派选择发挥主导作用，也向锡克民众揭露了族群内部关于族群道路选择的严重分歧，同时加剧了激进组织面临的集体行动困境，此时的情形符合研究推论 1 中针对 A6 的情形，即中央政府和激进组织都是使用区别策略，温和派也有动力发挥主导作用，此时的形势是有利于政府治理族群问题的，在温和派发挥主导作用的情况下，激进组织使用有区别袭击的策略扩大民众支持的作用受到限制，当时局势有所缓和。

这段时期内，激进组织打击/袭击方式在悄然发生转变。《拉吉夫—隆格瓦尔协议》的签署给了锡克问题获得政治解决的可能性，阿卡利党将成为锡克族群的救世主，激进组织将没有生存土壤。面对协议出台后锡克民众展现出的积极支持，激进组织转变了袭击策略，开展的无区别袭击越来越多。激进组织希望民众会因为担心无区别袭击而远离政府，从而使政府得出安全形势与民意之间没有关联的结论，让政府主动放弃执行该协议。的确，协议签署之后，旁遮普的动乱形势不但没有稳定，反而进一步加剧，使得拉吉夫政府对于当地形势的判断更加负面和悲观，认为温和派并没有能力控制当地局势，因此与温和派达成的这一纸协议也就失去了意义，最后拉吉夫如激进组织所愿，没有采取有效措施落实协议，温和派的民众基础因而被削弱。但是，激进组织也因为无区别袭击的效果，认为这是一种行之有效的手段，开启了锡克激进组织朝着犯罪化和黑帮化方向转变的进程。在当时没有人知道激进组织对普通民众掀起的犯罪活动何时能达到民众忍受力的临界点，何时才会失去其威慑作用并动摇它们自己的民众基础。

第 七 章

印度政府过渡期与锡克问题

随着国大党未能在1989年印度大选中获胜，拉吉夫·甘地也卸任印度总理，此后的时间里，国大党逐渐丧失此前享有的一党独大局面，印度政党政治进入联盟政治时代。在政治竞争态势转换的这段时间里，其他印度政党并没有能快速顶替国大党的位置，印度人民院也鲜见能够单独控制简单多数席位的政党，多个政党组成的政党联盟上台执政成为印度政党政治的新态势。拉吉夫之后的连续两届印度政府都是少数党执政，它们只能依赖政党同盟甚至外围盟友的支持勉强维持执政，使得它们在内政外交上都面临其他政党的掣肘，在具体议题上不仅要考虑盟党和外围盟友的意见，还不得不在反对党提出挑战时做出常态性的妥协。总体而言，这段时间印度中央政府的执政党（联盟）都没有能完成五年的完整任期，执政时间都很短，中央层面陷入连续的政府更迭，这种情况也冲击到印度政府的旁遮普政策，因为新政府上任后未能熟悉情况和制定完整策略时就已经下台，印度政府治理锡克问题积累的经验和教训并没有得到有效总结，印度政府无法及时应对变化的族群冲突态势，并没能及时回应激进组织的挑衅，当地的族群问题更加严峻。

虽然执政时间较短，但这段时期内印度政府在旁遮普的族群治理策略也体现了一定的领导人个人风格。拉吉夫之后的两任总理维·普·辛格和钱德拉·谢卡尔都是通过政治协商上台，这种注重协商的风格也体现在他们处理旁遮普问题的策略选择上。相对于英迪拉在"蓝星行动"中的强硬风格，和拉吉夫从协商到强硬的风格转换，这两位总理注重协商的领导风格有助于考察领导人风格对于族群治理效果的影响。这两任总理领导的印度政府都试图与地方温和派协调政策，希望推选有力的温和派政府上台；都试图通过举行地方选举的方式，放松印度政府对旁遮普事务的管制，但都由于对地方政治和安全形势缺少信心，担心激进势力反而借助地方选举把持地方事务和增强冲突合法性，最终都不了了之。这也代表了印度政府处理锡克问题上再次尝试政治协商路径，但印度央地两级政府都无法在族群治理问题上有新的建树。

第一节　国大党式微与地区政党的崛起

在旁遮普锡克问题愈演愈烈的这段时间里，印度国内政治也正在经历深刻变化。随着政党竞争的加剧，国大党的式微和地区政党的崛起成为印度政党政治的大趋势，1989 年也成为印度政党政治发展的分水岭之年。1989 年举行的第九次印度大选没有产生单一多数党，人民联盟（Janata Dal，JD）领导的国民阵线组建联合政府执政，开启印度政坛的联盟执政时代。联合政府在印度并不能算是新生事物，在一些地方邦早已有之而且效果不错，增强了地方政党政治的多样性和地方政治的活力，但总体而言在中央层面的实践并不算成功。问题在于联合政府的执政稳定性并不高，先是 1990 年年底人民党分裂，社会人民党（Samajwadi Janata Party，原人民联盟派系）在在野党国大党的支持下组阁，但很快国大党就宣布撤回对社会人民党的支持导致社会人民党下台。

印度的政党竞争大致可以分为三个阶段。第一个阶段是独立后至 1977 年，这段时间国大党处于一党独大位置，宪法第 356 条成为主导政党打压反对党的有力武器，1977 年第六次大选是国大党第一次丢掉执政党位置。第二个阶段是 1977—1989 年，国大党在大多数时间仍保持多数党地位，但第六次大选之后，宪法第 52 条修正案于 1985 年通过，导致政党数量快速增加，影响效果积累到 1989 年的结果是有效政党数量大幅上升。从演变阶段来看，1989 年是印度政党竞争由第二阶段向第三阶段转变之年，但是 1989 年人民联盟上台执政并不是印度第一次出现国大党之外的执政党，1977 年上台的人民党联合政府并没有能完成自己的任期，最终在 1980 年提前解散举行大选，英迪拉领导的国大党强势回归，获得人民院 542 席的 374 席。第三个阶段是 1989—2014 年，联合执政时代来临，最高法院关于限制宪法第 356 条使用的判决大大提高了地方政党执政的稳定性，它们在联邦和地区层次的执政机会也大大增加，联合执政的机制化则使得碎片化趋势更加稳固。

实际上，英迪拉回归之后宪法第 356 条的使用频率仍然很高，仅 1980 年就对九个邦宣布执行总统管制，基本上在整个 80 年代，宪法第 356 条依旧是主导政党打击地方执政党的利器。在这段时间内，地方政党的执政稳定性可谓备受考验。针对宪法第 356 条的滥用问题，印度政府于 1983 年成立了专门的调查委员会，成员包括曾任最高法官的退休大法官萨卡里亚（Rajinder Singh Sarkaria），委员会也因此得名萨卡里亚委员会（Sarkaria Commission），该委员会于 1988 年发布的萨卡里亚报告列举了 247 条建议，其中关于立法问题、邦长角色和宪法第 356 条使用问题提出的建议影响最为深远，为后续 1994 年最高法院做出限制第 356 条滥用的判决奠定了基础。[1]

另外宪法修正案即 1985 年宪法第 52 条修正案，又称作《反脱党法》（the Anti-Defection Law），对于提高地方政党执政机会带来了积极的影响。在此之前，印度各政党都频繁遭受党内议员脱党的困扰，印度国大党更是受害颇深，例如国大党 1967 年的败选，除了反对党团结一致之外，国大党内部议员的脱党行为也是重要原因。[2] 对于执政党来说，在执政期间党内议员不按照党的利益投票甚至反对党的纲领，对政党利益的影响显而易见，特别是在执政党地位比较微弱的情况下，一定数量的党员不按照党的统一纲领投票或者脱党，将直接导致关键纲领无法实施甚至使得执政党失去执政地位。受脱党冲击影响的不仅限于大党，对于地区政党来说，面临的脱党现象尤其严重，据不完全统计，截至法案出台，总共已出现 2700 多个脱党案例。[3] 可以说，脱党行为的普遍性已经影响到印度政治制度的正常运转。

为此，早在 1973 年宪法第 32 条修正案就提出取消脱党议员的资格，

---

① H. M. Rajashekara, "The Nature of Indian Federalism: A Critique", *Asian Survey*, Vol. 37, No. 3 (Mar., 1997), pp. 245 – 253.

② Subhash C. Kashyap, "The politics of defection: The changing contours of the political power structure in state politics in India", *Asian Survey*, 1970, pp. 195 – 208.

③ Stanley Kochanek and Robert Hardgrave, *India: Government and politics in a developing nation*, New Delhi: Cengage Learning, 2007, p. 273.

但该修正案最终没能生效；1978 年，再度提出宪法第 48 条修正案动议，由于当时的人民党执政联盟内部分歧严重，该草案甚至都没有能付诸表决。① 1984 年，英迪拉遇刺事件并没有中断国大党的执政，拉吉夫·甘地反而在民众对甘地家族强烈的同情氛围中强势当选。当时国大党获得人民院 533 席中的 404 席，正是借助此时在议会两院中的绝对多数地位，宪法第 52 条修正案于 1985 年 1 月通过并于当年 3 月生效。第 52 条修正案的主要规定是，议员如果出现以下行为将失去议员资格：（1）主动放弃所在政党党员身份；（2）不按照政党指令投票，除非得到所在政党批准；（3）独立参选议员在当选后加入新的政党。唯一的例外条款是允许集体脱党行为，条件是集体脱党议员人数超过所在政党议员总数的 1/3。② 国大党借助 1984 年大选获得的强势地位解决了困扰其已久的脱党问题，但实际效果却适得其反。

第 52 条修正案原本意在保持大党完整执政，防止内部分裂，主要是通过加大对脱党议员的惩罚力度，使得脱党成本增加，遏制脱党行为的效果也是立竿见影，从这个意义上说，本条修正案有利于执政政党保持政权的稳定性，也有利于所有政党保持党派完整和推行政党纲领。③ 但随后的情况表明本条修正案实际上有利于政党数量的上升。《反脱党法》生效以后，对于之前能相互妥协组建较大政党参选的政治家来说，加入或组建政见观点更多元化的大政党不再具备吸引力。如果说之前其他领导人还可以通过脱党或不同的投票主张向自己的选区表达自己的立场，那么第 52 条宪法修正案则进一步推动了这一另组新党的趋势，促进了碎片化的发展。④ 对于那些之前在一些大党内处于相对边缘化地位的派别和政治家来说，新的法案阻断了他们脱党的道路，因此更倾向于组建自己的政党，而

---

① G. C. Malhotra, "Anti-Defection Law in India and Commonwealth", Published for Lok Sabha Secretariat by Metropolitan Book Co., 2005.

② The Constitution (Fifty-second Amendment) Act, 1985.

③ 欧洲和拉美国家政党政治的发展证明，党内民主的机制化有助于降低碎片化，如果没有适当的挑战党内等级制度和管理党内分歧的机制，碎片化的可能性会上升。在印度，包括国大党在内的很多政党本身缺乏党内民主，党内晋升制度不透明，本身存在的碎片化趋势比较明显。Pratap B. Mehta, "Reform Political Parties First", *Seminar*, No. 297（January 2001）.

④ Csaba Nikolenyi, "Recognition Rules, Party Labels and the Number of Parties in India: A Research Note", *Party Politics*, Vol. 14, No. 2（2008）, pp. 211 - 222.

且由于这些新的政党规模较小但政治主张联系更加紧密，从而降低了政见冲突的可能性，因此日益成为一些政治活动家的新选择。

《反脱党法》提供的集体脱党例外条款在一段时间内促进了政党数量的增加，在此例外条款下，具备当选实力的政治家们更倾向于组建规模相对更小的政党，既有利于减少政见冲突的概率，也有利于保证在政见冲突的情况下更容易凑够例外条款规定的集体脱党人数，从而规避脱党行为可能招致的处罚。[①] 不过，2003 年宪法第 91 条修正案进一步完善了《反脱党法》，取消了原法案提供的集体脱党例外条款。为了规避《反脱党法》，从而在政见冲突的情况下能保持自己的政治主张，对于一些政治家来说，组建规模更小、观点联系更紧密的政党成为更好选择。

总体说来，宪法第 52 条修正案客观上有利于增加地方政党数量，促进了印度政党政治的碎片化进程。印度选举政治的新动向为政治家组建新党提供了新的动力，与 20 世纪 70 年代之前在任政党和领导人通常能更容易重新当选不同，进入 80 年代以来，无论是在中央还是各邦，在选民中出现一种反现任情绪，在任政党和领导人往往难以获得连任，国大党候选人连选胜选不再是必然的结果，这也改变了政党和候选人的选举策略。[②] 特别是对于部分国大党高层领导人来说，当自己选区的利益与党内政策不相符时，盲目跟随党内主张可能导致自己失去选区支持，那么脱离国大党、另组新党就成为自然而然的选择。[③]

---

① Csaba Nikolenyi, "Party System Institutionalization in India", in Allen Hicken, Erik Martinez Kuhonta eds., *Party* System *Institutionalization in Asia: Democracies, Autocracies, and the Shadows of the Past*, New York: Cambridge University Press, 2015, p. 191.

② "反现任"（Anti-incumbency）政治常被用来解释为何印度政治中执政党在连任选举中表现不佳的现象，至少在联邦和各邦层次的选举中，民众的投票体现了比较深重的反现任情绪。数据分析发现，与反对党议员相比，联邦执政党的国会议员和各邦执政党的地方议员在连任选举中的表现相对更差。与此对应的是"蜜月期"（Honeymoon Period）政治现象，即邦执政党候选人在任期早期阶段开始的联邦选举中具有优势，联邦执政党候选人在任期早期阶段开始的地方选举中具有优势，但是蜜月期政治优势持续的时间非常短，在任期两年内这种优势就变成劣势。蜜月期政治是反现任政治另一种形式的体现。参见 Nirmala Ravishankar, "The Cost of Ruling: Anti-Incumbency in Elections", *Economic and Political Weekly*, Vol. 44, No. 10 (Mar. 7 – 13, 2009), pp. 92 – 98。

③ James Manor, "Parties and the Party System", in Atul Kohli ed., *India's Democracy: An Analysis of Changing State-Society Relations*, Princeton: Princeton University Press, 1990, pp. 62 – 98.

　　与大型政党拥有全国范围影响力不同，地方政党对邦一级政府执政权和议会席位的争夺日见成效，为选民提供了国大党之外的政党选择。[①] 底层民众和低种姓群体的参政参选意识上升，他们不再满足于政党所做的表面文章，而是将选票投给那些真正带给他们实惠的政党和政治领导人。主打特定群体牌的政党不断涌现，开始改变之前低种姓群体与高种姓群体之间的纵向恩侍关系（Patron-Client），代之以低种姓阶层之间的横向团结，这也在主要政党周围建立起一个相对完整的政党体系。[②] 例如，大众社会党（BSP）在北方邦的崛起就是如此，长期执政的国大党并没有能及时响应北方邦内日益兴起的贱民群体的政治主张，使得前者代表贱民阶层在北方邦建立强大的民众基础，不仅长期连续赢得邦内选举，并成功地从地方政党走向全国。

　　从锡克问题兴起之初的政党竞争态势可以看出，政治竞争角度在解释冲突得以平息的原因时面临挑战。从 1975 年 6 月持续至 1977 年 3 月的紧急状态结束后，地方政党在印度迎来了一次比较大的发展，无论是在联邦还是地方层次的选举中，地方政党能够获得的席位数和执政可能性都在增加。[③] 此后随着民主体制的恢复，即便是英迪拉在 1980 年后重新胜选上台，但是此时地区政党影响力已经普遍上升，国大党实力相对削弱，印度政党之间实力出现此长彼消的态势，应该说在此背景下阿卡利党迎来了实现政治诉求的更好机会，因此需要解释在具备实现政治诉求的更好条件下，为何此时的锡克问题没有平息，反而是阿卡利党内温和派突然失去影响力，导致问题恶化。

第二节　总理维·普·辛格的少数政府

　　1989 年 12 月第九次印度大选期间，拉吉夫·甘地领导的国大党政府由于深陷腐败传闻，未能如愿连选连任，这也是印度独立以来印度政府第

---

　　① Partha Chhibber, *Democracy without Associations*: *Transformation of the Party System and Social Cleavages in India*, New Delhi: Vistaar, 1999.

　　② Sudha Pai, *Dalit Assertion and the Unfinished Democratic Revolution*, New Delhi: Sage, 2002.

　　③ 谢超：《印度政党政治碎片化的成因和历程》，《国际政治科学》2015 年第 4 期（总第 44 期），第 45—71 页。

二次出现非国大党控制的局面。不过此次大选也没有产生单一多数党，最终人民联盟领导的国民阵线组建了以维·普·辛格总理为总理的少数政府（1989年12月2日—1990年11月10日）。但人民联盟本身是一个松散的政党联盟，并且在人民院的席位数远未过半数，最终是在席位数排名第三的印度人民党的支持下，才组成了印度第一个少数政府上台执政。① 由于缺少足够的议会席位支持，在地方执政也不具备优势，此时的人民联盟在内政外交问题上都深受到其他政党掣肘，执政面临很大压力。② 在国内安全问题方面，维·普·辛格面临如何处理印控克什米尔地区和旁遮普邦愈演愈烈的族群冲突。

作为少数政府，尽管在内政外交上遭遇系列难题，但在旁遮普问题上，维·普·辛格总理上台后一度展现出将采取切实政策解决问题的姿态，上任后不久就来到阿姆利则访问并参观了金庙，表示将尽快结束印度政府在旁遮普邦的"总统管制"，这次访问也因此被誉为一次释放善意之旅。维·普·辛格明确表示，从印度军队被遣返的锡克士兵都将由政府安排工作，同时承诺重新评估在押的锡克人案件。③ 维·普·辛格是印度教徒，他在访问时表达了对族群间关系对峙的关切，众多政党领导人参加了这次访问，但是关键的阿卡利党和最大的反对党国大党并没有派代表出席，而是选择保持一定距离，这让人们怀疑维·普·辛格政府能否在旁遮普问题上统一国内意见。

维·普·辛格政府认为拉吉夫后期的强力打击策略无法带来和平，因此希望寻求谈判解决，谈判的对象无非就是影响力日益上升的曼恩及阿卡利党（曼恩派）。随着极端思想再次抬头，一度较前期有所缓和的冲突形势也开始重新出现升级势头。曼恩崛起后，各种极端思想的人都开始聚集在他麾下，把他作为新的领导人，媒体也追逐他，寻求他对锡克问题和激

---

① 1989年印度大选，在人民院全部545个席位中，国大党获得197席，人民联盟获得143席，均未过半数，印度人民党排名第三，获得85个席位。

② 例如，当时的系列外交问题上，政府的政策选择受到在野党的强大压力。参见谢超《国内观众成本与印度国际危机谈判行为》，《外交评论》2016年第6期，第105—130页。

③ "India's Premier Offers Concessions to Sikhs", *The New York Times*, January 12, 1990, Section A, Page 11, https：//www.nytimes.com/1990/01/12/world/india-s-premier-offers-concessions-to-sikhs.html.

进分子的看法。曼恩也基本上接受了激进组织的观点，提出要按照《阿南德普尔萨希布决议》的文本意义，让锡克人在印度联邦范围内拥有自治权。[①]

1989 年的大选还见证了多个阿卡利党派别的兴起，主要受益者是曼恩（Simranjit Singh Mann），这位前警察局官员由于被控牵涉英迪拉·甘地被谋杀一案，一直被关押在监狱里，但其所领导的曼恩派已经在刚结束的印度大选中大胜，赢得了旁遮普邦的多半人民院席位，包括他本人、谋杀甘地夫人的两名锡克教警卫的父亲和遗孀都当选。苏尔吉特和巴达尔这两位前首席部长领导的两个派别则两手空空，一无所获，两相对比之下，与政府合作将近两年的温和派政府并没有收获民众支持，反而因为被指责维护锡克人利益不力而被民众抛弃，获得的民众支持日益减少。曼恩派虽然不是地方议会的多数席位，至少也使得双方的接触有了某种程度的合法性。

为了表明自己的姿态，印度政府释放了关押的部分激进分子，但是即便如此，双方谈判并没有达成一致协议，尤其是印度政府无法满足曼恩派提出立即举行地方选举的要求。[②] 在这个分离主义思想上升时期，印度政府有充分理由担心地方选举只可能让更多同情激进组织的人员当选，甚至这些人有可能拥有足够的票数，在地方议会通过一份同意独立的法案。[③]这是印度政府和人民院各主要政党不愿意看到的局面。实际上，曼恩一直在推行民族自决和全民投票解决锡克独立问题，希望说服各激进组织能派代表加入与印度政府的谈判，但由于他们不接受独立以外的其他选项，因此曼恩一直未能如愿。

这和以前的谈判情节类似，面对锡克人的谈判诉求，印度政府无法做出让步，因为这关系印度政府执政党的政治生存问题，由此一来，锡克温

---

① J. S. Grewal, *The Sikhs of the Punjab* (Revised Edition), New York: Cambridge University Press, 2008, p. 236.

② Prem Mahadevan, "The Gill Doctrine: Model for 21st Century Counter-terrorism?", Faultlines, Volume 19, April 2008, http://www.satp.org/satporgtp/publication/faultlines/volume19/article1.htm.

③ Jugdep S. Chima, *The Sikh Separatist Insurgency in India: Political Leadership and Ethnonationalist Movements*, New Delhi: Sage Publications, 2010, pp. 187 – 188.

和派无法说服或通过民意迫使激进组织接受一个妥协方案。这次的情况也是如此，而且由于印度政府执政的少数政府，还需要印度人民党（BJP）和印度共产党的支持，在内政外交上的决策都受到很大的牵制。在如此重大的问题上，维·普·辛格领导的少数政府无法做出任何妥协。进一步制约印度政府的是当时印度与巴基斯坦就克什米尔的冲突更加尖锐，包括1990年1月13日印度警察在印控克什米尔地区对支持独立的抗议人群开枪造成50人死亡，这引发了巴基斯坦方面的强烈谴责。维·普·辛格政府被迫采取强硬政策，外围盟友印度人民党也主张印军应跨过实际控制线打击在巴基斯坦境内的训练营地。[①] 重压之下，印度政府开始在边境地区进行大规模军事动员，巴基斯坦则暗示将动用核武器应对印军可能的入侵。[②] 事件很快发展为边界的大规模军事对峙，由此演变为1990年印巴危机。

面对危机中巴基斯坦方面发出的核威胁，前总理拉吉夫·甘地的话语中暗示了印度秘密发展的核武器项目："我知道可以采取哪些措施。我也知道还可以动用哪些备用手段和能力。问题是，我们现在的政府有那个胆量吗？"[③] 前总理话里话外的暗示给了现政府巨大的压力，在4月10日面对议会的质询时，为了回应反对派的指责和表明政府"不再软弱"，维·普·辛格总理表示，政府已经"从心理层面开始应对战争"，如果巴基斯坦部署核武器的话，"我想我们别无选择，只有针锋相对"。[④] 印巴双方都暗示动用核武器的强硬姿态无疑大大加剧了边境对峙的紧张局势，危机不断升级。

在这样的大背景下，维·普·辛格政府此时已经疲于应付内外交困的

---

① P. R. Chari et al, *Perception*, *Politics and Security in South Asia*: *The Compound Crisis of 1990*, London: RoutledgeCurzon, 2003, p. 61.

② Seymour M. Hersh, "A Reporter At Large: On the Nuclear Edge", *New York Times*, March 29, 1993; Devin T. Hagerty, "Nuclear Deterrence in South Asia: the 1990 Indo-Pakistani Crisis", *International Security*, 20 (Winter 1995 – 6), pp. 79 – 114.

③ David Housego, "India Urged to Attack Camps in Pakistan Over Strife in Kashmir", *Financial Times*, April 9, 1990.

④ David Housego and Zafar Meraj, "Indian Premier Warns of Danger of Kashmir War", *Financial Times*, April 11, 1990; "VP Urges Nation to Be Ready as Pak Troops Move to Border", *Times of India*, April 11, 1990.

局面，根本无暇关注旁遮普问题。面对锡克激进组织在旁遮普日益高涨的袭击态势，印度政府并没有能力及时调整在锡克问题上的应对策略，甚至无暇督促地方政府加强安全防范工作。总体上说，在印度政府层次，此时的少数政府只能被动地承袭拉吉夫后期形成的族群治理策略。联邦层次的动荡，也影响了地方政府形成一个长久稳定的族群治理计划，间歇开展的松散治理行动并不足以构成对激进组织的实质打击。

政府方面的治理行动变得松散，旁遮普的局势变得更加紧张。1990年4月13日，曼恩表示支持在旁遮普邦举行全民公投作为解决锡克问题的唯一方案，而一直以来这是印度政府坚决否定的方案，因为考虑到旁遮普当时的严重族群对立情绪，这基本上与公开宣布支持独立无疑。曼恩的表态加剧了当地紧张局势，因此尽管维·普·辛格之前已经表示要尽快结束印度政府在旁遮普的"总统管制"，但最终还是不得不宣布"总统管制"将再延长6个月，而原定于5月举行的地方选举也被推迟到10月份。但这还不是最糟糕的，鉴于旁遮普的局势恶化，很快维·普·辛格就被迫宣布再次推迟10月的地方选举，"总统管制"也将再次被延长6个月。

维·普·辛格不得不一再违背自己要尽快结束印度政府在旁遮普"总统管制"的诺言，因为几乎所有的全国性的政党，包括国大党、印度人民党和印度共产党都反对按时举行旁遮普地方选举，原因在于他们担心选举结果会有利于锡克激进组织，届时旁遮普将出现一个赞成建立"卡利斯坦"的地方议会，印度政府和任何全国性政党都不希望看到如此局面。

面对国内民众高昂的反巴基斯坦情绪，印度政府虽然被迫采取强硬措施，但缺乏执行到底的政治意愿和能力。最终在美国的斡旋下，冲突双方都从战争威胁中退让，并于6月底之前撤军。印度政府旋即宣布，鉴于巴方已经同意关闭境内的激进分子训练营，因此印方是在谈判诉求得到满足的情况下才撤军。但是在外界看来，整个事件过程中，巴方的核威慑充分吸引了国际社会的关注，并遏制了印方的入侵威胁，最终是印度被迫从边境撤去大部分军队。① 印度政府在危机中的表现备受各方指责，尤其是在

---

① Devin T. Hagerty, "Nuclear Deterrence in South Asia: the 1990 Indo-Pakistani Crisis", *International Security*, 20（Winter 1995 – 6）, pp. 79 – 114.

危机缓和过程中印度方面做出的实质让步，并没有得到其执政党外围盟友的认可，这也成为导致维·普·辛格政府解散的最后一根稻草，最终执政联盟被迫解散。

第三节　总理钱德拉·谢卡尔的少数政府

组阁不久的人民联盟政府本就立足未稳，而且随着印度人民党与执政的人民联盟之间的嫌隙加大，最终印度人民党很快就宣布不再支持后者，执政联盟很快就被迫解散，维·普·辛格总理下台，把旁遮普问题的烂摊子留给了继任者。随后提前举行的第十次大选中，上台执政的钱德拉·谢卡尔（Chandra Shekhar）政府的执政时间甚至比维·普·辛格还短，从1990年11月10日到1991年6月21日，总共只有不到七个月的时间。

谢卡尔一直梦想成为印度总理，但这个梦想的实现经历了数番波折。在紧急状态结束之后，谢卡尔就成为各反对党组建的反国大党联盟人民联盟的主席，原本有很大希望成为印度总理，但最终人民联盟内部妥协的结果是莫拉尔吉·兰奇霍季·德赛（Morarji Ranchhodji Desai，1977年3月24日—1979年7月28日担任印度总理）。这也导致谢卡尔失去了一次非常好的实现梦想的机会。在蛰伏了十年之后，谢卡尔再次看到圆梦的可能。1988年，谢卡尔加入查兰·辛格领导的反对党联盟，但最终在胜选后查兰·辛格亲自出任总理。在人民联盟政府解散后，谢卡尔趁机宣布脱离人民联盟，另组新党社会人民党（Samajwadi Janata Party），并赢得了人民院64位原人民联盟议员以及前总理、时任国大党主席拉吉夫·甘地的支持，最终通过了人民院的信任投票，获得组建新一届印度政府的权力。① 可以说，数次竞争总理宝座失败的谢卡尔发挥了屡败屡战的精神，并最终成为维·普·辛格之后的印度第八任总理。但是谢卡尔政府的不稳定性也是显而易见的，社会人民党在人民院并没有足够的席位，国大党提供了关键的外围支持，作为老牌执政党，国大党会寻找一切机会重返执政地位。谢卡尔政府的执政稳定性甚至比不上维·普·辛格，因为谢卡尔的政府是一个更加松散的联盟，只不过是依靠国大党的支持才组建了少数政

---

① "Rival of Singh Becomes India Premier", *New York Times*, November 10, 1990.

府，两者的结合更加脆弱，也就是说谢卡尔政府的存续仰仗国大党的鼻息。

1990 年 12 月，刚刚上任的谢卡尔命令边境部队加强印巴边界印度旁遮普一侧的巡逻，严防武装人员渗透和武器走私活动，同时为了加强自身在旁遮普问题上的政策影响力，谢卡尔撤换了旁遮普邦长。随后谢卡尔继续维·普·辛格的和谈路线，强调希望通过对话的方式解决旁遮普问题，而且愿意与所有锡克团体会谈。① 谢卡尔指示新上任的旁遮普当局与包括激进组织在内的各锡克力量进行接触，而且强调即将开始的谈判是不预设任何前提条件的，谢卡尔甚至暗示如果可能的话，他愿意主导修订宪法以满足锡克人的部分诉求。鉴于曼恩不断上升的影响力，1990 年 12 月底，谢卡尔与曼恩开始了秘密谈判。

曼恩组建的阿卡利党（曼恩派）正在巩固自身在锡克民众中的影响力，特别是当曼恩推举的候选人击败托赫拉赢得最高锡克教寺庙管理委员会主席竞选之后，之前执政的巴达尔派和隆格瓦尔派也选择与曼恩派合并，曼恩俨然已经成为锡克各派别的共主。其实谢卡尔的成功概率看起来还要高一些，因为这次他开始与阿卡利党包括隆格瓦尔派、巴达尔派和曼恩派的三大主要派别代表谈判，理论上扩大了接触的谈判对象的范围，而且当时两大宗教委员会之一也同意了曼恩派与印度政府的此次接触，但是这些纸面上的有利条件最终也只是停留在纸面上而已，谢卡尔面临的阻碍与他的前任们并无本质区别。

在曼恩提交给谢卡尔的一份秘密备忘录中，曼恩并没有提及如何在印度宪法框架内解决旁遮普问题，而是强调锡克人"自决的权利，以保护自身的宗教、政治和文化属性"，而之前在《阿南德普尔萨希布决议》和《拉吉夫—隆格瓦尔协议》等文件中体现的帮助锡克人融入印度联邦的内容被全部否定，取而代之的是由联合国监督的地方选举将决定锡克人与印度联邦的关系。② 谢卡尔的印度政府对于曼恩在备忘录中提出的要求反应

---

① K. P. S. Gill, "Endgame in Punjab: 1988 – 1993", Faultlines, Vol. 1 No. 1 (1999), http://www.satp.org/publication/faultlines/volume/articles3_htm.

② Gurharpal Singh, "The Punjab Crisis since 1984: A Reassessment", *Ethnic and Racial Studies*, Vol. 18, No. 3, 1995, pp. 142 – 143.

相对谨慎，强调不会损害国家领土完整和任何解决方案都应该在印度联邦框架范围内，但他也没有立刻表示强烈反对，相反谢卡尔表示与曼恩达成的协议，必须被包括激进组织在内的锡克各方力量所接纳。

考虑到维·普·辛格因为激进组织始终未参与谈判而导致与锡克人的谈判无法开花结果的教训，谢卡尔寻求与激进组织直接对话的机会，甚至开始私下与一些激进组织举行会谈，商谈在印度宪法框架内寻求解决方案的可能性。根据媒体后来的调查报道，谢卡尔当时接触的激进组织至少包括宾德兰瓦里猛虎组织（Bhindranwale Tiger Force）、卡利斯坦解放力量（Khalistan Liberation Force）和宗教委员会主席索汗·辛格（Dr. Sohan Singh，Head of Panthic Committee）。[①] 时任旁遮普警长吉尔被要求联系相关组织进行会谈，但是在会谈时激进组织提出的第一个要求就是政府必须先解除吉尔的警长职务。[②] 吉尔强硬的族群治理策略让激进组织和同情激进组织的势力愤恨不已。不出意外，吉尔被解职后的旁遮普警方减缓了对激进组织的抓捕和打击，但是谢卡尔与激进组织的秘密谈判未能取得任何成果，印度情报机构指责巴基斯坦方面不希望看到印度政府与旁遮普激进组织达成和平协议，因为1990年印度与巴基斯坦在克什米尔地区的军事对峙和冲突仍在持续。当然，这是印度情报机构一厢情愿的指责，更主要的原因还在于谢卡尔无法在国内形成统一意见。

总体来看，谢卡尔在解决锡克人问题上遇到的障碍与他的前任们并没有本质的不同，印度政府无法做出主权方面的让步，而激进组织坚持独立，双方无法达成一致。在谢卡尔与锡克当地温和派和激进组织的几次秘密会谈中，锡克方面的代表，无论是激进组织还是温和派都倾向于尽快举行地方选举。谢卡尔没有能在如此短的时间内施展自己的内政外交纲领，甚至在都没能来得及向议会提交任期内唯一遇到的财政预算法案。随着国大党宣布撤回对谢卡尔的支持，社会人民党不得不于1991年3月8日就宣布解散联合政府并提前举行大选，在新政府产生之前，谢卡尔担任看守

①　"Revisiting Punjab's Secret Search for Peace"，*The Hindu*（Chennai，India），October 1，2007.

②　1990年12月18日，吉尔被解除在旁遮普的一切职务，征调回德里任职。K. P. S. Gill，"Endgame in Punjab: 1988 – 1993"，Faultlines，Vol. 1 No. 1（1999），http：//www. satp. org/publication/faultlines/volume/articles3_htm.

政府总理。尽管如此，谢卡尔仍希望在旁遮普问题上留下印迹，因此在选举委员会宣布提前举行大选之际，谢卡尔向选举委员会建议当年的 6 月 22 日在旁遮普邦和阿萨姆邦举行地方选举。① 在地方局势并不明朗的情况下开启选举进程，在地方激进势力猖獗的情况下做出这个决策是非常冒险的。

两个派别的宗教委员会中，马诺查哈尔派决定参加，而索汗决定抵制。各个锡克派别都急于推出自己的候选人，根据吉尔掌握的数据，在全部参选的 2146 名候选人中，211 人有着明确的激进组织背景（其中 34 人仍被关押），41 人有案底（涉嫌政治暗杀、绑架和谋杀），48 人是在册恐怖分子的亲属。② 激进组织也利用地方选举造势的机会公开活动，很多候选人明确拒绝警方提供的安全保护，坚持自己负责个人的安全保障，他们在大批激进分子的武装保护之下开始在旁遮普四处活动。面对推广锡克独立理念的大好机会，此前选择抵制的索汗派也加入选举，反对独立的候选人面临各种人身安全威胁，在选举之后的旁遮普，地方政治俨然已经被激进势力主导。

谢卡尔的有关决策未能得到国大党的支持。此时在野的国大党也有自己的考虑，他们特别担心地方选举之后在旁遮普出现一个极端派控制的民选政府，局势将更加不利于印度政府。而国大党当时已经着眼于未来，毕竟只要国大党撤销对谢卡尔政府的支持，就将举行新一轮大选，总理宝座落入国大党手中的可能性很大。事实也的确如此，谢卡尔的总理任期最终只持续了七个月的时间，在印度历史上他的总理任期只比查兰·辛格（Charan Singh，1979 年 7 月 28 日—1980 年 1 月 24 日担任印度总理）更长，查兰·辛格的总理任期只有不到五个时间，是印度历届总理中任期最短的。当时的政治局势已经表明谢卡尔政府难以为继，大选很快就会提前举行并产生新的政府，而且经过连续两届少数政府执政不利的情况，此时全国选情有利于国大党。顾及妥协和退让政策可能对自身选情产生冲击，

---

① Gurharpal Singh, "The Punjab Crisis since 1984: A Reassessment", *Ethnic and Racial Studies*, Vol. 18, No. 3, 1995, p. 417.

② K. P. S. Gill, "Endgame in Punjab: 1988 – 1993", Faultlines, Vol. 1 No. 1 (1999), http://www.satp.org/publication/faultlines/volume/articles3_htm.

以及不希望由谢卡尔来主导未来一段时间内的旁遮普政策走向，因此国大党最终施压，叫停了这次计划中的旁遮普地方选举，尽管时任内政部部长表示他和看守总理谢卡尔对此毫不知情。[①] 联邦层面执政党走马灯式的更换，也为印度政府执行一个稳定持续的锡克问题策略带来了挑战，当地局势仍在不断恶化。

第四节 激进组织的碎片化与犯罪化

在"蓝星行动"之后，锡克问题持续升级。尽管宾德兰瓦里被警方击毙，但在尖锐的族群对立关系之下，不断有新的激进组织成立，他们也成为导致这一段时间族群问题恶化的主力军。在宾德兰瓦里时期即冲突初期，它们是有着相对一致的意识形态追求的，即建立卡利斯坦，而且激进运动也是在一个相对核心的领袖即宾德兰瓦里的领导下的，并不是一盘散沙。在宾德兰瓦里强调区别打击的策略下，锡克分离主义势力得到锡克民众的支持是不断增加的。但是随着宾德兰瓦里在 1984 年的蓝星行动被政府军击毙，锡克问题不再拥有意识形态的统一领导人。随着锡克问题愈演愈烈，越来越多的武装派别开始出现，但是各组织各自为战。一场追求锡克人独立自治运动转变为一场寻求私利的你争我斗的帮派斗争。在一场原本要为锡克民众争取独立的运动中，锡克民众反而成为最大的受害者，暗杀、绑架、纵火等袭击行动层出不穷，参加各种武装组织的激进分子也成为当地民众眼中的"犯罪分子"，可以说激进组织的犯罪化及其对族群内民众的激进袭击行为，让自身开始失去赖以生存的民众基础。

激进组织转变行为方式也使得本地民众逐渐减少对激进组织的支持。宾德兰瓦里时期，激进组织的袭击规模和对象都相对比较有限，主要对象是公开的尼朗迦利斯派及其支持者、被激进组织谴责为对锡克人实行

①　据信是因为当时的印度议会选举形势有利于国大党，因此选举委员会决定听取在野的国大党意见，取消此次旁遮普的地方选举。旁遮普的这次地方选举原定于 1991 年 6 月 22 日举行，而选举委员会做出决定的时间是此前一天，即 1991 年 6 月 21 日，相当于是最后时刻取消旁遮普地方选举，而这一天，也是谢卡尔卸任总理的日子。参见 J. S. Grewal, *The Sikhs of the Punjab* (Revised Edition), New York：Cambridge University Press, 2008, p. 237。

"恐怖"打击的警员，以及公开反对锡克事业的高级别政治领导人。因为袭击对象有限，袭击规模相对来说较小，因此需要的武装人员数量相对有限，侧面证据来自当时宾德兰瓦里建立的专门暗杀队伍只有十几个人，大部分的定点暗杀都发生在旁遮普邦。[①] 当然，信奉宾德兰瓦里理念的其他锡克极端分子也独自开展了一部分袭击活动，但是相对后期的冲突水平和规模来说仍是十分有限的，此时的冲突行为方式属于比较典型的区别策略。得益于此，居住在乡村的普通锡克民众并没有受到太多的负面影响，自身的财产和人身安全还是有保证的。

但是从80年代末开始，形势有了巨大的变化。武装组织的数量激增，他们在基层的头目人数也急剧增加，而且他们不仅因为卡利斯坦事业而与政府进行武装战斗，不同组织的基层人员相互之间也在进行武力竞争。这些组织新招募的武装人员对于锡克分离运动的忠诚度也各不相同，很多人加入激进组织是出于私人恩怨、帮派斗争或者是亲人之间的裙带关系，这些因素的加入使得激进组织之间的相互争斗日益向基层农村地区蔓延，普通锡克民众的人身财产安全日益受到威胁。[②] 激进分子珍视的卡利斯坦事业陷入恶性循环，为了弥补自身族群动员动力下降，它们不得不更多地依靠恐吓袭击手段获取维系自身生存和日常行动开支的资源。

到20世纪90年代初，普通民众不断成为激进组织袭击的针对目标，使得更多的民众逐渐不再支持激进组织。政治方面，极端分子对温和派的袭击加强了温和派精英的合法性，他们也更愿意与印度政府合作，这有利于他们从极端势力手中夺回政治影响力。经济方面，传统上旁遮普就是印度富庶地区，如今冲突造成的经济停滞已经持续多年。宗教文化方面，1991—1992年，激进组织加大了对锡克教族群的政治专制统治，受到影响的印度教徒与温和锡克教徒越来越多。分离势力通过锡克教民族主义来争取农村人口的支持，但是由于锡克教文化，特别是贾特人传统中强调多元主义，使得锡克教内部派别林立，无法形成一个统一的合力，即内部不

---

①　Jugdep S. Chima，"The Punjab Police and Counterinsurgency against Sikh Militants in India"，in C. Christine Fair and Sumit Ganguly eds.，*Policing Insurgencies：Cops as Counterinsurgents*，New Delhi：Oxford University Press，2014，p. 263.

②　Stathis N. Kalyvas，"The Ontology of 'Political Violence'：Action and Identity in Civil Wars"，*Perspectives on Politics*，Vol. 1 No. 3 （2003），pp. 475–494.

同派别之间的竞争削弱了激进组织团结和吸引更广大人群支持的能力。①

到 20 世纪 80 年代末和 90 年代初，有很多证据显示这场族群分离主义运动已经相当程度的"犯罪化"，即很多投机分子加入和对个人私欲私利的追逐，已经脱离原本的意识形态主线，成为大规模的对锡克平民犯罪的运动。随着激进组织的犯罪化和组织之间的火并内斗加剧，很多成员被迫或在失望之余离开旁遮普，或者不停变换栖身的组织。这使得政府可以更容易地渗透进激进组织获取有价值的情报。在这一时期，旁遮普活跃着的主要锡克激进组织有好几个，他们的目的各不相同，有的是纯粹追求宗教的纯洁性，有的是为了针对异教徒，有的是为了独立建国，相互之间实际上呈现一种微妙竞争态势。主要的卡利斯坦激进组织有四个，包括巴巴尔·哈尔萨、宾德兰瓦里猛虎组织、卡利斯坦突击队和卡利斯坦解放力量。

巴巴尔·哈尔萨国际（Babbar Khalsa International，BKI）：以"巴巴尔·哈尔萨"为国际社会所熟知，其名称来源于 20 世纪 20 年代锡克人反抗英国殖民统治的巴巴尔阿卡利运动。巴巴尔·哈尔萨于 1978 年成立，与前文提到的宾德兰瓦里与尼朗迦利斯派的冲突有关，其创始人阿玛吉特（Bibi Amarjit Kaur）的丈夫法乌贾·辛格在冲突中被杀，阿玛吉特接任了法乌贾在 Akhand Kirtani Jatha 的领导地位，巴巴尔·哈尔萨也因此被认为是 Akhand Kirtani Jatha 的分支机构。人们相信阿玛吉特成立该组织的目的主要是向包括尼朗迦利斯派等所谓异端复仇。② 1981 年成立，在加拿大、德国和印度本土都有分支机构。巴巴尔·哈尔萨也致力于实现卡利斯坦，但不如其他激进组织那样专注于卡利斯坦目标，反而更多地卷入锡克内部宗教矛盾。巴巴尔·哈尔萨更多地专注于宗教目标，希望迫使锡克民众严格按照锡克教义生活。③ 这使得巴巴尔·哈尔萨与其他锡克激进组织有所区别，因为在对待日常生活与遵守锡克教教义方面，其他激进组织都开始

① 关于锡克激进组织之间的竞争，可参看美国人类学家 Joyce Pettigrew 的实地调研著作，Joyce Pettigrew，*The Sikhs of the Punjab：Unheard Voices of State and Guerrilla Violence*，London：Zed Books，1995。

② C. Christine Fair，"The Golden Temple：A Tale of Two Sieges"，in C. Christine Fair and Sumit Ganguly eds.，*Treading on Hallowed Ground：Counterinsurgency Operations in Sacred Spaces*，New Delhi：Oxford University Press，2008，p.41.

③ Joyce Pettigrew，*The Sikhs of the Punjab：Unheard Voices of State and Guerrilla Violence*，London：Zed Books，1995，pp.71 – 75.

或多或少地做出一些妥协，以适应现实生活的需要或应对现代文明带来的挑战，巴巴尔·哈尔萨是唯一仍坚持严格遵循古老锡克教哈尔萨兄弟会规则的组织。

在 1983 年之前，该组织成员的活动都比较低调，组织成员主要来自退役锡克军人、警察和一些宗教极端组织。在"蓝星行动"中，巴巴尔·哈尔萨遭受比较严重的打击，但仍然得以生存下来。① 巴巴尔·哈尔萨最臭名昭著的是制造印度航空 182 号航班坠毁事件，1985 年 6 月 23 日，一架由加拿大经停英国前往印度的波音 747—237B 型客机，在爱尔兰以南的大西洋中坠毁，全机 329 人罹难，后来的调查确认坠毁事故是巴巴尔·哈尔萨送上客机的炸弹爆炸导致的。这是"9·11"恐怖袭击发生以前死亡人数最高的炸弹袭击事件，也是有史以来单一飞机空难造成死亡人数最多的恐怖袭击。1992 年，巴巴尔·哈尔萨发生分裂，帕尔马尔（Talwinder Singh Parmar）建立了自己的巴巴尔·哈尔萨派别，主要在欧洲活动。② 在吉尔后来掀起的"保护者行动"中，巴巴尔·哈尔萨遭受重创，组织领导人包括苏克德·辛格（Sukhdev Singh）在 1992 年 8 月 9 日被击毙；10 月 15 日，帕尔马尔（Talwinder Singh Parmar）在一场遭遇战中被印度警方击毙。时至今日，巴巴尔·哈尔萨在美国、加拿大、英国等欧洲国家和巴基斯坦仍有活动。

宾德兰瓦里猛虎组织（Bhindranwale Tigers Force of Khalistan，BT-FK）：1984 年由马诺查哈尔（Gurbachan Singh Manochahal）创立。马诺查哈尔是后来成立的代表极端锡克思想的五人宗教委员会（Panthic Committee）的核心人物，1988 年淡出宗教委员会之后，他开始专心在宾德兰瓦里猛虎组织的领导工作。该组织后来也发展成为最激进、最危险的激进组织之一，1991 年，宾德兰瓦里猛虎组织与卡利斯坦解放力量等一起，参与了前总理谢卡尔与激进组织在卢迪亚纳的秘密谈判。③ 但是这些谈判没

---

①　Ranjit K. Pachnanda, *Terrorism and Response to Terrorist Threat*, New Delhi：UBS Publishers, 2002, pp. 98 – 99.

②　"Babbar Khalsa International", South Asia Terrorism Portal (SATP), Retrieved on December 5, 2019, https：//www. satp. org/satporgtp/countries/india/states/punjab/terrorist_outfits/BKI. htm.

③　Martha Crenshaw, ed. *Terrorism in Context*, Pennsylvania State University Press, 1995, p. 394.

有达成任何有意义的结果，印度情报部门指控巴基斯坦破坏了此次秘密谈判，当时印巴正就克什米尔问题频发冲突。吉尔上任后，旁遮普警方曾经悬赏 300 万卢比抓捕马诺查哈尔，这个金额也是当时对所有激进组织首要分子悬赏中赏金最高的。1993 年 3 月 1 日，马诺查哈尔被击毙。[①] 外部对于该组织的了解很少，但据信宾德兰瓦里猛虎组织主要有两大派别，包括马诺查哈尔派和苏克万德（Sukhwinder Singh Sangha）派，马诺查哈尔被警方击毙之后，苏克万德接任组织头领但最终被警方击毙。

卡利斯坦突击队（Khalistan Commando Force，KCF）：1986 年 8 月成立，领导人是曼比尔·辛格（Manbir Singh），但是很快曼比尔就被旁遮普警方逮捕并下落不明，后来苏克德（Sukhdev Singh）继续领导该组织，不过随后卡利斯坦突击队分裂成几个不同的派别。卡利斯坦突击队主要的袭击对象是印度政府安全部队和警察，同时还针对印度教徒和反对卡利斯坦运动的锡克人。该组织主要是通过绑架勒索和抢劫银行等手段获得行动经费，同时该组织从巴基斯坦大规模走私武器。整体来看，卡利斯坦突击队是各个激进组织中组织程度和武器装备水平比较高的，成员的军事训练能力相对较高，在大规模行动中也愿意与其他组织进行协调，是锡克激进组织中威胁最大。但是在"黑色闪电行动"中，卡利斯坦突击队的行动能力遭受重创。[②] 后文对此也有专门描述。卡利斯坦突击队被指控于 1995 年刺杀了旁遮普首席部长毕安特。[③] 毕安特遇刺身亡与锡克激进组织的报复袭击有关。毕安特力主强力族群治理并全力支持了警察局长吉尔的族群治理计划，并最终在 1994 年实现了治理成功的目标。在基本治理成功之后，卡利斯坦突击队继续在海外保持活动，但随着印度政府继续将卡利斯坦突击队列为恐怖主义组织并严加管控和打击，卡利斯坦突击队发动袭击能力已经大大下降。

---

① Cynthia Keppley Mahmood, *Fighting for Faith and Nation: Dialogues with Sikh Militants*, University of Pennsylvania Press, 1996, p. 159.

② Ranjit K. Pachnanda, *Terrorism and Response to Terrorist Threat*, New Delhi: UBS Publishers, 2002, pp. 100 – 103.

③ "U. S. Court Convicts Khalid Awan for Supporting Khalistan Commando Force", Embassy of the United States in New Delhi, 20 December 2006, https://web. archive. org/web/20081211043630/http://newdelhi. usembassy. gov/pr122106b. html.

卡利斯坦解放力量（Khalistan Liberation Force，KLF）：成立于 1986 年，创始人包括阿鲁尔·辛格（Aroor Singh）等，该组织在行动中主要使用轻型武器，主要在阿姆利则城区及其附近区域活动。与其他组织类似，卡利斯坦解放力量主要通过犯罪活动获得行动经费。阿鲁尔之后，卡利斯坦解放力量的领导人先后是阿佛塔尔（Avtar Singh Brahma，1988 年 7 月被击毙）、古尔江特（Gurjant Singh Bugdsinghwala，1992 年 7 月被击毙）、纳乌鲁普（Navroop Singh，1992 年 8 月被击毙）等，由于连续失去核心领导人，卡利斯坦解放力量的行动能力严重下降。[①] 1991 年，卡利斯坦解放力量与宾德兰瓦里猛虎组织等一起，参与了前总理谢卡尔与激进组织在卢迪亚纳的秘密谈判。1995 年之后，卡利斯坦解放力量继续在印巴边境活动，但逐渐成长为一个黑社会组织，以绑架和暗杀等换取活动经费。

从这些主要激进组织的发展情况中可以发现，在宾德兰瓦里之后，锡克激进势力缺少了相对明确统一的精神和意识形态领导，只有少数组织还坚持独立建国的理想。特别是 1988 年以来，很多激进组织已经越来越像一个犯罪组织，本质上也不再是为实现卡利斯坦事业而努力。例如，在丈夫于 1978 年冲突中身亡之后，考尔（Bibi Amajrit Kaur）继续领导 the Akhand Kirtani Jatha，主要强调坚持和维护锡克教正统宗教理念，与卡利斯坦运动的关系并不紧密，将该组织发展成为一个专门孤立和刺杀尼朗迦利斯派的极端组织。巴巴尔·哈尔萨组织一开始也是因为卡利斯坦意识形态而成立的，但是到后期开始成为一个强迫民众刻板遵从教义的极端组织，与卡利斯坦理念也渐行渐远。这也是锡克激进势力的常态，即以卡利斯坦运动的名义成立组织和吸取外部资金支持，但是在实际运行中却往往偏离卡利斯坦目标，导致各激进组织之间意识形态联系松散，客观上降低了相互之间协同作战的效率。

激进组织的碎片化还表现在各个组织之间又包括很多行动小组，例如截至 1992 年年初，巴巴尔·哈尔萨有 27 个小组，宾德兰瓦里猛虎组织有 30 个小组，卡利斯坦解放力量有 25 个，卡利斯坦突击队的小组最多，前后共有 63 个小组以卡利斯坦突击队的名义开展恐怖活动，另外还有 22 个

---

① Ranjit K. Pachnanda，*Terrorism and Response to Terrorist Threat*，New Delhi：UBS Publishers，2002，pp. 103 - 119.

独立行动的恐怖袭击小组，总共 167 个行动小组。① 这些行动小组并不受激进组织的严格管控，相互之间甚至因为利益，例如争夺地盘等，出现内部竞争。激进组织之间的内部竞争，使得警方可以利用它们之间的竞争关系打入高级线人并各个击破，帮助后来的吉尔及其警队同事获取大量有价值的情报，成为治理成功的有利抓手。

印度政府曾经的策略失误帮助激进组织扩大了群众基础。印度政府的"蓝星行动"以及之后的"伍德罗斯行动"给锡克教与印度教之间的群体关系写下了最黑暗的一页，使得卡利斯坦运动获得意料之外的助推力。但是随着双方的冲突陷入僵持，激进组织在武装分离主义道路上逐渐迷失方向，很多后期参与卡利斯坦事业的激进分子实际上并没有坚定的政治理想，相当一部分人属于"投机者"，追求的是私人恩怨和个人私利。这对那些少数意识形态坚定的卡利斯坦分子而言不是好消息，他们原本期望自己在旁遮普制造的袭击事件，会让新德里逐渐失去继续拥有旁遮普主权的兴趣，或者在国际压力下屈服。② 但是现实情况并非如此，哪一届印度政府都不敢同意境内特殊地区独立和冒丢失国家主权的风险，相反激进组织的犯罪化让自己日益远离锡克民众的支持。

实际上，随着锡克内部温和派和普通民众日益成为激进组织袭击的对象时，就已经标志着锡克独立建国事业在族群内部合法性的逐步丧失。阿卡利党内部派系林立，那些支持与政府和谈的地方领导人一直是激进组织袭击的主要目标。1990 年 7 月 11 日，曾在苏尔吉特任期内担任副首席部长的巴尔万特·辛格·辛德（Balwant Singh Thind）被激进分子谋杀，当时他正在前往昌迪加尔的路上，巴尔万特及其 2 名保镖、1 名司机 4 人遇害。③ 巴尔万特遇刺身亡事件，也标志着阿卡利党在地方政治中的低谷，一方面是由于执政业绩不佳，失去锡克民众信任和面临国大党的激烈竞

---

① Paul Wallace, "Political Violence and Terrorism in India: The Crisis of Identity", in Martha Crenshaw ed., *Terrorism in Context*, University Park, PA: Pennsylvania State University Press, 1995, p. 394.

② Bhaskar Sarkar, *Tackling Insurgency and Insurgency: Blueprint for Action*, New Delhi: Vision, 1998, p. 44.

③ "Sikh Who Promoted Truce is Shot to Dead", *The New York Times*, July 11, 1990, https://www.nytimes.com/1990/07/11/world/sikh-who-promoted-truce-is-shot-to-death.html.

争，另一方面是作为温和派，由于倡导实现族群和平而面临激进组织的恐吓。但是激进组织的袭击对象并不仅于此，一些对激进组织持同情或支持态度的锡克领导人也成为袭击目标，例如作为最高锡克教寺庙管理委员会主席的托赫拉，1990 年 5 月遭遇袭击，随行人员一死一伤，他侥幸逃过一劫。但是从意识形态来说，托赫拉一直是温和派锡克领导人中更偏向激进组织的代表人物，可以说是除了没有实际拿起武器参与激进组织之外，他在意识形态上更加靠近"卡利斯坦"，在激进组织利用锡克寺庙开展激进运动中给予了很多或明或暗的支持，这样的激进组织的同情者和支持者都成为激进组织袭击的对象，其打击/袭击方式将毫无疑问地损害自身的族群基础。激进组织开展族群内部袭击反噬自身的族群动员能力，随着温和派被彻底压制，以往的温和派抗议示威和袭击交替进行、锡克族群内部各种不同政见团体不断发动族群动员的模式不再出现，而此前这个模式已经被证明是行之有效的，可以将锡克问题置入地方和国家政治议程，可以说激进组织无区别袭击的模式已经帮助印度国内统一了应对锡克问题的共识，在连续两任总理尝试政治解决之后，印度国内上下已经对政治解决锡克问题失去信心。

加速激进组织灭亡的是锡克族群内部对锡克独立事业丧失信任和信心。随着激进组织袭击越来越大规模地波及普通民众，1988 年袭击造成的锡克平民死亡人数首次超过非锡克平民死亡人数（见图 7—1），并且在随后的几年内锡克平民死亡人数飙升，已经大大超过非锡克平民的死亡人数，表明激进组织开展的族群内部袭击越来越多地波及普通锡克民众，这导致锡克族群内部对于激进组织的支持日益衰减。在失去基层民众支持的情况下，激进组织建立一个独立的锡克共和国的目标已经没有成功的可能性。最终，族群冲突各方之间在民众中的合法性变化，即将开始出现一个此消彼长的趋势。其实到 20 世纪 80 年代末，旁遮普农村地区的局势就不再稳定，激进组织与犯罪和社会闲散人员的联系越来越多，很多人是在借锡克独立事业之名寻求个人利益。[①] 90 年代初，旁遮普农村地区，特别是

---

① Kanwar Sandhu, "Punjab: The Wages of Terrorism", *India Today*, October 31, 1992, pp. 34 – 36. http://indiatoday.intoday.in/story/militants-carve-out-mini-empires-acquiring-land-trucks-houses-and-gurdwaras/1/307967.html.

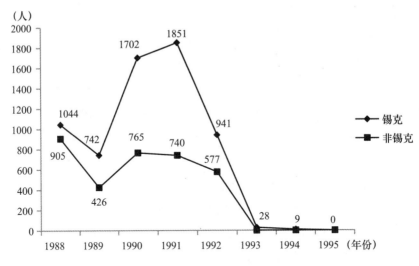

图7—1　激进组织造成的族群内外伤亡对比（1988—1995 年）

资料来源：K. P. S. Gill，"Endgame in Punjab：1988 – 1993"，Faultlines，Vol. 1 No. 1 (1999)，http：//www. satp. org/publication/faultlines/volume/articles3_htm。

印巴边界附近的旁遮普马加（Majha）地区几近无政府状态，村民们在不同派别激进分子的争斗夹缝中生存，还需要面临警察治理行动带来的冲击，很多罪犯摇身一变成为"自由斗士"，之前处于社会底层的人借着掌握的武器，从事各种敲诈勒索和奸淫抢掠等违法犯罪行为。①

　　激进组织本身的生存方式也为自己的犯罪行为留下了证据。大部分激进组织都在一定程度上依赖海外锡克人的募款，相似的资金来源渠道意味着他们之间存在的竞争，而竞争的内容就是发动的袭击多少、造成的伤亡人物是否重要甚至人数多少，这些都成为他们向海外金主申领资金和获取武器援助等资源的业绩指标。1989 年之后更多新激进组织不断成立，这种竞争变得越加激烈，因此当袭击发生之后，一般很快就有相关激进组织宣称对袭击负责，吉尔就注意到这个阶段里 80%—85% 的袭击都会在一个星期之内有激进组织通过所谓媒体新闻稿（Press Re-

---

　　①　有学者专门研究了马加地区的基层冲突，通过对当地 20 多个村庄的 300 多人进行访谈，相关研究发现了激进行为动机的多重性，参见 Harish Puri，Paramjit Singh Judge，and Jagrup Singh Sekhon，*Terrorism in Punjab：Understanding Grassroots Reality*，New Delhi：Har-Anand Publications，1999。

leases）的方式认领。① 当然也有激进组织虚假认领，即宣称对一起不是自己发动的袭击负责，目的是提高自身影响力和扩大业绩指标，此时可以通过新闻稿对于特定行动细节的错误描述或警方卧底的报告进行分辨，但这一切不妨碍民众对于该组织犯罪或渴望犯罪行为的认知。从本质上来说，激进组织的碎片化导致相互之间展开了一场杀人竞赛，导致旁遮普基层农村的安全形势急剧恶化，个中乱象使得一些早在1984年之前就加入激进组织的激进分子对于分离事业失去信心，转而选择离开旁遮普。在这种情况下，之前主动或被动支持激进组织和分离运动的锡克农民急切地寻求保障自己的人身和财产安全，显然依靠激进组织已经无法确保自己这些基本诉求，这给了当地警方转换族群治理策略的机会。

正如本书第三章在理论部分所揭示的那样，成功平息少数族群冲突应具备三个必要条件，治理行动区别打击和地方温和派警察力量发挥主导作用两个条件，并不必然帮助族群治理取得成功，在具备这两个条件之后，激进组织的策略选择将发挥重要作用。如果激进组织在这种情况下，仍然坚持开展有区别袭击，那么得益于激进运动的既有民众基础，冲突仍将在长时间内持续，直到有一方改变策略开始新的策略互动。但是正如后期锡克激进组织碎片化和犯罪化趋势所展现的那样，激进组织在很多情况下都有可能转变行为方式。1990年以后的激进组织袭击策略就出现了类似的转变，而旁遮普问题之所以迎来平息的契机，就在于激进组织开始转变行为方式。面对温和派发挥主导作用带来的不利局面，激进组织将袭击的对象拓展到普通锡克民众，族群内部袭击成为锡克问题治理形势发展的分水岭。

第五节　吉尔被解职与央地信任问题

拉吉夫之后的两任印度总理任职时期的治理行动可以说没有任何策略

---

① 有些情况下，激进组织在发动袭击后也会因为技术原因推迟认领，例如警方正针对特定组织加大抓捕力度、组织的活动范围相对集中或者死亡人群中包含在民众广泛支持的人等。K. P. S. Gill, "Endgame in Punjab: 1988 - 1993", Faultlines, Vol. 1 No. 1 (1999), http://www.satp.orgtp/publication/faultlines/volume/articles3_htm.

可言，基本上是印度政府需要对激进组织施加压力时，就允许治理行动往前推动一点，但很快印度政府又会要求地方警察放缓对激进分子的抓捕行动，以便尝试着与激进组织进行谈判，警察因此被迫转入防御态势。在此期间，地方警察一直需要面对印度政府随时可能与激进组织达成协议的局面。无论协议最终可能是什么样的条件，对于决心投入族群治理的警察来说，政治协议一旦达成，无异于会将自己暴露在激进分子可能发起的报复行动之下，族群治理积极性受挫是可想而知的结果。

这段时间，正是吉尔第一次担任旁遮普警察局局长的时候，虽然地方警局在此期间的整顿已经初见成效，但由于政府在动用武力与谈判之间摇摆，使得地方警察的族群治理积极性大受打击，他们不仅需要冒着生命危险执行治理行动，还需要担心自己随时可能被印度政府出卖或作为牺牲品。吉尔本人的遭遇就是很好的例子。在认识到吉尔在警长位置上带来的威胁之后，激进组织就在与政府的谈判接触中正式提出解除吉尔职务的要求，地方政府中一些同情激进组织的人员也借机配合施压，最终在1990年12月18日，印度政府也做出了解除吉尔警察局局长职务的决定。[①] 吉尔此次被迫离职正值谢卡尔上任不久，吉尔甚至帮助协调了谢卡尔政府与锡克激进组织之间的秘密会谈，要知道吉尔本人是强烈反对与激进组织媾和的。印度政府在压力之下解除主张强硬治理的地方警长职务，可以说严重挫伤了地方警察的士气，吉尔的去职不仅是族群治理力量的重大损失，也可以说是激进组织取得的心理胜利之一。[②] 对于锡克温和派和锡克民众来说，这些情况具有强烈的心理暗示，即政府已经开始屈服和妥协，此前的族群治理成果有付之东流之虞。

值得警醒的是印度政府的妥协姿态并没有得到激进组织的积极响应，后者把印度政府希望谈判看成示弱的信号，因此加大无区别袭击力度和人员招募力度。这段时间内，激进组织的数目和成员数量急剧增多，导致冲突快速升级。到1991年，在旁遮普因为冲突造成的伤亡人数已经超过

---

① Sarab Jit Singh, *Operation Black Thunder: An Eyewitness Account of Terrorism in Punjab*, New Delhi: SAGE, 2002, p. 248.

② Prem Mahadevan, "The Gill Doctrine: Model for 21st Century Counter-terrorism?", Faultlines, Volume 19, April 2008, http://www.satp.org/satporgtp/publication/faultlines/volume19/article1.htm.

5000 人。《今日印度》的记者报道是这样描述 1991 年的旁遮普的："对未知的担心进一步放大了恐怖（袭击）的破坏力……人们向武力（the law of the gun）投降。这里不存在政府。这里没有社会的自我纠正机制。这里只有警察和恐怖分子……今天的旁遮普，已经被恐怖绑架，每个人都只能靠自己生存下去。旁遮普的三大区域，马加地区和西北部越来越像狂野的西部。曾经肥沃的多巴（Doaba）三角洲成为激进分子的新领地……在旁遮普农村，尤其是靠近印巴边界地区，激进分子不再是平行政府，他们就是政府。"[1]

综合来看，拉吉夫之后的两任印度政府并没有能自上而下传达一个坚定的族群治理政治立场，印度政府与地方政府对待族群治理的立场始终无法协调一致。这个症结不是此阶段独有的，在锡克问题兴起阶段就是如此，在锡克问题尚未产生之前，先是印度政府选择性忽视宾德兰瓦里的激进行为，而且出于政党竞争的原因选择暗中支持宾德兰瓦里代表的极端势力，以削弱地方温和派政府的影响力。后期当对宾德兰瓦里的激进行为失去控制之时，印度政府又使用过度武力打击，温和派出于同族群的同情因素和政党竞争的原因，不得不站在反对印度政府的立场上。拉吉夫时期也没能脱离上述模式，在与温和派达成和解协议之后，印度政府消极履行协议，使得温和派在锡克民众中的诚信和威望降到低点，当新的温和派政府下定决心通过族群治理来稳定地方局势的时候，拉吉夫政府又选择对极端派绥靖的政策，暗中谈判并不断释放激进分子。

显然印度政府和地方温和派之间有着各自的目的，双方的立场和利益难以协调一致。例如，国大党培植宾德兰瓦里的目的是与阿卡利党进行党争，是削弱温和派的民众基础。在地方政府试图抓捕和起诉宾德兰瓦里时，国大党（例如当时的内政部部长宰尔·辛格）却提供庇护，地方政府的抓捕行动一次次失败，而且还因此遭遇到民众的指责。[2] 双方目的相左，给了宾德兰瓦里扩大影响力的机会。"蓝星行动"之后的央地关系也

---

[1]　Shekhar Gupta, "Punjab: The Rule of Gun", *India Today*, January 15, 1991, http://indiatoday. intoday. in/story/punjab-militants-create-conditions-of-anarchy-hold-the-state-to-ransom/1/317728. html.

[2]　Jugdep S. Chima, *The Sikh Separatist Insurgency in India Political Leadership and Ethnonationalist Movements*, New Delhi: SAGE Publications, 2010, pp. 63 – 66.

是如此，当时的拉吉夫政府指责苏尔吉特政府（1985 年 9 月—1987 年 5月在旁遮普执政）没有全力投入族群治理，并且最终解散了后者，拉吉夫的内政部部长布塔·辛格（Buta Singh）也多次破坏了拉吉夫派往旁遮普的特使的工作。①

等到拉吉夫之后的两届少数政府，维·普·辛格（1989 年 12 月 2日—1990 年 11 月 10 日任印度总理）和钱德拉·谢卡尔（1990 年 11 月10 日—1991 年 6 月 21 日任印度总理）在短暂任期内受到执政联盟的内部牵制而无法实现谈判解决锡克问题的计划。两任政府在旁遮普问题上的政策在强力打击与政治谈判之间游离不决，甚至一度寄希望于与激进组织的秘密谈判能够劝说后者停止激进行为，结果当然是显而易见的，冲突反而因此快速升级。当时的印度政府为了表示自己的善意，决定释放已经抓捕到的一些激进组织首要分子，丝毫不考虑抓捕时安全部队和警察人员付出的巨大代价，以及释放激进分子可能对这些参与族群治理的人员士气的巨大损伤。

在此前族群治理陷入僵持的情况下，无论是地方政府还是印度政府，都并没有做好双方合作后可能面临的激进组织反扑，之前的缓和势头停止，冲突再次开始升级。无论是温和派，还是普通民众，在激进分子采取无区别袭击手段，即所谓不惜代价扰乱地方安全形势、逼迫非锡克人群外迁的策略下，都成为最大的受害者。例如，在原定 1991 年 6 月 21 日地方选举开始之前几天，即 6 月 17 日，激进分子在旁遮普邦的卢迪亚纳地区拦停火车，射杀了 80—126 名乘客。② 激进分子拦下第一辆火车时，还只是选择杀害那些他们认为是印度教徒的乘客，到拦下第二辆火车时，激进分子就不加区别地开枪，不再区分印度教徒与锡克教徒。③ 此时，冲突的发展也是呈现螺旋升级的情况，冲突造成的死亡人数快速上升，不断地加

---

① Jugdep S. Chima, *The Sikh Separatist Insurgency in India Political Leadership and Ethnonationalist Movements*, New Delhi: SAGE Publications, 2010, pp. 144 – 147.

② "Sikhs attack India trains, killing 126", *Chicago Sun-Times*, June 17, 1991, https://www.highbeam.com/doc/1P2 – 4059486.html.

③ "Extremists in India Kill 80 on 2 Trains As Voting Nears End", *The New York Times*, June 16, 1991, http://www.nytimes.com/1991/06/16/world/extremists-in-india-kill-80-on-2-trains-as-voting-nears-end.html.

剧地方民众和全国民众对于旁遮普局势的担忧。①

族群问题恶化最直接的体现就是1990—1991年因为族群问题造成的死亡人数急剧上升，年死亡人数甚至到5000人以上，也就是说一年因冲突导致的死亡人数就超过一场中小型战争的规模。如果说1988年2432人，到1989年的2072人，冲突形势还略有缓和的话，那么1990年造成的4263人和1991年造成的5265人伤亡，就是快速升级了。要知道，1981—1989年，冲突造成的死亡人数总和是5521人，但1990—1991年造成的死亡人数已经达到了9528人。在印度政府的绥靖政策之下，激进分子开始了大规模的针对地方警察和安全部队人员的袭击行为，甚至这些人的家人也未能幸免。这段时期因为冲突造成的平民死亡人数也反映了这一趋势，1990年平民死亡人数1961人，1991年是2094人，这也是整个冲突期间造成平民死亡人数最高的两年。同样，从1981年到1989年，冲突造成的警察和安全部队人员死亡人数是451人，而1990—1991年造成的警察和安全部队人员死亡人数就高达973人，超过前九年总和的两倍。

第六节　本章小结

由于拉吉夫之后的两任政府任期都很短，并没有时间和精力来调整拉吉夫离任前确定的族群治理策略，而且由于他们都是少数派政府，在地方事务上的影响力有限，旁遮普地方事务仍是国大党和阿卡利党相互竞争的态势。在此情形下，印度政府并没有能力及时调整策略。旁遮普的形势进入相持阶段后，激进组织内部出现策略分化，转而使用无区别袭击策略，旁遮普的冲突形势恶化。此时的情形符合前文的理论启示，使用无区别袭击的激进组织正损害自身民众基础，但坚持区别打击策略的中央政府却没有及时争取温和派的支持，族群问题仍处于持续状态。而且由于温和派没有能够发挥主导作用，中央政府的族群治理策略无法得到有效执行，在激进组织加大了报复袭击之后，当地局势在一定时间内反而陷入更加紧张的状态。

在激进组织层次来说，随着内部派别的内斗和犯罪化趋势的加强，他

① 数据来源：South Asia Terrorism Portal，www.satp.org。

们对普通锡克民众的无区别袭击事件越来越多，民众对于他们的看法开始发生改变。在早些年间，激进分子毫无疑问是得到了民众支持的，民众的支持包括后勤、物资、金融和人力支持，或者民众把这些资源提供给同情和支持激进组织的寺庙。但是到了 20 世纪 90 年代初，当地民众开始转变观点，当地媒体的介入和激进组织的族群内部袭击事件让这些激进分子成为人们眼中的罪犯，特别是当这些激进分子试图通过恶意伤害和袭击为自己谋取私人利益时，民众的厌恶情绪日益增加，进一步强化了激进分子的罪犯形象。激进分子受到的民众支持日益减少，同时民众也更愿意帮助政府，为政府提供更多关于激进分子及其支持者的信息，激进组织面临的麻烦就越来越大了。

第 八 章

拉奥政府治理锡克问题的策略

1991 年印度大选，国大党在人民院的席位数重回第一，但是并未能获得人民院的简单多数地位。尽管如此，此次国大党的胜选还部分得益于拉吉夫竞选时遇刺身亡事件对国大党选情的提振，最终国大党联合一众中小政党组成执政联盟，国大党推举的总理候选人拉奥也成功组建了少数政府。[①] 前文提到过，此前的两届印度政府也都是少数政府，由于在议会并没有获得稳定的多数席位，不得不依赖实力较为强大的传统党派力量提供外围支持，才能勉强保持执政地位，执政稳定性不高成为少数政府的共同特征。拉奥政府也是少数政府，但与前两届政府不同，此次拉奥组阁的背景是国大党在执政联盟中占主导地位，一众地区小党提供支持，因此执政联盟的主导政党处于相对强势地位，联盟内一两个小政党的转向并不足以立刻导致政府倒台，因此拉奥政府的执政稳定性相对高于前两界政府，同时得益于拉奥的政治协商能力，其政府也成为印度历史上第一个完成五年任期的少数政府。

相对稳定的执政形势让拉奥有可能在锡克问题上规划一个比较完整的策略，并有机会审视策略的执行效果，从而为系统性的治理成功奠定基础。在 20 世纪 80 年代末到 90 年代早期，印度政府应对锡克问题也迎来了转机。当时主要的四个激进组织，包括巴巴尔·哈尔萨、宾德兰瓦里猛虎组织、卡利斯坦突击队和卡利斯坦解放力量粗放式增长，各个组织之间发展出数以百计行动小组。[②] 激进组织呈碎片化发展趋势，相互之间争夺

---

① 谢超：《印度政党政治碎片化的成因和历程》，《国际政治科学》2015 年第 4 期，第 67 页。

② Paul Wallace, "Political Violence and Terrorism in India: The Crisis of Identity", in Martha Crenshaw ed., *Terrorism in Context*, University Park, PA: Pennsylvania State University Press, 1995, p. 394.

运动的领导权，各行动小组之间争夺地盘等现象也层出不穷，这给了前文提到的"投机者"可乘之机，激进组织面临的集体行动困境加剧。"投机者"并不热衷于分离主义目标，吸引他们加入激进组织的是工资或战利品，这些人被捕之后极可能向政府投诚，这对激进组织带来巨大损害。碎片化趋势之外是犯罪化趋势，很多激进分子为了维系自身的生存和日常行动的开支，日益依靠对普通锡克民众进行恐吓来获取收入和资源，普通锡克民众的人身和财产安全受到威胁日益增多，对激进组织的反感也日益加强。[①] 这直接削弱了激进运动的民众基础。拉奥之前的两任印度总理未能充分利用有利的族群治理形势，而拉奥相对稳定的执政表现也使得他有机会引导印度政府治理锡克问题进入新的阶段。

第一节　地方政府重新发挥主导作用

拉奥上台执政之前，锡克族群内部的分歧已经上升，激进组织的族群内部袭击增多，普通锡克民众正日益成为族群内部袭击的对象，锡克族群内部对激进组织的容忍和支持态度被多年的战乱所消耗，在此情景下温和派对极端势力的反对和敌视态度开始上升。激进分子转变行为方式开始损害自身民众支持基础，刺杀隆格瓦尔事件强化了温和派与激进组织之间的矛盾，不断增加的族群内部袭击也加深了锡克民众眼中激进分子的罪犯形象。激进组织针对锡克教同胞开展的袭击活动也越来越不得锡克民众的人心，从而削弱了激进组织自身的民众基础，并部分地促使锡克温和派和普通民众与印度政府的合作意愿开始上升。当然印度政府能否有效地利用锡克族群内部的这种分化态势，还取决于能否采取有力措施争取锡克温和派和民众的支持。

1992 年 2 月，此前一再被推迟的地方选举得以举行，国大党也不负期望胜选并以较大的优势控制邦议会（阿卡利党抵制了此次邦议会选举）。印度政府在此次选举中投入 12 万名士兵、5.3 万名警察、2.8 万名

---

①　Stathis N. Kalyvas, "The Ontology of 'Political Violence': Action and Identity in Civil Wars", *Perspectives on Politics*, Vol. 1 No. 3 (2003), pp. 475–494.

地方志愿军（home guards）以及 7 万多名民兵提供安全保障。① 即便如此，最终的投票率只有 23.9%，因此从某种意义上说此次选举的合法性是远远不够的，不过考虑到旁遮普当时的地方治理现实，投票率低是可以预想到的现象，地方选举得以举行和新地方政府成立本身更具有象征意义。② 此次旁遮普邦议会选举起到了重新激活地方治理的作用，央地两级政府可以着手应对那些迫切需要应对的族群治理问题。

拉奥政府上台执政后，对选民许下的承诺之一就是尽快改善旁遮普局势，随着国大党在旁遮普地方选举中胜出，央地两级政府都是国大党主导执政，印度央地两级政府再次有了协调一致投入族群治理的可能性。拉奥政府时期的央地关系有了改善的基础，在印度政府下定武力治理的决心之后，央地之间建立了日益紧密的联系，在族群治理事务上的协调增加，地方温和派在治理行动的地位得以提高，真正获得了发挥作用的空间。另一个值得关注的现象是印度政府继续采取"黑色闪电 II 行动"期间的媒体公开策略，不再限制媒体对治理行动的报道，一定程度的信息公开有利于缓解政府在族群治理时面临的信息困境，也有利于减少锡克民众对于政府立场和治理行动的误解。③ 事实也证明，拉奥对于旁遮普地方政府和警察机构的支持，放手地方政府发挥主导作用的策略，在改善旁遮普局势上起到了关键作用。

新上任的旁遮普首席部长毕安特（Beant Singh）④ 是拉奥属意的地方行政长官人选，他坚决支持拉奥的族群治理计划，并且努力推进在旁遮普的族群治理日程。1992 年 9 月，旁遮普邦议会选举之后，邦内的城市乡镇选举也顺利举行，这也是 13 年来旁遮普首次举行基层选举。截至 1993 年 1 月，在时隔约 12 年之后，旁遮普有 12000 多个村庄的"潘查亚特"（panchayats）选举开始进行，标志着旁遮普的乡村一级选举也得以完成，

①　C. Christine Fair, "Lessons form India's Experience in the Punjab, 1978 – 1993", in Sumit Ganguly and David P. Fidler eds. , *India and Counterinsurgency*: *Lessons Learned*, London: Routledge, 2009, p. 110.

②　Gurharpal Singh, "The Punjab Elections 1992", *Asian Survey*, Vol. 32, No. 11 （Nov. , 1992）, pp. 996 – 99.

③　Vinay Sitapati, *Half Lion*: *How P. V. Narasimha Rao Transformed India*, New Delhi: Penguin, 2016, p. 76.

④　与谋杀英迪拉·甘地的两个杀手之一同名，但两人之间没有任何关系。

至此邦、城市乡镇和村等各级治理单位开始重新组建并开始发挥作用，很长时间以来处于停滞状态的旁遮普市镇一级政府和地方治理重新焕发生机。

人物小传：毕安特·辛格（Beant Singh）

毕安特·辛格，1922 年 2 月 19 日出生于旁遮普卢迪亚纳一个典型的贾特农民家庭。毕安特出身基层，通过自己的努力完成大学教育，年轻时曾有短暂从军经历，印巴分治后年轻的毕安特决定投身政坛，1969 年他以独立候选人的身份进入旁遮普议会，随后还曾三次代表国大党连任邦议员（1972—1980 年）。毕安特最后一次担任地方议员的任期，正值锡克问题即将爆发的前期。在问题最严重的时候，毕安特走访了数百个受到影响的锡克家庭，是少数仍坚持主张强力族群治理的地方代表。1992 年 2 月，旁遮普在重重安全保护措施之下完成了锡克问题期间的最重要一次地方选举，毕安特开始担任旁遮普首席部长。尽管有人指出地方选举投票率过低导致毕安特政府的代表性不足，但毕安特在首席部长任上积极推动了系列措施恢复和加强地方治理，为动荡的旁遮普地方政治带来了久违的地方领导力。毕安特与吉尔搭档，坚决执行了拉奥政府的族群治理策略并取得卓越效果，在任内基本平息了锡克问题。1995 年 8 月 31 日，毕安特在昌迪加尔的一起汽车炸弹袭击中丧生，巴巴尔·哈尔萨宣称对这起报复袭击案件负责。袭击事件造成 17 人死亡，是在旁遮普问题被基本平息之后的最严重恐怖袭击案件，但激进组织并没有持续发起袭击的能力。

在印度政治体系中，"潘查亚特"即乡村治理委员会，一般由 5 人组成，是印度最基层的治理单位，在基层治理中发挥着重要的作用，特别相对于 1950 年宪法中对潘查亚特的简单条款规定，1992 年通过的宪法第 73 条修正案，对潘查亚特做了重大的修正和补充。此次修正案详细定义了潘查亚特的制度、结构、成员数量和选举方式等，还对潘查亚特相对于邦议会和国会的地位和作用，以及潘查亚特的权力、权威和责任做了细致的规定，细数下来有二十余条之多。也因此有学者甚至认为，印度原有的中央与邦两级政府体制将逐渐向中央—邦—潘查亚特三级体制转变。[①] 旁遮普地区此次潘查亚特选举也得益于此次宪法修正案。基层选举在地方政治中的重要性主要体现在基层组织直接与民众打交道，理论上来说他们的政策

---

① 王红生：《90 年代以来印度的潘查亚特制度建设与政治改革》，《南亚研究》2009 年第 2 期，第 57—65 页。

可以更加贴近民众的需求，在争取基层民众支持方面有着天然的优势，这也是为什么外界发现虽然阿卡利党抵制了1992年2月和9月的地方议会和城市乡镇选举，但是在潘查亚特选举中投入了足够的精力，其目的无非是防止自己在旁遮普新政治进程中被彻底抛弃。此次地方选举是在经历了长期的总统管制后举行的，对比前一次的旁遮普邦议会选举只有不到15%的投票率，阿卡利党积极参与，各个政党的积极参与和有效动员使得此次潘查亚特选举的投票率超过了80%。

从"潘查亚特"选举的高投票率可以看出当地民众对于地方政治的热情在上升。与很多国家一样，在印度，地方官员扮演的是沟通国家与民众之间桥梁的角色，负责润滑两者之间的关系。但是在旁遮普，随着"蓝星行动"后期进入"总统管制"时期，地方官僚治理系统很难发挥作用，地方官员的角色日益弱化，导致印度政府与地方民众之间的距离越来越远，填补中间联系空白的是越来越多的激进分子及其支持者。虽然激进势力得到的支持不如民选代表和地方精英，但他们的崛起极大地限制了民选代表和地方精英能够发挥的作用，一增一减之间，旁遮普的地方治理困境重重。拉奥上任后转变了央地政府在治理锡克问题上相互猜忌和拆台的互动模式，同时还调整了由印度政府和军队主导当地族群治理的策略，转而授予当地警察更大的权力，给予国大党地方政府充分的权力处理族群治理事宜，印度政府和旁遮普地方政府在坚决治理方面开始有了更多的一致意见。

首席部长毕安特·辛格领导的旁遮普邦政府很好地沟通了政府与民众的关系，例如他倡议开展的"与群众接触"（mass contact）运动。毕安特发动国大党各基层议员开展大规模的"与群众接触"运动，主要是要求他们下到各个村庄，一方面提高对民众诉求的响应能力，另一方面也发挥安抚当地民众的作用。在此号召下，大量的地方议会议员回到自己的选区，并且深入农村和边远地区，通过扩大与民众的接触来更好地了解和响应选区民众的诉求。这次的"与群众接触"并不是他的首创，甚至也不是他第一次提倡类似接触计划，当他还是地方议员的时候就主张加强民选议员与民众的基础，并且不顾当时已经十分猖獗的袭击，坚持前往地方调查和与民众接触，甚至因此正面与激进分子遭遇过。① 之前的类似倡议和实践效果都差强人意，有理由相信这次接触计划效果良好应是得益于1992 年之后的地方政治形势变化。

在地方选举之前，拉奥就重新任命吉尔为旁遮普警察局局长，旁遮普地方警察队伍再次迎来了有力领导。吉尔透露他是在 1991 年 11 月 11 日接到调令，实际上当初他本人是反对重回旁遮普警察局的，他认为自己此前一些前期工作已经在发挥作用，但仍然被解职，现在当地局势再次恶化，而印度政府此前命令军队重回旁遮普和尽快举行地方选举的决定，也让吉尔担心军方可能会重新发挥主导作用，这不符合他强调采用警察行动进行族群治理的理念。最终在印度政府承诺他将得到前所未有的授权和支持之后，吉尔再次走马上任旁遮普警长职务，而随后德里方面也的确兑现了承诺，没有从幕后干预（no back-seat driving from Delhi），充分授权并切实支持了旁遮普警局。② 毕安特与吉尔的组合胜过了之前苏尔吉特和胡里奥，苏尔吉特当时未得到拉吉夫政府的全力支持，而胡里奥勇猛强硬有余而策略不足，毕安特和吉尔的组合在这两个短板方面都有所增强。在拉奥政府的支持下，旁遮普地方政府开始了一场大规模招募警员的计划，大量锡克年轻人被招募充实进入了地方警察队伍。吉尔领导改组了地方警察的指挥和情报系统，力图提升警方打击行动的效率，吉尔还继续坚持此前行之有效的公开媒体报道策略，地方警察的治理行动效果明显，媒体的报告公开深入，很好地引导了民众对地方政府的态度转变。

行动效率的提高还得益于地方警察与联邦部队之间日益密切的协调。如前所述，1984 年印度军方开始主导"蓝星行动"和"伍德罗斯行动"，自此始终保持了在旁遮普地区的存在，但是印度士兵的存在被很多当地锡

---

① 在毕安特遇刺身亡 18 周年之际，他的同事后来的印度卫生部部长还回忆起 1987 年与时任地方议员的毕安特一起前往旁遮普农村调研时遇袭的经过，他们两个人只是由于没有在预订房间就寝而侥幸逃过一劫，参见 Navjeevan Gopal, "Beant and I survived terror attacks by spending nights at unknown places: Health minister", *The Indian Express*, April 8, 2014, https://indianexpress. com/article/india/india-others/beant-and-i-survived-terror-attacks-by-spending-nights-at-unknown-places-health-minister/。

② K. P. S. Gill, "End Game in Punjab, 1988 - 1993", *Faultlines*, http://www. satp. org/publication/faultlines/volume/articles3_htm.

克人视为"压迫"或"占领"。英迪拉政府没有能满足锡克人提出的政治和经济诉求,反而在"蓝星行动"中采用无区别打击手段,这让那些原本对冲突持中立甚至反对态度的锡克人也开始对印度政府失去信心。随着锡克民众对于印度政府的怨恨加深,政府主导的治理行动举步维艰,政府派出的安全部队不得不在行动时面对充满敌意的地方民众,由此采取的羁押和骚扰当地民众行为,以及一些过度使用武力的情况,进一步使得民众对于政府的支持下降,一段时间内政府与激进组织能够获得的当地民众支持情况出现此消彼长的情况。

民众支持的转向是在激进组织的行为日益呈现犯罪化的特征后开始的,这也体现了前文提到的民众支持是各方策略互动的结果而不是原因的论述。与此同时,印度政府也开始更加倚重地方警察,切实投入资金用以扩大警察队伍和提高装备水平。印度军队的角色也开始转变,由台前治理转变为退居幕后,主要职责是为警察开展治理行动提供外围警戒和维持边界地区的治安,以及为警察提供专业的族群治理技能培训。在当地温和派主导下的地方治理结构得以恢复,使得政府治理行动能够获得的来自基层的情报越来越多,且更加可靠,特别是关于激进分子的身份确认、行踪和行动计划等方面的情报信息尤其关键。这些情报通过地方官员被迅速传递到警方,后者可以制订相应的抓捕计划,提高行动效率,这反过来又进一步加强了地方官员在当地民众心目中的可靠性,使得民众可以把当地官员和警察作为自己保障人身和财产安全的依靠。这终结了此前民众支持此消彼长的态势,当地民众支持族群治理有利于提升行动效率,当地的族群治理态势进入一个良性循环。

第二节 吉尔警长的族群治理新理念

在毕安特就任旁遮普首席部长之后,他和吉尔的组合开始发挥主导作用。实际上这是吉尔二度出任旁遮普警察局局长职务,第一次是1988年4月—1990年12月,第一次任职初见成效但中途被免职,不得不说是留有遗憾。再度主导旁遮普族群治理任务的吉尔得到了时任旁遮普邦首席部长毕安特的全力支持。早在正式就任之前,毕安特就强调旁遮普问题是社会治安(law-and-order)问题,也因此应该按照社会治安问题大力治理，他还专门约束党内议员不要插手吉尔的警局事务，让议员们致力于满足选区的物质诉求，以吸引民众对政府的支持，让民众远离激进组织。

从两人的职业背景来看，毕安特—吉尔组合也代表了新的气象。两人都是贾特人，享有共同的文化信念，特别是旁遮普乡村的政治文化。毕安特是从旁遮普的乡村政治中成长起来的，20世纪50年代还只是潘查亚特成员，60年代成为地方议员，并最终成为首席部长。他强调下属对政党领导人的个人忠诚，通过庇护关系（patron-client）培养与下属的关系。毕安特与媒体打交道时风格强硬，但是与下属交流谦逊有礼，对待女士温和克制，这在当时的政客中是十分难得的品质。[1] 一些所谓更文明的印度政客揶揄毕安特只是一个"潘查亚特水平的政客"，[2] 但是毕安特充满个人魅力和脚踏实地的行事风格，让他非常适合旁遮普以乡村政治为主的特点。毕安特与吉尔的组合可以说是相得益彰，很快成为一对配合默契的搭档。

毕安特与吉尔之间的相互信任和配合成为旁遮普警察族群治理力量和效率提升的关键因素。正是因为吉尔本人强势的工作风格，很多政府官员都向毕安特抱怨自己好像成了吉尔和旁遮普警局的下属，但是毕安特并没有因此批评吉尔，同时承诺吉尔的行动将不会受到地方官僚机构的干扰。[3] 从个人风格来看，毕安特不是理想主义者，而是强调实用主义，强调忠诚，照顾那些服从他领导的人的利益，成为旁遮普首席部长后，毕安特每天都要花几个小时与党内议员和其他政府官员沟通，督促他们按照选举承诺满足人民的需求。毕安特倡导的"与群众接触"运动还有利于加强当地民众关于政府存在的心理暗示，从而保持政府相对于激进组织在民众中的心理和道德优势。

---

[1] K. P. S. Gill, "End Game in Punjab, 1988 – 1993", *Faultlines*, http：//www. satp. org/publication/faultlines/volume/articles3_htm.

[2] Kanwar Sandhu and Ramesh Vinayak, "Beant Singh: Gaining Legitimacy, But Losing His Cool", *India Today*, June 30, 1993, p. 90, http：//indiatoday. intoday. in/story/gaining-legitimacy-but-losing-his-cool/1/302413. html.

[3] Jugdep S. Chima, "The Punjab Police and Counterinsurgency against Sikh Militants in India", in C. Christine Fair and Sumit Ganguly eds., *Policing Insurgencies: Cops as Counterinsurgents*, New Delhi: Oxford University Press, 2014, p. 271.

在拉奥领导的印度政府全力支持下，毕安特也批准吉尔以铁腕手段应对冲突。对于政府治理行动来说，毕安特—吉尔组合提供的公众形象与旁遮普乡村的锡克人群相互贴合。首先，吉尔是一个典型的锡克人，这与胡里奥不同。胡里奥是基督徒，胡子刮得很干净，完全不同于一个典型锡克人的装扮。其次，对于锡克民众来说，地方温和派主导的治理行动，已经成为族群内部之间对于不同道路选择，也就是族群内部事务。这也与拉吉夫时期不同，当时很多锡克人相信这是一场印度教总理领导的与锡克激进分子的战斗。很多下属都称呼毕安特和吉尔为巴巴（Baba，意即精神导师、睿智的人），锡克激进分子称呼组织领袖和直接指挥官也用的是这个称呼，毕安特和吉尔能得到下属这样的认可，说明两个人在地方政府内部也享有较高的威望。

拉奥政府上台之后，对旁遮普局势做出的判断是政治谈判，特别是与激进组织进行谈判，完全无助于帮助解决旁遮普问题，反而会助长当地激进组织的袭击行为，因此当务之急是尽快平息旁遮普的冲突。拉奥全权授权邦政府履行职责，在吉尔的主导下，旁遮普警方调整了治理结构：一些能力有限或已经被证明反恐不得力、不可靠的警官被撤换，忠于吉尔族群治理理念的人得到重用；抓捕和击毙激进分子人数的多少成为警察的主要考核标准，成绩好的警员会得到嘉奖和职务提升。[①] 吉尔还调整了与其他部门协同工作的方式，形成了当地警方主导治理行动的模式，安全部队主要负责城市内重点地区和建筑的治安维护，以及安全检查站等，警察得以从这些静态的工作任务中解放出来，投入一线的反恐突击行动中。准军事力量主要是在农村和恐怖事件多发地区协助警方反恐行动。边境安全部队（Border Security Force）主要负责封锁与巴基斯坦边境地区，防止巴方为激进分子提供训练、庇护所和武器等。

通过以上调整，吉尔在警局形成了以自己为塔尖的金字塔管理结构，为治理行动提供集中的整体指挥，这些措施客观上都有利于提升行动效率。吉尔认为，由于锡克教宗教因素的介入，使得当地的锡克问题更接近于身份认同冲突，而不是意识形态冲突。做出以上区分的好处在于可以有

---

① Human Rights Watch, *Dead Silence：The Legacy of Human Rights Abuses in Punjab*, New York：Human Rights Watch, 1994, pp. 24 - 25.

针对性地采取相应策略，如果是意识形态冲突分子，那么可以通过谈话和说服的方式进行策反；如果是身份认同冲突，由于身份认同差别构成心理屏障，使得他们对族群外部分子有一种认同差异，因此采用非威慑手段几乎是不可能转变这一类激进分子的理念，当他们与外部人员在族群和宗教特征上存在巨大差别时候尤其如此。因此，吉尔的族群治理策略是着重强调加强族群治理的力度，同时在民众中间广泛宣传激进分子的恐怖犯罪行径。

如果说加强族群治理力度是针对激进分子挑衅做出的直接回应，那么吉尔提倡的公开媒体战略则帮助印度政府在短时间扭转了锡克民众对激进分子的正面认知。前文详细分析了公开媒体策略是如何成功帮助政府传达明确信息的，让民众对激进组织的真实行为有了更多的了解。随着锡克民众对激进组织的反感日益加强，到20世纪90年代初期，激进组织能够获得的民众支持开始减少，他们不再被视为是为族群和宗教事业战斗的勇士，在民众看来，激进分子日益成为道德败坏、腐败堕落的投机主义者。

随着激进组织脱离了与锡克民众的意识形态联系，民众转而支持政府的大规模治理行动，激进组织开始失去赖以生存的民众基础。虽然人们一直提锡克人的"卡利斯坦"运动，但是聚集在"卡利斯坦"旗帜下的各激进组织的力量分散，没有集中领导，各有各的盘算，基层激进分子没有形成统一的行动计划。有研究提出如果各激进组织能团结一致，是可以抵御旁遮普警方开展的集中打击行动的，但是这并没有发生。激进组织日益涣散，而印度政府成功地组建和加强了与当地的警察力量，借助警察部队与当地的紧密联系，政府支持那些"反水"的激进分子，招募告密者，就可以迫使激进组织之间进一步分化。[①] 1992年夏天开始，吉尔领导旁遮普警方开展了集中打击行动，从激进组织头目到底层激进分子都遇到沉重打击。激进组织的民众基础被削弱之后，无法及时招募和补充这些失去的有生力量，由此走上消亡道路也就不足为奇了。

外界曾质疑吉尔过于依靠威慑战略，其实是忽略了吉尔族群治理策略

---

① 　Paul Staniland, *Networks of Rebellion*: *Explaining Insurgent Cohesion and Collapse*, Ithaca, NY: Cornell University Press, 2014, p. 51.

的整体性。吉尔的族群治理策略强调赢得当地民众支持。① 因此，吉尔实际上花了很多时间和精力在争取当地锡克民众支持上，为当地政府对激进组织开展的治理行动赢得更多支持。② 在旁遮普警察局中，一些人并不认同吉尔的策略，他们认为在采取大规模治理行动之前，应该先争取民众的支持，即民众支持到位才能确保反叛乱行动的成功，但是吉尔的逻辑与他们相反。

吉尔强调应该把两者的因果关系调换过来，即通过成功的治理行动，让民众看到和平的希望和暗中支持激进分子可能面临的惩罚，才能真正争取民众支持，此时不断增强的民众基础反过来可以不断提高警方的行动效率。促使吉尔做出上述调整的依据，是在低烈度的族群治理冲突中经常出现的社会型斯德哥尔摩症。③ 这一观点认为，一些地区表现出来的对激进分子支持率很高，可能并没有反映真实的情况，而是因为当地民众始终生活在激进分子袭击之下的应激反应，反映的是民众的生存技巧，而不是他们在真正支持激进组织。在族群治理的竞争中，民众意见对于激进组织和政府行为的影响是不对等的，他们可以通过选举对政府施加压力，但却无法通过选举对激进组织施压，因此在民众无法对激进组织施加有效压力的情况下，他们倾向于向政府施压来改变自身遭遇激进组织袭击的境况，此时的民调数据并不能客观地反映民众的真实想法。

即使是从反对者的逻辑出发，也可以发现他们的意见存在逻辑不一致的地方，激进组织在发动袭击之前并没有要争取民众的支持，他们是依靠恐吓才获得并维持民众对他们所谓的支持。与西方国家特别是美国开展的治理行动坚持定期进行民调不同，印度政府平息锡克问题的过程缺少相关数据，这也为学者开展研究增加了额外的困难，但是我们也可以说在特定

---

① Julio Ribeiro, *Bullet for Bullet*: *My Life as a Police Officer*, New Delhi: Penguin, 1998, pp. 349 – 350.

② K. P. S. Gill, " Special Address by Mr. K. P. S. Gill ", in Lakshmi Krishnamurti, R. Swaminathan and Gert W. Kueck, eds., *Responding to Terrorism*: *Dilemmas of Democratic and Developing Societies*, Madras: Bookventure, 2003, p. 23.

③ Prem Mahadevan, "The Gill Doctrine: Model for 21st Century Counter-terrorism?", Faultlines, Volume 19, April 2008, http: //www. satp. org/satporgtp/publication/faultlines/volume19/article1. htm.

情况下民调数据并不一定能真正反映民众对于政府治理行动的真实看法。① 从功能主义观点来解释的话，激进组织并不一定受民众意愿的约束，因此当激进组织袭击成为常态时，民众有可能会选择支持激进组织来提升自己的个人安全。只有当政府的族群治理行动也成为常态并且能有针对性地加强对激进组织袭击的惩罚性行动时，当地民众才有可能持续给政府治理行动提供政治支持，此时重新获得表达意见自由的民众才有可能在民调中给出真实的答案。

在理解旁遮普问题的性质以及由此应该采取坚决武力治理策略之后，吉尔将治理成功的关键点放在激进组织最大的软肋上，即后者需要不断补充那些在政府打击行动中损失的人员。这其中的道理简单明了，因为一旦人员补充的效率低于损失的效率，那就意味着激进组织的有生力量是在萎缩的，而如果这样的人员萎缩持续下去，那么就意味着激进组织可能不得不最终消亡。对于当代族群治理策略研究来说，治理行动要想取得成功，就必须坚持所谓的消耗战（war of attrition）。但是消耗战策略面临的挑战在于，政府在族群治理方面消耗的战斗力和投入应该在政治上是可持续的，同时又足以对激进组织构成人员消耗。所谓的政治上可持续，指的是族群治理行动应该尽最大可能避免伤害平民，以便政府高层领导人有足够的理由支持继续开展族群治理行动。

上述发现基本上适合于所有类型的国家，但是避免平民伤害事件不应该束缚政府族群治理的手脚，让政府不敢开展大规模的有力治理行动，政府需要做的是减少对普通民众的间接伤害，解决方案之一是加强情报和调查能力，确保政府打击尽可能避免平民而只施加在那些犯罪分子和激进分子身上。

由于认为吉尔的一些族群治理策略的合法性乃至道德性都存在争议，一些警官要么是行动不力要么是不愿意全力投入，吉尔逐渐代之以更加可靠、行动更加得力的警官。如果能够成功击毙激进组织的重要头目，低阶

---

① 已经有研究表明，通过在当地投入人力物力改善民众生活水平和进行道路等基础设施建设，有助于改善与当地民众的关系，赢得当地的支持，但是如果要说这种改善后的关系与平息冲突行动效率之间存在正相关关系的话，则缺少实证支持。不过有证据表明行动效率降低会影响政府与民众关系，例如如果短期内袭击增加时，民众会将责任归咎于政府行动效率低。参见 C. Christine Fair, "Lessons form India's Experience in the Punjab, 1978 - 1993", in Sumit Ganguly and David P. Fidler eds., *India and Counterinsurgency: Lessons Learned*, London: Routledge, 2009, pp. 122 - 123。

警员往往能够得到更加快捷的升迁机会，甚至有传言称在冲突区域的警员都有"杀敌指标"（kill quotas）。① 虽然有关立法并没有免除对严重的人权犯罪的惩罚，但是正如一位高级警员所认为的，"如果绕过法律程序能够换来民心的转变，这就值得去做"。② 旁遮普警力的增强和行动效率的提高帮助当地局势逐渐稳定下来，不过这个过程也伴随着了一些对警方行为的不满，例如制造虚假交火、滥用警力等。但总体来看，由于当地警力大多来自锡克族群，这些不当行为并没有引发民众对于印度政府的仇视。当地民众支持逐渐转向政府，也为地方政府开展大规模治理行动提供了基础。

第三节　地方温和派力量的整合和加强

随着警方与当地民众的关系得到发展，地方警察还需要具备足够的能力实施抓捕和打击行动，这就涉及两个重要条件：人力和火力。在吉尔的支持和主导下，旁遮普警局开始大规模招募新警察和改善警用武器装备，加强了族群治理的警察力量，其他参与族群治理的力量也得到极大扩充，例如地方志愿军、特别警察和旁遮普突击队等。人员的扩充不仅提高了锡克年轻人参与族群治理的热情，也大大减少了参与激进组织对于年轻人的吸引力，此增彼减之际，地方温和派相对于激进组织的实力对比开始朝着有利于治理成功的方向发展。

吉尔开始着手大规模提升当地警察力量。旁遮普警察局开展大规模的警员招募行动，警员数量从 20 世纪 80 年代初的 2 万人上升到 1992 年的 6 万人，到 1993 年冲突基本平息时，警员人数已经达到 7 万人。③ 与此同时，警员待遇也大幅改善，警察局预算从 1981 年的 2 亿卢比大幅增加到

① Jugdep S. Chima, "The Punjab Police and Counterinsurgency against Sikh Militants in India", in C. Christine Fair and Sumit Ganguly eds., *Policing Insurgencies: Cops as Counterinsurgents*, New Delhi: Oxford University Press, 2014, p. 284.

② Harinder Baweja and Ramesh Vinayak, "Slush Funds: Pay-Off Secrets", *India Today*, February 15, 1995, p. 51, http://indiatoday.intoday.in/story/scope-of-misuse-of-secret-funds-for-gathering-intelligence-remains-huge/1/288316.html.

③ Shinder Singh Thandi, "Counterinsurgency and Political Violence in Punjab, 1980－94", in Gurharpal Singh and Ian Talbot eds, *Punjabi Identity: Continuity and Change*, New Delhi: Manohar Publishers, 1996, p. 163.

1993 年的 70 亿卢比。[①] 大规模警察招募和提高从警待遇，吸引了众多锡克年轻人的加入，壮大警察力量的同时也有效地解决了很多年轻人的就业问题，减少了极端组织可能招募到的武装人员的基数。政府的警员招募还特别向受到恐怖主义活动冲击最严重的地区倾斜，例如阿姆利则和古达斯普尔（Gurdaspur）地区。[②] 大量的锡克年轻人因此得到了体面的工作机会，在远离激进思想影响的同时也被纳入和增强了打击激进组织的力量。

旁遮普的乡村文化强调男子的阳刚气概，对于那些没怎么受过教育、经济状况不佳的年轻锡克人来说，能够加入警察队伍，无论是改善经济境遇还是提高社会地位来说，都是非常有吸引力的选择。一位锡克母亲在得知自己儿子应征加入警察队伍后，说道："感谢神。他成为警察了，否则他可能就和其他男孩子（指激进分子）一样了。"[③] 有了充足的警察力量，吉尔得以开展更多反恐行动，增加了巡逻和突击人员，甚至在针对目标开展行动时，还有专人进行激进分子识别和抓捕工作。

吉尔提出了警察装备军队化的主张，即为警察配备火力更强大的武器。实际上，吉尔主张警察配备与 AK‑47 类似火力的突击步枪，起初是遭遇了比较强大阻力的，反对的理由无外乎人们认为民事警察和治安警察配备如此强大"军事武器"并不合适，同时有人还担心警察配备强大火力可能带来损害人权问题。[④] 当然，最终情况表明这种担心是多余的，既然印度政府已经定性锡克问题是社会治安问题，并且确定应该属于当地警方的管辖范围，那么在激进分子的主要武器已经是 AK‑47 等自动和半自动枪械的情况下，警方武器装备的更新就非常有必要了，这对于警方提升战斗力的作用是立竿见影的。吉尔个人的坚持和强烈要求最终起了作用，

①　Gurharpal Singh, "The Punjab Crisis since 1984: A Reassessment", *Ethnic and Racial Studies*, Vol. 18, No. 3, 1995, p. 413.

②　Jugdep S. Chima, "The Punjab Police and Counterinsurgency against Sikh Militants in India", in C. Christine Fair and Sumit Ganguly eds., *Policing Insurgencies: Cops as Counterinsurgents*, New Delhi: Oxford University Press, 2014, p. 272.

③　Jugdep S. Chima, "The Punjab Police and Counterinsurgency against Sikh Militants in India", in C. Christine Fair and Sumit Ganguly eds., *Policing Insurgencies: Cops as Counterinsurgents*, New Delhi: Oxford University Press, 2014, p. 272.

④　K. P. S. Gill, "End Game in Punjab, 1988‑1993", *Faultlines*, http://www.satp.org/publication/faultlines/volume/articles3_htm.

在印度政府的支持下旁遮普警员们原先装备的老古董的在第二次世界大战中使用的来复枪，终于被自动步枪和 AK‐47 突击步枪所取代，特别是 AK‐47，由于其近战的火力优势和可靠的击发效率，长久以来就是激进分子最钟爱的武器，如今警方的火力水平至少不会低于对手。警用火力的提升提高了前线警察的族群治理信心，在与激进分子遭遇战中不再处于火力劣势，甚至可以依靠更严格更专业的军事训练压制同样使用 AK‐47 的激进分子，因此他们在抓捕行动中更愿意主动接近和交火。

吉尔还争取印度政府的支持给各警局配备了无线步话机，使得各部门在作战时的通信水平得以提高，协同作战能力大幅提升。至少在 20 世纪 80 年代初期和中期，一般的地方警察局是没有类似先进通信设备的。旁遮普警方开始引入警用装甲车和给警用车辆加装甲，这也是吉尔作为警察局局长时期最得意的设备引进和改造，在旁遮普乡村的治理行动中可以说是大显神威。当时旁遮普乡村的情况是警察统治白天，激进分子统治晚上，各警局到了晚上就关门大吉，拱手将地方治理的一半控制权（时间上的）交给对手。吉尔上任后开展“夜间优势行动”（Operation Night Dominance），带头乘车开展夜间巡逻，而加装了装甲的警车成为他们最好的帮手。① 这种身先士卒的做法极大地改变了旁遮普警局此前的等级文化，例如高阶警官以及警所负责人偏爱遥控指挥一线抓捕活动，从而让自己暴露在激进组织袭击之下的危险降到最低。在吉尔的带头示范下，旁遮普警方从上到下的族群治理士气高涨，高频次的有效巡逻重新夺回了对当地局势的全天候控制，进一步挤压了激进分子的活动空间和时间。在旁遮普乡村地区，激进分子往往躲藏在暗处展开反击，那里冬天是大片的甘蔗，夏天则是成片的谷物庄稼，都便于激进分子开展伏击、隐蔽和逃逸。面对激进分子利用当地地理优势开展的游击式袭击，旁遮普警方一直头疼不已，警用装甲车的加入，为参加治理行动的官兵提供了更好的保护，在追击和搜查时的安全性和效率都大大提高，这也被认为是旁遮普警方为开展治理行动进行的最好投入之一。

---

① 参见 Manoj Josh，"KPS Gill（1934‐2017）：The man who finished Khalistani terrorism in Punjab"，scroll. in，May 27，2017，https：//scroll. in/article/838859/kps-gill‐1934‐2017‐the-man-who-finished-khalistani-terrorism-in-punjab。

警察的训练水平也得到增强。为了增强警察在应对恐怖行动方面的技能，自 1990 年开始，印度陆军为每个警员提供 4—10 个星期的特殊训练。针对当地反恐需求，国家安全卫队（National Security Guards）也为旁遮普地方警员提供特别训练，帮助提高警员们的业务水平。在联邦资金的支持下，旁遮普警方还开始配置现代化的无线电通信设备和车辆，这些现代化设备的加入，使得当地警察可以在更大范围巡逻，巡逻的频率和效率也更高。所有这些改变都大大增强了基层警力处理激进分子的信心和能力。

从政府层次来说，随着印度政府和地方政府就族群治理目标达成一致，双方的协同能力增强，以及各种当地警察力量改革措施的推行，政府已经做好了平息叛乱的各种准备。对于印度政府来说，动用和依赖当地警察部队的意义在于形成"锡克人对锡克人"的态势，降低族群治理的敏感性，这也有效地应对了激进组织以往的动员策略，后者无法将治理行动宣传为印度教徒对锡克教徒的压迫。当地的警察（通常是锡克人）经过适当的训练、配备适当的装备和辅以适当的资源，已经能够在族群冲突的实力对比态势中占据优势地位，同时通过培养自己的情报人员去完成情报收集等任务，可以抵消甚至超过激进组织享有的情报优势。

在吉尔的族群治理策略中，在一线执行族群治理任务的是当地警察，印度军方主要负责提供外围支持，后者族群治理职能的转换也是关键性的。印度陆军不再主导具体治理行动，开始扮演支持性的角色，主要是确保城市地区的基础设施安全和承担边防哨卡的执勤等。准军事部队协助警方在激进组织比较猖獗的农村地区行动，边防安全部队（Border Security Force，BSF）封锁与巴基斯坦接壤的边界地区。这些外围支持使得警察部门可以专注于打击激进组织的行动。除了地方警察之外，其他直接参与族群治理的当地力量包括如下几类。

地方志愿军（Home Guards）：除了警力的大幅提升，另一个族群治理力量的重要补充是地方志愿军，从 1984 年的约 5000 人增加到 1992 年的 2 万人。[①] 地方志愿军的主要职责是协调确保村庄的安全，虽然他们的

---

① Shinder Singh Thandi, "Counterinsurgency and Political Violence in Punjab, 1980 - 94", in Gurharpal Singh and Ian Talbot eds, *Punjabi Identity*: *Continuity and Change*, New Delhi: Manohar Publishers, 1996, p. 163.

装备比较简陋，大多数配备的是第二次世界大战时期的老旧枪支。但是他们的主要功能在于：第一，增加锡克年轻人的就业，减少激进组织可能招募的人员基数。对于那些教育水平不高的贫苦锡克人来说，一份体面的工作也意味着社会地位的提高，政府也可以通过这些工作机会将年轻人的未来与国家的福祉绑定在一起。第二，地方志愿军的职责区域一般是所在的村庄，对于村民来说，能够直观地感觉到是自己人在保护村庄，而不是那些印度教徒占多数的准军事部队。第三，虽然装备简陋，但人手的增加使得安全部队可以在旁遮普的大多数村庄和城镇都设立安全站或检查岗，而在此之前很多村庄只有一个执勤点，激进分子可以很轻易就绕过去而不被发现或检查。[①] 同时由于地方志愿军来自当地，对于其他居民都十分熟悉，能够轻易发现陌生面孔，这无形中增加了激进分子在当地开展活动的难度。

特别警察（Special Police Officers，SPOs）：特别警察是与地方志愿军平行的一支行动力量，到 1992 年时人数一度达到约 1 万人。[②] 一部分特别警察佩戴警徽协助地方志愿军的工作，还有一部分则穿便衣，领取每天35 卢比的补贴，配备枪支，可以在管辖区域内击毙激进分子，成为一支机动的反恐力量。特别警察的主要功能在于：第一，增加锡克年轻人的就业，减少激进组织可能招募的人员基数。特别警察的特别之处在于主要是针对表列种姓的锡克年轻人，这群人在 20 世纪 90 年代初的时候大量涌入激进组织寻求经济利益和提升社会地位，因此在很多村庄，特别警察专门针对这一人群进行招聘，从而更加直接地降低激进组织可招募人员基数。第二，使得战争成为村庄与村庄、锡克人与锡克人之间的战争，正规警察力量为他们提供支持。从象征意义和身份认同来讲，这使得旁遮普的族群治理成为锡克人的内部事务，而不是锡克人与印度教徒、锡克人与印度政府之间的战争，有利于控制和缓解激进组织开展的族群动员。第三，从战术意义上看，这使得激进分子不得不将注意力从政府和警察身上，转移到

---

① Jugdep S. Chima, "The Punjab Police and Counterinsurgency against Sikh Militants in India", p. 273.

② Shinder Singh Thandi, "Counterinsurgency and Political Violence in Punjab, 1980 – 94", p. 163.

身边的当地人和族群民众上，因为特别警察也混居在民众之间，不知道什么时候他就可能开枪击毙他发现或他认为是激进分子的人。这相当于进一步分化了当地民众与激进组织之间的联系，对于日益受到激进分子骚乱困扰的民众来说，他们对激进组织及其成员的信任度越来越低。

旁遮普突击队（Punjab Commandos）：旁遮普突击队人数约 4000 人，与特别警察的区别在于它是精英警察力量。[①] 旁遮普突击队在族群治理的作用并没有得到充分的研究和认识，突击队员都要接受军队的专门训练，而且对于体力和技能的准入要求甚至要高于常规士兵。从 1991 年开始，突击队开始取代部队成为族群治理的尖端力量，是吉尔最为重视的行动队伍。除了行动效率高之外，突击队也承担了很多其他功能，例如突击队员几乎清一色是锡克人，警局也鼓励他们保持锡克人的各种外在特征，特别是锡克男子典型的大胡子和包裹头发的头巾。[②] 他们举止文明，穿着整齐的黑色制服，以及配置现代化的先进装备，给人的就是训练有素的精干形象。实际上，他们有两大任务，除了执行族群治理任务之外，突击队也在特定场合参与展示，即展示旁遮普警察的优良形象，传递锡克人的自豪感，从侧面对抗激进组织可能发起的民众动员。

第四节　地方温和派的同族群优势

在温和派发挥主导作用的情况下，族群治理力量相对于激进组织在当地人文和地缘环境方面已经不再处于劣势，但这也并不意味着情报能力能自然提高。在此之前，印度政府主导的治理行动往往受制于情报系统收集情报能力低下而效果不佳，在当地警察接手主导治理行动之后，激进组织不再独享情报收集能力方面的同族群因素，但是如何提高当地情报部门的工作效率，如何最大限度地调动警员收集情报的积极性，是摆在吉尔面前的一项重要任务。在吉尔的主导下，旁遮普警方改造了整个情报收集体

①　Jugdep S. Chima, "Controlling the Sunni Insurgency in Iraq: 'Political' and 'Military' Strategies from Successful Counterinsurgency in Punjab-India", *Small Wars and Insurgencies*, Vol. 18 No. 4 (2007), p. 630.

②　Jugdep S. Chima, "The Punjab Police and Counterinsurgency against Sikh Militants in India", p. 274.

系，以破解族群治理时可能面临的信息困境，当然印度政府的资金支持也发挥了重要作用。

首先还是需要回到央地政府哪一方更应该主导情报收集工作的问题。印度情报部门的组织架构和人员配备更多的是关注整个国家层面的，是针对国家的整体的战略需要进行设计的，与国家之间的重大安全问题有关，在处理地方的具体细节问题方面则存在一定的短板。1984 年印度军队在"蓝星行动"中情报准备工作不足，就与当时主导行动的印度军方和国家情报系统的工作能力不足有关。实际上，到 20 世纪 90 年代初的时候，锡克问题已经持续十余年，带来的伤亡已经超过印度面临的其他所有地方冲突，但是在冲突初期，包括情报局（Intelligence Bureau，IB）、中央情报局（Central Bureau of Intelligence，CBI）以及调查分析局（Research and Analysis Wing，RAW）和军方情报部门在内的印度情报系统几乎没有在旁遮普开展任何实质工作。1984 年"蓝星行动"结束后四个月，吉尔调任旁遮普武装力量联合督察（Inspector General of the Punjab Armed Police），他很快就惊讶地发现在旁遮普开展治理行动的安全部队，没有保留任何当地激进分子犯罪记录，没有展开任何调查，甚至没有对前期已经开展的打击行动保留记录。① 其中一方面的原因是印度军队情报收集工作疏漏，另一方面是当地警员消极的族群治理态度，印度政府主导的治理行动陷入困境也就不足为怪了。

印度对于激进组织的支持渠道和获取武器的渠道知之甚少，对于冲突可能带来的袭击和人员伤亡程度也缺乏充分的估计，甚至地方警察部门被激进分子大量渗透，这就是当时印度政府族群治理在收集情报时面临的被动局面。由于缺少关于激进组织和激进分子的有效甄别信息，一线行动部队无法有效区分激进分子与非激进分子，在开展打击行动时抓捕甚至击毙了很多无辜民众，其中的一些人还只是在激进组织袭击的威慑下提供帮助，还有一些人只是激进运动的同情者，他们并没有卷入任何实质性的袭击行为。因此，本着团结民众争取民心的考虑，这些人都是属于可以促使保持中立甚至争取的对象，政府族群治理带来的间接伤害只是将他们进一

① K. P. S. Gill, "End Game in Punjab, 1988 – 1993", Faultlines, http: // www. satp. org/publication/faultlines/volume/articles3_htm.

步推向激进势力。"由于缺乏足够的当地情报，印度军方开展的无区别袭击打击行动……反而迫使很多锡克年轻人跨过边境"，在巴基斯坦人的帮助下接受武装训练，在日后成为族群问题升级的主要推动力量。[1]

锡克激进组织具有鲜明的非国家行为体的特点，利用同族群因素形成的相对优势积极开展游击式的袭击活动，激进组织的成员来自当地民众，很多时候是白天务农或务工，在有袭击计划时就摇身一变成为手拿武器的致命袭击者，这给印度情报机构带来了强有力的挑战。在特殊时期，国家情报机构可以针对专门地区或行动设立科室，但对于地方族群治理的日常战术行动，更多的还是应该依赖地方情报系统。在族群治理的一线行动中，国家情报部门也时常面临法律方面的制约，需要与行政部门相互配合。此时地方警察作为行政部门，反而具备一定的比较优势。例如，在与内线接触时，地方警察可以提供减轻刑罚和缩短服刑时间等条件，换取激进组织内部成员与政府合作。

1984 年，旁遮普警察局开始设立专门的情报部门，主要工作是统一收集、整理和分析关于激进组织的信息，并且逐渐与军方和情报机构开展协同项目。随着警方情报工作的进展，政府部门开始对激进组织有了更多的了解，例如找到对激进组织的支持力度高于平均水平的那些村庄，然后由警方进行重点监控。但是光有这些基础工作还不够，直到吉尔第二任期旁遮普警方对于情报部门的改造升级才开始见到明显成效。在印度政府经费的支持下，锡克警察局在人力情报方面可谓后来居上。

吉尔领导旁遮普警方改造了整个情报体系，一群受过良好教育的年轻警员被充实到情报一线，这些人往往来自其他邦或印度政府部门。印度政府管辖的情报部门，例如调查分析局（RAW）也参与了旁遮普警局情报机构的重建工作。[2] 这些外来力量的加入使得旁遮普警局可以深入调查研究激进组织的特点，摸清动乱最严重地区的袭击模式，确认激进组织外围和核心人员的活动情况，激进组织的支持网络和安全屋位置，以及各激进

---

① K. P. S. Gill, "End Game in Punjab, 1988 – 1993", Faultlines, http://www.satp.org/publication/faultlines/volume/articles3_htm.

② C. Christine Fair, "Lessons from India's Experience in the Punjab, 1978 – 93", in Sumit Ganguly and David Fidler eds., *India and Counterinsurgency*: *Lessons Learned*, London: Routledge, 2009, p. 116.

组织之间纷繁复杂的关系等。当地警方在有效的情报支持下得以开展多种外科手术式的定点打击行动，提高行动效率的同时也有利于减少和避免间接伤害，民众对于警方治理行动的反感少了，支持多了，警民互动进入了一个良性的循环轨道。

地方警察对战场环境，包括地理、人口和文化的熟悉程度，有助于制定更加有效的治理行动计划。例如，一些激进分子总是与当地一些女性保持特殊关系，因此他们会定期地前往乡村或城市某个地点约会。一旦警方确认了这些女子的身份和居住的场所，那么剩下的抓捕工作就比较简单了，很多时候可以坐等这些激进分子自投罗网。当然获取这些信息大多是通过人力情报的方式，这意味着需要印度政府提供强大的资金支持，帮助地方警察扩大对辖区内激进分子或涉嫌激进活动的人员的监控范围和力度。例如，Tarn Taran 曾经是激进活动最活跃的地区之一，旁遮普警方后期在该地区建立的内线网络，使得警方有能力监控该区域内每个村庄和涉嫌容留激进分子的每户居民。

激进分子往往是深夜拜访村里同情或支持激进组织活动的人员，在享受屋主提供的盛情款待之后，他们会在天亮前离开。但是在警方具备相关情报和充分的监控能力后，在屋内灯光亮起之后的数个小时之内，警察就会赶到，及时地盘问或抓捕这些不期而至的访客。当警方开展了很多类似行动之后，就可以向当地民众传播一个清楚无误的信息，那些同情或支持激进分子的人将不再是秘密，而一旦有同伴因此被抓，其他激进分子就不敢再在周边区域出现，这种链式反应的传播效果是非常快的。很快，由于警方行动效率日益提高，当地民众的支持也会因此转向政府，警方会被当作地方安宁的保护者而受到民众的欢迎，而那些真正容留和保护激进分子的人则会被责难，并最终被大部分民众所唾弃。

在任何情况下，情报部门工作效率的提高都离不开政府资金的支持。旁遮普的情况也是如此。旁遮普警方的一个重要的情报来源是当地线人，也就是警方通过奖金的方式发展当地村民提供情报信息，当然还包括便衣，也就是在村庄中招募村民作为特别警务人员（SPOs），作为非正式的族群治理力量，这些村民按日领取报酬，警方给他们配枪，并准许他们在村庄和临近地区发现激进分子时，可以采取击毙行动。印度政府还提供大量"秘密资金"和"备用金"（slush funds），这些资金最终经由旁遮普警方转给形形色色的线人，例如 CATs 项目。①

　　吸引到 CATs 项目的人员大多是激进组织前成员，也有少部分是自告奋勇者，主要任务包括：（1）发展渗透进入激进组织的间谍；（2）指认激进分子；（3）假扮成激进分子以接近潜在支持激进组织的村民从而获取情报。参加 CATs 项目的人员，要么是得到警方的保证，可以免受惩罚；要么是被许以巨额的金钱报酬，以便在今后能离开旁遮普开始全新的生活。② 为保证线人项目的充分运行，要求警方拥有比较充足的资金来源。实际上，旁遮普警方有时候甚至认为线人项目比警察的预算都多，吉尔对此的看法是，"如果激进分子购买情报资源的能力比我们警方都强，那么我们如何能打赢他们？"另一位高级警员也认为，"是金钱增强了警方的优势"。③

　　实际上，早在 20 世纪 80 年代末苏兰德拉（Surendra Nath）担任旁遮普邦长时期，印度政府就开始给旁遮普政府提供秘密行动资金（Secret Service Funds），主要用途一是为线人项目提供资金，二是悬赏缉拿或击毙激进分子。调查分析局（RAW）一位高级官员曾透露，这些钱只是在议会通过的年度预算的某个子条款中以其他项目的形式出现，最终都直接流向地方政府。也因此，外界很难弄清秘密行动资金的实际规模，估计当时苏兰德拉可以支配的秘密资金规模在 500 万—5 亿卢比，这都是中央情报局提供给旁遮普警方额外的行动经费。④ 秘密资金的出现也在一定程度上体现了联邦与地方政府，以及政府各机构之间在治理行动上的跨政府和跨部门合作，体现了各方对于提高旁遮普警方情报能力，进而提高治理行

---

　　① 项目名称来源于把警方喻为猫（CAT），而激进分子被喻为鼠（Mice），即一场狩猎游戏。

　　② Ramesh Vinayak, "Punjab: Prowling for a Living", *India Today*, December 15, 1995, http://indiatoday. intoday. in/story/system-of-inducting-terrorists-as-double-agents-leaves-them-at-mercy-of-police-in-punjab/1/289745. html.

　　③ Harinder Baweja and Ramesh Vinayak, "Slush Funds: Pay-Off Secrets", *India Today*, February 15, 1995, p. 53, http://indiatoday. intoday. in/story/scope-of-misuse-of-secret-funds-for-gathering-intelligence-remains-huge/1/288316. html.

　　④ Harinder Baweja and Ramesh Vinayak, "Slush Funds: Pay-Off Secrets", *India Today*, February 15, 1995, p. 53, http://indiatoday. intoday. in/story/scope-of-misuse-of-secret-funds-for-gathering-intelligence-remains-huge/1/288316. html.

动效率的合作与共识。

在吉尔第二个任期内，旁遮普警方制订了更加大胆和有吸引力的悬赏计划，根据激进分子的重要程度分为 A、B、C 三类。A 类是激进组织核心成员或首要分子，警方一般会专门成立行动组跟踪应对。在整个族群治理期间，被列为 A 类激进分子的人数不超过 40 人。[①] 虽然人数少，但这些人具备的影响远超过其他非核心人员，逮捕或击毙 A 类恐怖分子将转化为政府和民众的巨大心理优势。对于 B 类和 C 类恐怖分子，在抓捕后则可能进行策反，即通过对他们的宽大处理，获取更高级别头目的情报信息。如果提供的情报能有效帮助抓捕或击毙首要分子，包括线人及其负责警员都将获得丰厚的酬金，范围从 2 万卢比到 250 万卢比不等。例如，巴巴尔·哈尔萨（Babbar Khalsa）首领苏克德·辛格（Sukhdev Singh）和卡利斯坦解放力量（Khalistan Liberation Force）首领古尔江特（Gurjant Singh Budhsinghwala）就属于高级别要犯。[②] 因为奖金丰厚，很多警员在击毙众多激进分子之后就退出现役，移居其他邦开始新的生活。很多线人也是如此，在行动结束后，警方会给他们提供新的身份在新的地方开始新的生活。[③]

外界或许很难查清秘密资金的具体使用过程，但是可以从具体的行动效率提升来审视这一项目的必要性。随着一线行动获得大量资金支持，警方得以扩大情报收集渠道和规模，到最后警方几乎能够渗透所有主要激进组织的内部，甚至在激进组织高层之间发展线人。[④] 至少 1992 年夏天警方成功击毙巴巴尔·哈尔萨首领苏克德·辛格和卡利斯坦解放力量首领古

[①] Prem Mahadevan, "The Gill Doctrine: Model for 21st Century Counter-terrorism?", Faultlines, Vol. 19, April 2008, http://www.satp.org/satporgtp/publication/faultlines/volume19/article1.htm.

[②] Harinder Baweja and Ramesh Vinayak, "Slush Funds: Pay-Off Secrets", India Today, February 15, 1995, p. 53, http://indiatoday.intoday.in/story/scope-of-misuse-of-secret-funds-for-gathering-intelligence-remains-huge/1/288316.html.

[③] 赏金计划的执行过程也有不少争议，例如面对丰厚酬金，媒体怀疑合作警员可能对自己的线人采取法外击毙，然后自己一个人领取奖金。类似传言很多，但由于整个行动的秘密性，外界通常很难核实。

[④] Tarun J. Tejpal and Ramesh Vinayak, "Punjab: New Signs of Confidence", India Today, September 15, 1992, p. 32, http://indiatoday.intoday.in/story/anti-terrorist-campaign-gives-punjab-police-an-edge-but-staying-on-top-to-prove-difficult/1/307655.html.

尔江特，就得益于线人提供的准确情报。在总结成功经验时，一位一线警员表示，"这次我们最大的成功在于渗透。如今我们有了资金，可以（在激进组织内部）安插更高级别内线"。[①] 此外，警方在抓捕和击毙上述两个激进组织中层头目方面的很多行动，也得益于线人情报。警方对两个组织采取的有效行动，对于其他激进组织来说也是很大威慑，面对警方线人对组织内部可能造成的巨大破坏，在猜疑之下他们开始减缓甚至放弃招募新成员。

第五节 "保卫者 I" 和 "保卫者 II" 行动

1992 年，在大力整顿警察队伍、提高警察战斗力和改进情报能力之后，吉尔在接下来的 18 个月时间里发动了一系列治理行动，主要包括承接"保卫者 I 行动"的"保卫者 II 行动"。实际上，早在 1990 年年中的时候，印度政府就因为印控查谟和克什米尔地区日益升温的冲突局势开始了一场武力展示行动，即"保卫者 I 行动"，并由此延伸到了对旁遮普边境地区的管控行动。当时仍在旁遮普警长任上的吉尔代表旁遮普协调了与印度军方的行动。1990 年 6—9 月，是"保卫者 I 行动"的第一阶段，此阶段更多的是武力展示，没有实质性的行动，印度部队负责加强边境管控打击跨境人员渗透和武器走私。[②] 通过第一阶段的力量展示行动，依靠军队的强力控制，边境地区的激进分子活动猖獗的现象得到暂时遏制，居民对于激进分子的恐惧开始消减。

前文提到过，1990 年 12 月 18 日谢卡尔政府试图开启与锡克激进组织的直接谈判，应激进组织的要求解除了主张强硬族群治理的吉尔的警长职务。根据吉尔的计划，第二阶段的行动本应该由地方警察接手，但是在吉尔去职之后，"保卫者 I 行动"第二阶段重新回到印度军队主导的传统

---

① Praveen Swami, "To Bottle the Genie: The Police and Human Rights in Punjab", *Frontline*, November 18, 1994, p. 42.

② Kanwar Sandhu, "In the second phase of Operation Rakshak, army tries to avoid mistakes of its earlier operations in Punjab", *India Today*, 15 March 1991, https://www.indiatoday.in/magazine/special-report/story/19910315-in-the-second-phase-of-operation-rakshak-army-tries-to-avoid-mistakes-of-its-earlier-operations-in-punjab-814145 – 1991 – 03 – 15.

道路。① 所幸当时主要目标仍是将激进组织赶往边境地区的特定地带，并没有过多的一线打击行动，后续的集中打击行动在吉尔第二次上任旁遮普警长之后密集开始。"保卫者 I 行动"的第二阶段从 1990 年 11 月开始延续到 1991 年 10 月，印度军队开始密集参与边境地区的巡逻，迫使很多锡克激进组织将活动基地从更靠近边境的马加（Majha）地区转移到更靠近旁遮普内陆的马尔瓦（Malwa）地区。第二阶段的行动并不寻求改变激进组织的行为方式，目标仍是暂时压制激进组织的猖獗袭击，不过在第二阶段的行动，吉尔确定的一些理念仍得到执行。为了进一步加强边境居民对于政府的信心，边境部队还在当地开展大规模的农村基础设施建设，例如修路修桥和组建农村卫生站等。参与类似工程项目的往往还是锡克士兵比例较高的部队单位。与此同时，部队还借此机会重新开始招募锡克士兵，而传统上旁遮普锡克人就是印度武装力量的重要部分。与"伍德罗斯行动"时不同，参与此次行动的印度士兵都被要求严格遵守"不准进入民宅、不准在宗教场所附近吸烟、不准损害农作物"三不准命令。② 这些措施帮助印度军队赢回了部分锡克人对于政府部队的好感，为警方增强实力、加大情报力度和调整部署"保卫者 II 行动"奠定基础。

"保卫者 II 行动"是从 1991 年 11 月开始的，此时吉尔已经重回警长职位并主导了此后的警察行动。旁遮普警方主导了此阶段的行动，军事部队主要负责提供外围支持，为即将开始的地方选举提供安全保障。此时，吉尔主导的地方警力提升计划已经初见成效，旁遮普已经拥有将近 6 万人的常规警察，2.8 万人的地方志愿军，1 万人的特别警察，7 万人的准军事部队（包括 CRPF 和 BSF），以及 12 万人的常规部队。③ 此次行动中，旁遮普警方的行动范围从边境拓展到旁遮普全境，主要是接手之前的 BSF 承担的边境巡逻任务，后者已经被走私客或激进组织买通。

① K. P. S. Gill, "Endgame in Punjab: 1988 – 1993", Faultlines, Vol. 1 No. 1 (1999), http://www. satp. org/publication/faultlines/volume/articles3_htm.

② Kanwar Sandhu, "In the second phase of Operation Rakshak, army tries to avoid mistakes of its earlier operations in Punjab", *India Today*, 15 March 1991.

③ C. Christine Fair, "Lessons from India's Experience in the Punjab, 1978 – 93", in Sumit Ganguly and David Fidler eds., *India and Counterinsurgency: Lessons Learned*, London: Routledge, 2009, p. 110.

旁遮普警方也加强了与部队的合作，例如在联合族群治理行动中，由部队提供外围警戒和封锁，旁遮普警察，尤其是突击队负责一线的战斗。吉尔认为，"之前（1984）旁遮普邦也派驻过部队，但是这次我们开展了全面的协调。如今我们负责突击，军队提供外围警戒"。[①] 吉尔作为警长与各军指挥官建立了常态化的联系机制，同时军队和警方之间的协调从制度上得到了保障：旁遮普警局向驻扎在区域内的各军（Corps）派出一名警监（Inspector General, IG）、各旅（Brigade）派出一名警司（Superintendent of Police, SP），并给各营（Battlion）指定一个警队相互配合工作。[②] 在各警队的指挥室里也有军方代表在场，从而建立了一个高效紧密军警协调机制，确保在各种紧急情况下双方都可以全面共享情报，从而快速应对袭击和全方位协调抓捕突袭行动。

除了加强自身的能力和改善自身的形象之外，旁遮普警方还通过媒体的力量，揭露激进组织的真实状况。1992 年的警方大规模治理行动中，吉尔对媒体的使用更进一步，开放的媒体策略继续发挥威力，况且对一些臭名昭著的激进分子的抓捕和击毙行动本身就具有充足的新闻报道价值。得益于前期情报积累，警方以令人惊叹的速度开始对主要激进分子展开行动，其中一些目标在此之前还是被外界认为警方根本没有能力绳之以法的首要分子，警方的毙敌消息开始密集通过媒体为当地民众知悉。从 1992 年 6 月开始，警方的重大行动得到了媒体的集中报道，在揭露激进组织的恐怖行径和犯罪行为以及警方的打击成效方面起到了良好的作用。

从 20 世纪 90 年代早期开始，旁遮普警方还不定期地举行受降仪式，在仪式上那些被捕投降的激进分子需要在台上承认自己被"误导"加入激进组织，当然这些仪式会邀请媒体见证和报道。旁遮普警方还有目的、有策略地向媒体提供关于激进组织领导人及其成员犯罪行为的线索。例如，在击毙巴巴尔·哈尔萨（Babbar Khalsa）重要首领苏克德·辛格后，媒体曝出他在帕蒂亚拉有一所舒适豪华的大理石宫殿，居住在里面的是他

[①] Shekhar Gupta and Kanwar Sandhu, "K. P. S. Gill: Pakistan has lost", *India Today*, April 15, 1993, p. 39, http://indiatoday.intoday.in/story/you-can-say-i-have-vested-interest-in-restoring-normalcy-in-punjab-k-p-s-gill/1/302041.html.

[②] K. P. S. Gill, "Endgame in Punjab: 1988 - 1993", Faultlines, Vol. 1 No. 1 (1999), http://www.satp.org/publication/faultlines/volume/articles3_htm.

的情妇和私生子；又如媒体报道称，卡利斯坦解放力量（Khalistan Libera-tion Force）首领古尔江特是前往卢迪亚纳与情妇私会的路上被警方伏击并击毙的，类似新闻还披露了很多激进组织的高级领导人及其家人积累了可观的财富。①

虽然激进组织宣称这些新闻报道都是捏造的，根本不是事实，但是鉴于民众对于他们的印象已经非常负面了，激进分子的形象已经从之前毫不利己的为锡克族群而战的斗士，转变成利用锡克独立运动大发横财的贪婪小人。正如《今日印度》在报道苏克德被击毙的新闻中所说的，"巴巴尔·哈尔萨失去的不仅是一个强力首领，它也失去了自身作为一个提倡禁欲苦行的、意识形态坚定的组织的名声。这其中警方的宣传发挥了重要的作用"。②

历届印度政府为平息锡克问题采取了很多政策，但是在整个冲突持续期间，政府的族群治理策略频繁改变，直到拉奥当选后才迎来稳定的政府领导。一系列措施使得当地政府的情报收集能力提高，警察行动更加积极有效。与之前印度政府和军队主导的打击行动不同，当地政府和警察的有效介入使得行动更有针对性，没有重复之前印度政府军无法有效区分激进分子和温和派的错误。新策略的成功还得益于当地警察力量的增长，旁遮普警察局开展大规模的警员招募行动，大规模警察招募和提高从警待遇吸引了众多锡克教年轻人的加入，壮大警察力量的同时也有效地解决了很多年轻人的就业问题，同时相对减少了极端组织可能招募到的武装人员基数。在治理旁遮普问题上开始迎来转机。

情况也正如吉尔族群治理理念所预示的那样，警方行动效率的提升，促使当地民众更加支持政府族群治理，当地局势的日益稳定，越来越多的锡克教精英不再惧怕激进分子，在表达锡克人主流民意时也更加自信。③

---

① Kanwar Sandhu, "Punjab: The Wages of Terrorism", *India Today*, October 31, 1992, pp. 34 - 36, http://indiatoday.intoday.in/story/militants-carve-out-mini-empires-acquiring-land-trucks-houses-and-gurdwaras/1/307967.html.

② Tarun J. Tejpal and Ramesh Vinayak, "Punjab: New Signs of Confidence", *India Today*, September 15, 1992, p. 32, http://indiatoday.intoday.in/story/anti-terrorist-campaign-gives-punjab-police-an-edge-but-staying-on-top-to-prove-difficult/1/307655.html.

③ Shale Horowitz and Deepti Sharma, "Democracies Fighting Ethnic Insurgencies: Evidence from India", *Studies in Conflict & Terrorism*, Vol. 3 No. 8 (2008), p. 761.

为了实现和平和经济稳定，当地温和派也日益愿意与印度政府妥协，不再受到或恐惧激进势力的制约。当地民众特别是普通锡克民众对这些激进分子被击毙表示漠视，甚至还拍手称快，表明族群治理的攻防态势已经开始有利于警方。激进分子及其事业已经开始失去基层支持，人心丧失之下，激进组织不仅失去了外部动员能力，内部的凝聚力也会下降。正常情况下，其他参与恐怖运动的人员很快就会获悉同伙被击毙的消息；主动向警方自首的激进分子越来越多，而这些人主动投诚又带来更多的情报，治理行动开始进入良性循环，抓捕行动的效率和效果不断提高。

在当地政府和警察部门的共同努力下，地方族群治理力量得到加强并真正投入治理行动中，尤其是先后开展的"保卫者Ⅰ"和"保卫者Ⅱ"行动取得很好的族群治理效果，从 1991 年冲突造成了 5265 人死亡的峰值，到 1992 年已经开始下降为 3883 人。印度政府的系列族群治理策略调整，不仅得到了当地政府和警察的支持，而且正逢激进组织升级无区别袭击恐怖袭击之时，政府使用区别打击策略并且和授权当地温和派主导行动，符合前文的研究推论 2，即当中央政府使用区别策略、激进组织使用无区别袭击策略时，冲突有可能被平息。此时温和派是否发挥主导作用将带来族群治理结果的性质变化。随着前文提到的三个必要条件都到位，印度政府的有区别打击策略开始发挥作用。到 1993 年冲突造成的死亡人数急剧下降到 871 人，自 1994 年之后，激进组织造成的年度死亡人数再也没能超过 100 人，这种状态得以长期保持。1997 年再次举行地方选举的时候，激进组织发起的最后反扑也未能造成 100 人以上的伤亡（1997 年极端分子袭击造成 59 人死亡），到 1998 年这种状态已经持续 5 年。根据本研究在导论部分提出的冲突平息判断标准，可以倒推确定 1994 年为冲突基本被平息的年份。

第六节　本章小结

拉奥是继拉吉夫之后第一个完成五年完整任期的印度总理，其任上及时调整了对旁遮普的族群治理策略，不仅强调有区别打击，还加强了对地方温和派的支持。为了让温和派有意愿参与族群治理，同时还有能力发挥主导作用，拉奥政府支持旁遮普大力扩张了当地警察力量。旁遮普地方政府大规模招募警察、提高从警待遇吸引了大量年轻锡克人，壮大了警察力量和解决年轻人就业的同时还减少了极端组织可能招募到的人员基数；政府还提升警用武器装备水平和加强了警察的能力培训，通过改组和加强情报体系，减少了治理行动带来的间接伤害，提高了行动效率，极大地摧毁了激进组织的有生力量。

温和派打击激进组织的策略还体现了明确的有区别特征，无论是吉尔倡导的通过成功行动争取锡克民众支持，还是旁遮普警方开展的庞大线人计划，强调的基本理念就是政府治理行动不仅注重区分激进分子与非激进分子，还注重区分首要分子与从犯，前者可以加强对民众的保护，或者在必要的时候减少对民众的伤害，后者则通过对击毙和抓捕首要分子构成对从犯和次要犯罪分子的震慑作用，迫使非首要分子主动脱离激进组织，甚至加入警方的线人计划。治理行动效率的提高，可以帮助政府赢取民众支持，从而实现民众主动与激进组织分离，民众支持的增强又有助于提高政府打击行动的效率。总之，印度政府的系列族群治理策略调整，正逢激进组织升级无区别袭击恐怖袭击之时，也就是说三个条件的实现为治理成功奠定了基础。

与之前印度政府和军队主导的打击行动不同，当地政府和警察的有效介入使得治理行动更有针对性，行动效率的提升促使当地民众对政府的支持意愿上升，这些情况削弱了激进分子享有的民众支持，以影响激进组织的资源获取、人员补充和情报收集等方式降低了激进组织的相对实力。经过长年的动乱，当地温和派也逐渐倾向于向印度政府妥协以尽快恢复地方秩序。1994 年以后虽然仍有零星恐怖袭击事件，但激进组织并没有能力在袭击活动中造成 25 人以上的年死亡人数，根据本研究确定的冲突状态取值标准，可以认为 1994 年印度政府平息锡克问题，旁遮普局势基本回归正常。

第 九 章

锡克问题治理的经验与教训

　　锡克内部各派势力中，阿卡利党是锡克教温和派力量的代表，主要政治目标是提倡旁遮普民族主义，这一点与一些极端派别具有相似之处，不过其实现目标的手段是争取在地方层次与旁遮普印度教组织建立联盟，获得权力分享的机会，这是他们与锡克激进组织最本质的区别之一。一直以来，锡克教传统上崇尚容忍，阿卡利党又具有比较丰富的联盟政治经验，因此锡克问题得以在印度联邦政体下得到某种妥协形式的实现。[①] 但是随着激进思想的散播，一场在印度政治体系内争取自治权的斗争演变为冲突，印度政府在整个治理冲突过程中的经验与教训也需要进一步总结。旁遮普问题是印度独立以来最难处理的族群冲突之一，成功治理旁遮普问题也一直被印度政府认为是一个"模范"（Model）工程，对于全印度，特别是印度民主制度和国家建设来说具有特别的意义。[②] 从世界范围对比来看，印度政府治理锡克问题的结果本身是比较成功的，即使从印度国内来看，印度政府在旁遮普地区开展的族群治理行动也是少数几个成功案例之一，这也提升了该案例的总结意义和示范意义。

第一节　族群治理与宗教的关系

　　本研究认识到宗教原教旨主义诉求和宗教动员在分离主义演变过程中

---

　　① Darshan Singh Tatla, *The Sikh Diaspora: The Search for Statehood*, London: UCL Press, 1999, p. 34.

　　② Gurharpal Singh, "Punjab Since 1984: Disorder, Order and Legitimacy", *Asian Survey*, Vol. 36, No. 4 (1996), p. 410.

的重要作用，但是脱离抽象的学术范畴来讨论宗教与冲突的关系无助于正确理解二者关系。对于任何特定宗教来说，原教旨主义都与保守派强调的那些不可更改的信条有关，是相对于不信教者和不虔诚者而言必须遵守的教规。从这个意义上说，几乎任何一个宗教信仰都存在原教旨主义，只是自从"9·11"恐怖袭击以来，美国主导的西方世界把原教旨主义标签与伊斯兰紧密联系，使得这个术语已经具有相当程度的贬义。实际上原教旨主义并不是必然激进化，一些宗教里的原教旨主义只是要求自身严格遵守教义，即在很多涉及宗教教义和行为的问题上持保守立场，但与激进行为毫不沾边。① 旁遮普恐怖主义分离运动的产生离不开那些有意宣扬和曲解锡克教教义的地方极端势力，即使是在锡克教内，阿卡利党作为原教旨主义政党，目标仍是在印度联邦体系内争取最大的自治权，通过政治对话和选举竞争保护锡克教和锡克人的利益。

恐怖主义袭击的目的是制造恐慌和推动政治议程，几乎所有国家在经受恐怖袭击之后，国际国内的评论人士都会从宗教文化方面寻找原因，热衷于讨论恐怖分子的身份和文化（宗教）背景，倾向于将"文明冲突论"的叙事提上讨论日程，所有这些讨论指向一个当前世界无法忽视的问题：我们该如何看待宗教与极端主义的关系，特别是宗教原教旨主义与恐怖主义的关系。那么我们讨论这个问题时是否应该局限在"文明冲突论"的分析框架下呢？这样的做法可能具有相当的误导作用。亨廷顿提出文明冲突论时，并没有对文明和宗教进行详细的区分，不同文明之间的冲突近乎等同于不同宗教的冲突，亨廷顿认为类似冲突甚至有可能取代冷战时期占主导地位的意识形态冲突，成为贯穿人类现代史的新的冲突范式，显然这种认识不符合人类历史上不同文明、不同宗教之间的交往史，也未能注意到很多情况下由于同质竞争导致的内部激烈竞争程度往往超过外部竞争。

在社会科学研究中，有一部分学者致力于从宗教和文化变量的角度解读社会政治现象，也有一部分选择把宗教和文化因素当作某种程度的常量，因为将特定文化或宗教放到人类文明历史中来看的话，在很多研究所聚焦的时间段内，它所蕴含的基本要素是很难改变或者来不及改变的。在

---

① Vamik D. Vokan, "Religious Fundamentalism and Violence", in Salman Akhtar and Mary Kay O'Neil eds., *On Freud's the Future of an Illusion*, London: Jarnac Books, 2009, p. 125.

审视文明冲突论时，我们往往会忘记某种程度上可以当作常量去理解的宗教和文化因素，在其他条件下却是实实在在的变量。第一，各种文明并不是单一的，每一种文明内部几乎都存在矛盾对立的论述和思想。例如，本研究中所展现的锡克教文明，尚武精神与崇尚多元的文化共存，极端派与温和派的主张差距之大，甚至会让我们忘记这两者都来自同一宗教和文化。伊斯兰世界什叶派和逊尼派之间持续千年的内部争斗，锡克教温和派与极端派之间关于族群道路选择的冲突，莫不是源于文化或宗教内部的矛盾对立。

第二，无区别袭击不等同于宗教间战争。在人类历史上，的确发生过很多宗教之间乃至教派之间的血腥战争，例如历史上的十字军运动和伊斯兰教内部不同派别之间的战争，同时不可否认的是，有关历史的仇恨在持续的无区别袭击中很容易被唤醒。但是当我们从战争的本质去理解时，就可以发现宗教战争在形态上与普通战争没有本质区别，都是武装人员之间的相互厮杀，目标无外乎击败对手，保持自己的领土和民众或者统治对手的领土和民众。但恐怖主义与普通战争又有所不同，首先，从本质上看，恐怖主义是一种手段，袭击目标包括民众，恐怖主义的对象不仅包括对手的民众甚至还包括己方的民众。其次，制造恐怖袭击都是有政治目标的，目的是通过对普通民众的屠杀造成政治冲击，以塑造目标听众的政治行为。总体来说恐怖主义是弱者的手段，因此对于政府来说，需要思考的是为何当地族群内会产生和支持用无区别袭击手段追求实现政治目标的势力。①

第三，不能把特定宗教简单等同于激进袭击。用宗教冲突来概括锡克问题，这是对很多普通善良锡克民众的伤害，甚至可以说其伤害程度丝毫不亚于袭击行为本身。这种认识完全无视了一个基本事实，即锡克民众本身才是受恐怖主义行径伤害最大的群体。整个冲突期间，死亡的锡克民众数量以万计，这些受害者中的绝大多数都是虔诚的锡克教徒，如果以宗教冲突来定义并进而认为恐怖主义代表锡克教的话，那么这无疑是对大多数

---

① Martha Crenshaw, "The Logic of Terrorism: Terrorist Behavior as a Product of Strategic Choice", in Walter Reich eds. , *Origins of Terrorism: Psychologies*, *Ideologies*, *Theologies*, *States of Mind*, Washington D. C. : Woodrow Wilson Center Press, 1998, pp. 10 – 12.

锡克民众的又一次伤害。激进分子使用激进手段，目的是希望人们更多地将恐怖袭击理解成为锡克教对非锡克教（特别是印度教徒）的战争，这正是激进组织最希望看到的。

从本质上看，宗教并不是冲突的原因，很多情况下都是少数族群中的极端主义势力利用他们与多数群体的不同宗教信仰身份，以宗教的名义动员族群内成员，并以极端手段来实现政治目的。① 宗教动员与其他意识形态动员没有本质的区别，都是通过思想动员的方式影响民众并借此招募成员。没有哪个宗教是生来崇尚冲突的宗教，有关论述扩大了宗教的范畴，把对宗教教义的歪曲解释等同于宗教本身。因此，我们不能把"3K 党"等同于基督教，"伊斯兰国"等同于伊斯兰教，对于犹太教、印度教、佛教等也是如此，各个宗教内部都存在温和与保守乃至极端的势力，但他们并不等于该宗教的全部。

对于一些锡克人来说，宾德兰瓦里是反抗印度政府集权和压迫的英雄，对于另外一些锡克人来说，他翻开了旁遮普近代史上充满冲突和地方压迫的黑暗一页。在阿卡利党领导的和平分权运动之外，锡克教政治中的宗教复兴运动带来了极端势力的出现。很多时候温和派和极端派是相互竞争但又互补的两股力量，一方面阿卡利党领导的运动在动员民众方面取得成功，但是它无法促使印度政府接受旁遮普的所有诉求，在另一方面加强了极端势力的影响力。随着冲突袭击活动越来越频繁和严重，1984 年的"蓝星行动"标志着印度政府与锡克教激进分子之间的战争正式开始，这也是印度教和锡克教关系史上最黑暗的时期之一。宾德兰瓦里于 1984 年6 月死于印度军队开展的蓝星行动，锡克教极端分子于当年 10 月刺杀时任总理英迪拉·甘地，族群关系日益尖锐对立。

其实对于印度政府来说，更应该吸取的经验教训是，锡克教武装分离主义虽然得以平息，但这只是因为极端势力滥杀锡克同胞导致自身合法性减弱乃至丧失，从而相对地抬高了印度政府的合法性，印度政府的绝对合法性并没有提高。在旁遮普案例中，"蓝星行动"及后续行动使得更多温和锡克人极端化，导致政府军队虽然能够消灭或抓捕大量骨干分子，但无

---

① Nil S. Satana, Molly Inman and Jóhanna Kristín Birnir, "Religion, Government Coalitions, and Terrorism", *Terrorism and Political Violence*, Vol. 25 No. 1 (2013), p. 29.

法治理成功。激进组织很快就招募到更多的成员，并且接收到更多的国外援助，这使得冲突很快就恢复并扩大。

锡克教族群的多样性，使得政治人物总能找到操纵民意的机会，但他们的手段不外乎是突出社会分歧，强调旁遮普和锡克人的政治诉求，在印度过于集中的政治和经济体系下，这种诉求得到了基层人民的响应。因此，虽然冲突已经被平息多年，但印度政府与旁遮普之间的这种紧张关系仍将持续，对于宾德兰瓦里不同形象之间的争论，只会更加凸显他作为锡克人政治诉求最具代表性人物的地位。如今在印度，锡克问题被平息很多年之后，与宾德兰瓦里有关的纪念品再度出现和热销。[①] 2012 年 3 月，巴尔万特（Balwant Singh Rajoana）[②] 被判处绞刑所引发的纷争，似乎让人们感觉到"蓝星行动"和德里反锡克骚乱似乎从来就没有从人民的记忆中消失。

在锡克人中间，仍然对政府在"蓝星行动"中冒犯金庙的行为有着深刻记忆，也就是说这种"回归正常"并不是分离思想销声匿迹，而是回到了宾德兰瓦里极端化之前的状态，原教旨主义思想仍有很大活动空间，极端思想少了但仍在海外锡克人中存续。这也是印度政府对于当前海外锡克人的分离主义追求保持高度警惕的原因，当海外锡克人所在国家的中央政府出现支持和纵容行为时，印度政府致力于利用各种渠道施加压力，以防止武装分离主义思想在国内锡克人中回升。

第二节　族群治理面临的困境

在本研究提出的三个族群治理必要条件中，强调政府需要坚持区别打击的族群治理策略。在旁遮普问题上，印度政府尝试过多种策略组合，无辜的锡克人成为政府过激反应的受害者。这样的情形除了刺激那些潜在的极端分子真正拿起武器参与激进组织之外，其他收获寥寥。在如何治理成

---

① Pritam Singh and Navtej K. Purewal, "The resurgence of Bhindranwale's image in contemporary Punjab", *Contemporary South Asia*, Vol. 21 No. 2 (2013), p. 134.

② 巴尔万特承认策划了 1995 年刺杀旁遮普时任首席部长毕安特事件，但拒绝认罪和接受从轻惩罚，最终被判处绞刑。关于巴尔万特的审判和行刑成为当时旁遮普地方政治中的热点事件。

功和如何抓捕激进分子方面，印度政府也曾尝试过不同策略，但是总在谈判与打击之间反复摇摆，要么是抓了放、放了抓，锡克问题也因此反反复复。在 1991 年吉尔第二次上任旁遮普警察局局长之后，地方温和派获得发挥主导作用的机会，族群治理策略不仅开始区分激进分子与普通民众，而且对不同激进分子也分别采取了政策，区别对待激进组织首脑和普通成员。对于激进组织的首脑级别人物，政府给出巨额的赏金，对于那些提供情报的线人和激进组织内部成员，政府给予了金钱回报和让他们重回正常生活的机会。这种细分的区别打击策略，对于获取激进组织及其首领的情报和分化瓦解激进组织发挥了重要作用，在提高打击精度和效率的同时，减少了附带伤亡，对于赢得当地民众支持发挥了重要作用。

本研究强调印度政府使用区别打击的族群治理策略发挥了效用，该策略同时还强调争取地方温和派支持。政府争取温和派支持的方法有很多种，在旁遮普问题上，印度政府也曾经使用了很多种方式。不同时期的印度领导人都尝试与温和派达成和平协议，这代表了新德里常用的手段，即通过战术让步，换得对手投诚或降低族群政治诉求，起到分化地方族群的作用。但是印度政府实际并没有能力完全履行这些承诺，从而对主张政治解决族群诉求的当地温和派形成打击，当印度政府事实上在治理行动方面更需要温和派的支持时，对温和派的打击会削弱印度政府能够从当地民众那里得到的支持。印度总理英迪拉和拉吉夫都曾经尝试过谈判解决和强硬武力打击的手段。英迪拉在早期与温和派的谈判中，部分目标还包括赢得党派竞争，借此削弱温和派代表的阿卡利党，这就使得央地合作族群治理的目标更难以实现。当极端派掀起的锡克民族主义动员演化成一场现实的族群冲突甚至内战时，英迪拉的党争目标仍高于维护国家统一的目标，或者说仍然没有认识到国家统一正在受到武装分离主义的重大威胁，削弱温和派则会带来更坏的后果，将会直接减少族群治理的有生力量，导致族群问题升级。拉吉夫时期虽然已经相对地降低了在旁遮普开展党争的重要性，但随着拉吉夫政府未能切实兑现与温和派达成的协议，隆格瓦尔派地方政府很快解体，客观上导致地方温和派对当地族群事务的影响力受到重大挫折。在解决旁遮普问题上，拉奥政府着手修正央地关系，他选择相信地方温和派，并大力支持后者提升警察力量并赋权后者发挥主导作用。

　　本研究提出的成功族群治理第三个必要条件，即激进组织采取无区别袭击策略时，需要央地两级政府充分理解激进组织的族群动员策略并采取有针对性的回应措施。激进组织的常用一种策略是就族群争议问题发起袭击，诱使政府采取过度应对方式，目标是通过展示政府的残暴来巩固和加强分离主义日程的民众基础，另一种策略则是通过恐吓和威胁等手段威胁族群内民众，减少他们对政府的支持，以相对地提高己方的民众基础。但是激进组织的第二个策略有可能损害自己的民众基础，例如当激进运动造成的平民伤亡上升时，特别是使用无区别袭击针对普通民众时，民众对激进组织的支持会被削弱。尽管可能存在反噬效果，激进组织在很多情况下都仍有动力袭击平民，此时无论民众是否支持政府，民众都可能成为激进组织袭击的目标，此时投向冲突另一方（即政府）反而可以提高生存概率。这个过程也意味着激进组织的合法性逐渐被削弱，随着越来越多的普通民众反对这群宣称为族群福祉和未来战斗的激进分子，此时坚持团结地方温和派的区别打击的族群治理策略，将对激进组织带来更有效的打击，从内部和外部分化瓦解激进组织。

　　本研究强调三个必要条件对于政府族群治理获取民众支持的根本性作用，但这并不等于否认其他因素在获取民众支持方面的重要作用。例如，族群治理立法的重要作用，旁遮普问题的成功平息，除了集合各种族群治理力量之外，立法部门的支持也非常重要。加强族群治理和反恐立法不仅有助于建立政府行动的合法性，与之同等重要但未被学界重视的还有立法所传递的族群治理精神，或者说政府对于族群治理的态度和决心及其对当地民众的心理影响。这其中最重要的一点其实是相关立法提供的衡量尺度，为一些非常规甚至是有违法律精神的族群治理策略和手段提供了保护，但也设置了障碍，使得警方在打击锡克武装分离主义分子时可以动用一些必要的手段。这些必要的手段包括但不限于严刑逼供、法外击毙，以及提供巨额赏金捉拿和击毙首要分子，乃至为 CATs 项目中击毙可疑激进分子的线人提供法律保障等。这些立法设计不仅有助于提高族群治理行动的效率，还可以向公众传递一个明确无误的信息，那就是对那些参与激进组织的人来说，将面临政府的严厉打击。当然印度警方或者旁遮普邦政府从来没有正式承认自己鼓励或支持法律允许范围之外的行为，例如一位高级警员对下属提到，"（任何情况下）都不要暗示或提及他们在纵容、默许或批准任何有违法律的行为。我们的履职行为不应该成为公共话题"。①

从印度的联邦制度设计出发，宪法第356条关于"总统管制"的规定对于央地两级政府的关系最为重要，这也成为当时国大党打击地方政党的主要武器之一。针对宪法第356条的滥用问题，印度政府于1983年成立了专门的调查委员会，② 该委员会于1988年发布了最终报告，为后续1994年最高法院做出限制第356条滥用的判决奠定了基础。③ 萨卡里亚报告提出限制宪法第356条使用的建议之后，第356条的使用频率并没有立即下降，但是在此之后出现的几次"总统管制"案例引起巨大争议。④ 针对有关争议，印度最高法院最终于1994年做出裁决，判定宪法第356条赋予总统之权力不是绝对权力，在接到邦长报告或其他途径了解情况之后，还应有其他相关材料表明地方议会停摆，此时"总统管制"作为最后手段使用。⑤ 此次最高法院确立的原则遏制了主要政党滥用宪法第356条打击竞争政党的趋势，此后宪法第356条的使用频率大大下降，不再是政党斗争的武器，地方政党面临的央地权力竞争不利局面有了改善。

锡克问题发生的年代里，全球化媒体尚未出现。在当前全球化媒体时代，激进组织如何利用媒体（媒介）进行动员是值得深思的课题。随着智能手机、个人录音装备、互联网和社交媒体的爆发式增长，传统的媒体

---

① Kanwar Sandhu, "Punjab: The Wages of Terrorism", *India Today*, October 31, 1992, pp. 34 – 36, http://indiatoday.intoday.in/story/militants-carve-out-mini-empires-acquiring-land-trucks-houses-and-gurdwaras/1/307967.html.

② 成员包括退休的原最高法官萨卡里亚（Rajinder Singh Sarkaria），委员会也因此得名萨卡里亚委员会（Sarkaria Commission）。

③ 印度政府1988年对卡纳塔卡邦实行"总统管制"的决定更是充满争议。S. R. Bommai 领导的人民联盟是当时卡纳塔卡邦议会的多数党，但是联合政府组建后不久，人民联盟的一名议员通知总督自己与其他19名同僚脱离执政党，并附上签名信。总督据此向联邦政府报告人民联盟不再是多数党，无法有效执行联邦宪法规定的政府职能，建议对该邦实行总统管制。但是在第二天，签名信涉及的其他19名议员中，有7名向总督报告有人采取不当手段获得他们的签名，而他们实际上是支持现任邦政府的。尽管 Bommai 提交申诉并建议进行信任投票，但最终联邦两院还是同意根据宪法第356条之规定对卡纳塔卡邦实行管制。参见 H. M. Rajashekara, "The Nature of Indian Federalism: A Critique", *Asian Survey*, Vol. 37, No. 3（Mar., 1997）, pp. 245 – 253。

④ "Bommai verdict has checked misuse of Article 356", *Frontline*, Vol. 15 No. 14, July 04 – July 17, 1998.

⑤ "S. R. Bommai vs. Union of India", *India Supreme Court Judgments*, 1994, www.india-courts.in.

（媒介），例如电视和传真在信息传播中的作用已经被极大地分流。尽管如此，政府在族群治理竞争中仍面临信息不对称问题，要破解信息困境，印度政府的开放媒体策略仍然值得学习。封闭的媒体环境，相当于主动放弃了媒体竞争的阵地，当这块阵地被激进组织所宣传的极端思想和对政府的各种诋毁所占领时，政府治理分离激进组织面临的信息困境会更加严峻。

其实对于任何国家来说，族群治理战略的选择都是那几套策略或策略组合，从不加选择的铁腕打击，到有针对性的、克制的打击行动再辅以争取当地温和势力的支持等，人们需要考虑在哪些条件下，哪种策略选择或策略组合更可能取得成功。人们可能认为印度由于国内政治的原因可能受到更多的制约，在策略选择和执行上会受到反对派的掣肘，但是正如印度政府在族群治理策略上的强势地位所显示的，这并不代表政体类型在族群治理上可以给印度政府带来特定的优势或劣势，真正决定族群治理策略选择的是政治决心以及是否有能力和意愿承担相应的政治成本，同时在漫长的族群治理斗争中，政府所做承诺的可靠性影响当地民心的向背。通过印度政府平息锡克问题的过程所展示的，更加协同或平衡的战略有利于击败激进组织。族群治理过程需要政治家们付出持之以恒的努力，印度政府在旁遮普问题的实践证明，政府早期的铁腕策略适得其反，只有后期当地温和势力主导的区别打击策略才取得了更好的结果。

第三节 旁遮普族群关系的未来

对于治理身份认同驱动的族群治理来说，印度政府在旁遮普的族群治理实践具有重要的借鉴意义。印度政府在前期族群治理中使用无区别策略，特别是由此造成的巨大平民伤亡，对锡克族群和族群间关系的影响是深远的，同时印度政府的族群治理实践也表明，对激进组织的绥靖政策只会适得其反，宗教、族群等身份认同因素的加入，使得这类冲突很难通过政治谈判方式得到有效解决。到锡克问题平息之时，阿卡利党的很多政治要求仍没有得到满足，此时锡克教温和派仍选择与印度政府合作，目的不外乎是结束成本高昂的冲突，回归到冲突前的状态，即便那个状态并不理想。即使被外界认为早在 20 世纪 90 年代初就回归"正常状态"（Normalcy)，但旁遮普的族群冲突并未绝迹，其中一些袭击事件在当地乃至全国范围不时地引起震动。旁遮普前首席部长毕安特与警察局局长吉尔相互信任和配合，两人在治理成功中发挥重要作用，但是 1995 年 8 月 31 日，毕安特在一起针对他的炸弹袭击中丧生，同时失去生命的还包括其他 17 个人，根据警方调查，锡克恐怖组织巴巴·哈尔萨国际组织头目巴尔万特·辛格·拉约纳（Balwant Singh Rajoana）策划并实施了那次恐怖袭击。① 曾参与并指挥"蓝星行动"的布拉尔将军一直是锡克极端组织报复的目标，2012 年 9 月 30 日，布拉尔在伦敦访问时被 4 名缠锡克教头巾的男子持刀攻击，布拉尔身受重伤但无生命危险。② 此外还有零星的枪击案和个别锡克极端分子发起的独狼式恐怖袭击等，仍时不时地提醒人们锡克问题的往事。时至今日，每年的 6 月初临近"蓝星行动"周年期间，在旁遮普仍有各种小规模的冲突事件上演，例如 2014 年"蓝星行动"30 周年，在金庙的悼念活动中，数十名锡克教激进分子与安保人员爆发冲突，造成多人受伤。③

除了无法杜绝的袭击事件，印度政府治理锡克问题仍留下很多待解的难题。锡克问题平息过程中，锡克人的要求并没有得到尊重和满足，政府与锡克温和派商定的和平协议从来就没有真正执行过，锡克族群关注的重要问题，包括《阿南德普尔萨希布决议》提出的河水分配和昌迪加尔的归属问题等，仍随时可能引发社会争论。当初冲突发生的部分原因来自锡克人对于旁遮普邦经济结构脆弱性的担忧，特别是印度政府对旁遮普工业发展的资金支持不足，有可能使得旁遮普一度兴盛的农业经济在工业化发展大潮中掉队，而后续经济发展进一步佐证了这种担心的合理性。

相比绿色革命时期旁遮普邦人均收入始终名列前茅，新的经济数据（以现价卢比计算）显示，在印度于 20 世纪 90 年代初开启经济自由化改革之后，旁遮普邦以农业为主的经济模式使得地方经济逐渐掉队。2004—

---

① "Punjab on edge over hanging of Beant Singh's killer Balwant Singh Rajoana", *India Today*, March 28, 2012.

② "Four arrested for attack on Lt Gen K S Brar in London", *India Today*, October 5, 2012, http://indiatoday.intoday.in/story/four-arrested-for-attack-on-lt-gen-k-s-brar-in-london/1/223482.html.

③ 《金庙事件 30 周年 印度阿姆利则金庙再爆冲突》，环球网，2014 年 6 月 6 日，http://world.huanqiu.com/exclusive/2014-06/5013686.html。

2005 年度旁遮普邦人均收入 33103 卢比，开始落后于相邻的哈里亚纳邦（37972 卢比）和喜马偕尔邦（33348 卢比），排名前两位的是果阿邦（76968 卢比）和德里（63877 卢比）；到 2012—2013 年度旁遮普邦人均收入 47854 卢比，已经远落后于哈里亚纳邦（64052 卢比）和喜马偕尔邦（51730 卢比），与排名前两位的果阿邦（132220 卢比）和德里（112441 卢比）的差距也更大。[①] 也就是说，在冲突被平息之后，虽然旁遮普理论上被重新纳入联邦经济体系，但是旁遮普以农业为主的经济发展模式已经落伍，随着印度工业的逐渐发展，旁遮普与其他邦的经济差距在逐步扩大，当年的担心正成为现实。如何将旁遮普纳入印度经济发展的现行轨道，加大旁遮普与印度国家体系的融合程度，从而有效地化解当地民众对于族群命运和自身福祉的担忧，防止锡克教极端主义思想的死灰复燃，是考验印度政府治理能力的现实问题。

回顾锡克教 1469 年以来的历史，发现锡克族群选择武力或非武力方式实现政治目标，与是否奉行武力或非武力理念无关，而是取决于具体策略，特别是中央政府对待少数族群的政策。锡克人并不是简单地以武力应对武力，或是非武力应对非武力，无论是莫卧儿王朝、英国殖民统治还是印度教作为主体族群的民族国家时期，锡克教都曾经选择过合作（非武力）和对抗（武力）的策略。当英迪拉政府采取压迫政策时，锡克人的温和派力量被边缘化，在极端派的主导下，采取武力反抗的意愿上升；拉吉夫政府是在强烈的印度教民族主义情绪中获胜上台的，这决定了他不可能与锡克人达成和解，因此锡克人与印度政府的关系很快就重新回到反叛与打击的路径。[②] 到了 20 世纪 90 年代初，锡克人选择非武力方式的意愿才再度上升。

阿卡利党作为温和派代表，其政党竞争策略对于锡克族群的民族身份认同与国家身份认同之间的关系发挥很大的影响力。自"蓝星行动"之后，阿卡利党不得不面临两线作战的难题，一是在主流的印度政治环境

---

① 数据来源：http://statisticstimes.com/economy/gdp-capita-of-indian-states.php。

② Pritam Singh, "The Political Economy of the Cycles of Violence and Non-Violence in the Sikh Struggle for Identity and Political Power: Implications for Indian Federalism", *Third World Quarterly*, Vol. 28 No. 3 (2007), p. 565.

下，希望能避免被孤立；二是在旁遮普/锡克族政治环境下，要力争保持锡克族群对它的支持，以避免被激进势力边缘化，在双线作战的同时，还需要保证不要被任何一方当作头号敌人。[①] 正是得益于印度政治中，自 20 世纪 80 年代末开始的国大党日渐式微的趋势和地方政党崛起浪潮，阿卡利党面临的党争环境才有所改善，其政治纲领从此开始转向更加世俗的执政目标，这成为旁遮普局势走向缓和的重要原因。据此，普里塔姆还认为，如果印度政府未来再次采取压迫的政策，不排除锡克内部极端派别影响力再度上升的可能性。

第四节　本章小结

锡克族群冲突的最终平息满足了本研究提出的三个必要条件，印度政府最终贯彻执行了区别治理的策略，并采取了信任和支持锡克温和派的做法，通过加强温和派警察力量作为族群治理的主导力量，对已经失去锡克民众支持的激进组织进行了坚决有效的打击。印度政府成功治理锡克问题已经成为比较经典的族群治理案例，总结整个过程，对于印度政府来说，得到的经验教训包括：第一，在联邦制度下，印度的央地关系总体处于可控范围内的原因在于，各种官方和非官方的政治制度确保了政治协商的进行。[②] 在旁遮普问题上，无论联邦与地方关系多么紧张，但是国大党代表的印度政府与阿卡利党代表的当地力量之间的对话和谈判并未中断，最终的谈判结果要么是印度政府做出让步，要么是地方力量从原有主张退却。阿卡利党参与政治联盟经验丰富，因此锡克教建国纲领中的部分诉求得以在印度联邦政体下得到某种妥协形式的实现。对于锡克人来说，这种妥协的原因还在于，虽然长久以来锡克人一直向往更大的政治自主权，但这一政治诉求受到三个方面考虑的制约：一是现状带来的相对政治和经济收益，二是与印度政府斗争代价高昂；三是地理限制，旁遮普邦夹在印度和

---

① Pritam Singh, "Class, Nation and Religion: Changing Nature of Akali Dal Politics in Punjab, India", *Commonwealth & Comparative Politics*, Vol. 52, No. 1 (2014), pp. 70 - 71.

② James Manor, "Making Federalism Work", *Journal of Democracy*, Vol. 9, No. 3, 1998, pp. 22 - 23.

巴基斯坦之间，即便成功分离出去也难以生存。

第二，由于印度政府的合法性只是相对恢复，在旁遮普的绝对合法性并没有提高，特别是一些锡克人仍然对政府在"蓝星行动"中冒犯金庙以及对普通锡克人的大规模追铺和杀害心存不满，这也使得当前海外锡克人和极少数旁遮普部分极端分子的分离主义梦想仍能得以持续。也就是说，旁遮普这种"回归正常"并不是分离主义思想销声匿迹，而是回到了宾德兰瓦里极端化之前的状态，原教旨主义思想仍有很大活动空间，极端思想少了但仍存续，央地关系仍紧张，是相互不信任的。这种相对和平状态意味着极端分子仍成为当地治安的隐患所在，甚至能在某些情况下制造一些政治影响力比较大的事件，例如 1995 年 8 月 31 日，在平息锡克问题中发挥重要作用的毕安特在人肉炸弹袭击丧生。①

第三，与之前政府采取放任和纵容宾德兰瓦里传播极端思想的做法不同，锡克问题被平息之后的历届印度政府，采取了坚决禁止传播锡克教极端主义思想的做法，同时对于外国可能的干预十分警惕。当前卡利斯坦思想主要存在于海外锡克人社会地位和融入程度较高的西方国家，例如加拿大和英国，仍非常活跃。借助在加拿大的锡克人数量较多和社会地位较高等特点，在加拿大的海外锡克人成功地把锡克问题带入特鲁多政府的内政外交日程，当前特鲁多内阁的锡克裔官员和议员的数量甚至比印度政府还多，在对印度关系方面，锡克人待遇问题成为加拿大领导人访问印度必提的问题，而敦促加拿大加强对其境内活跃的锡克极端组织和个人进行管控，也成为印度领导人访问加拿大必提的主张。

第四，需要强调的是，族群治理应注重媒体和舆论的作用。如果让激进组织接管地方舆论的主要舞台，将对政府的治理行动造成巨大干扰，扭曲政府的族群治理战略和日程安排。击败极端分离主义思想，需要结合打击极端派的硬实力与吸引说服温和派的软实力，硬实力可以击毙和追捕极端顽固分子，因为这些人基本不会接受引诱和劝说，与此同时保护敢于站出来对抗极端势力的民众，软实力可以对抗激进组织的族群动员，两者手段的结合可以一方面消耗激进组织的有生力量，一方面减少激进组织补充

① 巴巴尔·哈尔萨宣称对袭击负责，并称毕安特为锡克人的"叛徒"，拉奥政府则称毕安特为"烈士"，以纪念他为平息锡克冲突所做出的贡献。

招募到的武装人员数量。激进组织往往倾向于利用恐怖袭击造成民众恐慌，当这种民众恐慌传达到政府层面时，过度的武力反应，特别是采取可能针对整个族群的无区别治理行动，反而会适得其反。

传统观点强调民众支持对于治理行动取得成功的必要性，事实也的确如此，没有充分的民众支持，治理行动无法取得效果，但是通过本研究的演绎发现了成功的治理行动对于政府赢取民众支持的必要性，即通过成功的治理行动，让民众看到政府能够对激进组织施加有效的惩罚，从而帮助政府赢得当地民众支持，不断增强的民众支持有助于帮助政府提高打击激进组织行动的效率。这也是本研究试图在传统认识之外展示的新理念，即在很多情况下，有效治理行动与争取民众支持是相互促进的关系。这一发现不仅有助于对印度族群治理策略的理解，也为解决其他发展中国家所普遍面临的族群问题提供了重要启示。

本研究提出的三个条件有别于传统的族群治理分析，传统路径往往将温和派的行为视为前两个变量的结果，即中央政府和激进组织的行为决定温和派的行为，这种处理方式如果不是说忽略了，也至少是低估了温和派行为对于冲突走势的影响，没有注意到温和派是否发挥主导作用可以决定激进组织的行为模式。族群恐怖分子都或多或少得到当地民众或同族群人员的同情和支持。当激进组织致力于通过激进手段实现分离主义目标时，坚持使用区别打击策略的中央政府将迎来治理成功的最有利时机。正如印度政府在平息锡克问题的案例所展示的那样，对于印度政府来说，让当地民众疏远极端主义思想并削弱民众支持激进组织的意愿，是成功治理的关键所在，这一手段生效的前提是争取族群内部温和派的支持，当温和派能真正与印度政府站到一起，旗帜鲜明地反对族群内极端主义思想的立场时，印度政府如果能增强其地方治理能力和平叛能力，是可以为族群治理成功提供必要条件的。

第 十 章

同族群优势理论再思考

本研究强调政府族群治理策略需要考虑当地民众的认同问题，因为无论承认与否，人们更愿意信任来自同族群的人。对于这种同族群间信任的来源，他涉偏好（Other-regarding Preferences）理论强调人们相信同族群的人更可能关心彼此，激励机制理论则强调人们相信同族群的人更可能维护自己的利益，功能主义解释则强调人们相信同族群的人更有能力维护自己的利益。[①] 关于温和派的作用，既有文献也强调中央政府应充分利用当地温和派武力量发挥主导作用，以抵消激进组织的比较优势。[②] 原因在于当地温和派主导治理行动时会具备一定程度的"同族群优势"（Coethnicity Advantage），相对于中央政府派出的平叛部队，当地温和派武装力量在获取激进分子及其支持者的情报方面具有优势，同时也更有可能得到当地民众支持，有利于降低治理行动对当地民众可能产生的负面影响，提高行动效率。总体来看，印度政府平息锡克问题的经验总结，并没有帮助其在其他地方的族群治理取得同样成功，表明仅依靠实力优势并不必然治理成功，印度政府可能并没有完全理解同族群优势与成功族群治理之间的关系，本章尝试总结同族群优势的作用机制。

---

① James Habyarimana et al, "Coethnicity and Trust", in Karen S. Cook eds., *Whom Can We Trust? How Groups, Networks, and Institutions Make Trust Possible*, New York: Russell Sage Foundation, 2009, pp. 42 – 64.

② Emil A. Souleimanov and Huseyn Aliyev, "Asymmetry of Values, Indigenous Forces, and Incumbent Success in Counterinsurgency: Evidence from Chechnya", *Journal of Strategic Studies*, Vol. 38 No. 5 (2015), p. 679.

第一节　族群治理中的同族群优势

本研究认为，政府的同族群优势策略的机制在于控制人口和争夺民心两方面的作用。任何族群治理策略，最根本的目标之一是实现人口的控制，控制人口是成功治理族群问题的充分条件，基本逻辑在于政府控制足够多的当地人口时，激进组织无法在族群内部招募到足够的人员以补充在武装行动中损失的成员，此时将走向衰败。激进组织享有的同族群优势在于实现庇护、补给、情报等诸多方面，但最根本的目标之一是吸引更多的族群成员加入激进组织，使得激进组织的活动能够持续且不断扩大规模。同族群因素带来的环境、信息和动员优势，有助于激进组织对抗中央政府，发起和扩大冲突意味着族群分离主义运动在不断扩大影响力，这有利于激进组织扩大成员数量和获得族群内民众的支持。对于中央政府来说，具备常规实力的优势并不能确保族群治理成功，因此还需要制定削弱、抵消乃至超过激进组织相对优势的策略，而温和派加入并发挥主导作用有助于实现这一目标。同族群优势的原理表明，温和派力量同样熟悉当地环境，在获得人力情报方面具备同样的潜力，同时在民众动员方面可以与激进组织动员在族群内部展开竞争。

政府采用建立同族群优势的策略，控制人口的目标在于竞争当地民众的支持，这关系到当地的民心向背。一般来说，当地民众忠诚度的分布情况，对族群治理结果有着很大影响。[1] 争夺当地民心，本来就是控制人口的内在要求。拥有民众支持的意义在于，虽然有了民众支持并不必然治理成功，但是没有民众支持是无法治理成功的，激进组织将一直具备持续甚至升级冲突的能力。[2] 控制人口与争夺民心两个目标是相互促进的，上文已经交代过，控制人口的意义在于限制激进分子进行人员补充和扩大规模，而争夺民心的意义则在于它可以有效地推进控制人口的目标，当族群治理策略

---

① Lisa Hultman, "Battle Losses and Rebel Violence: Raising the Cost of Fighting", *Terrorism and Political Violence*, Vol. 19, No. 2 (April 2007), p. 207.

② 谢超：《暴力方式与民心向背：寻找治理族群叛乱的条件组合》，《国际安全研究》2018年第4期，第101页。

能够得到更多当地民众的支持，有助于实现控制人口的目标。当激进组织能够补充的成员数量，稳定地小于在袭击行动中损失的成员数量，那么激进组织将衰弱，直至消亡，此时也意味着实现了成功族群治理的目标。

从族群内部关系来看，如果中央政府能够信任并且给予温和派族群治理主导权，那么温和派与激进组织之间的斗争，凸显的是不同派别对于族群道路选择的矛盾非常尖锐、内部分歧已经难以调和的事实。中央政府信任和依赖当地温和派族群治理，意义在于形成族群内部"极端派 vs. 温和派"的态势，有助于借助同族群优势来降低族群治理的敏感性，有利于控制当地人口和争取当地民心。当地温和派发挥主导作用效果更好，首先，并不在于温和派主导的治理行动就不会造成间接伤害，而是因为当地温和派发挥主导作用，也具备同族群优势，理论上可以避免和减少间接伤害。其次，由于族群文化和认同因素，温和派主导的行动可以减轻对当地民众造成的心理冲击，可以对冲或抵消激进组织的族群动员效果，不会因为击毙一个激进分子而导致更多人加入激进组织，有利于削弱激进组织思想动员的效果。

很多国家的族群治理实践也表明同族群优势的作用。例如，在第二次车臣战争期间，与全部由俄罗斯军人构成的政府军打击行动相比，亲政府的温和派力量开展同样的打击行动之后，激发的报复袭击减少了约40%，呈现了明显的"同族群优势"，但这种优势并不必然传递，俄罗斯军人和当地警察混合编队的打击行动并不必然享有这种优势。[1] 发挥"同族群优势"，不仅需要车臣当地警察力量更直接和准确地定位和打击激进分子，还在于族群文化和认同因素，此时温和派与激进组织之间的斗争被认为是族群内部争斗。俄罗斯政府在其他地区例如在达吉斯坦的族群治理陷入困境，一部分的原因就在于没有能在当地找到可以充分信任的地方温和派，地方温和派要么是因为当地族群浓烈的反俄情绪导致自身不愿意发挥主导作用，要么是愿意合作的派别实力太弱根本没有能力抗衡激进势力。[2] 受

---

[1] Jason Lyall, "Are Coethnics More Effective Counterinsurgents? Evidence from the Second Chechen War", *American Political Science Review*, Vol. 104, No. 1 (2010), p. 18.

[2] Emil Aslan Souleimanov and Huseyn Aliyev, "Evaluating the Efficacy of Indigenous Forces in Counterinsurgency: Lessons from Chechnya and Dagestan", *Small Wars & Insurgencies*, Vol. 27 No. 3 (2016), pp. 392 –416.

到以上启发，下文将从族群治理实力和行动主导权两个维度，考察如何建立和充分发挥同族群优势，实现成功族群治理的目标。

第二节　同族群治理策略的效用考察

上文探讨了冲突与族群治理斗争中的同族群优势作用，接下来本研究尝试建立一个框架，用以考察同族群治理理论下不同族群治理策略的效用。同族群优势理论强调利用和发挥温和派的同族群优势，本研究认为应该从族群治理实力和机会来考察同族群治理策略的效用。首先应关注温和派是否具备族群治理实力，温和派只有在与激进组织的实力对比具备优势的情况下，才谈得上发挥作用。本研究假定之一是中央政府具备绝对的常规实力优势，但是这种实力优势并不必然传给温和派。在族群治理过程中，温和派与激进组织的实力对比态势是不断演变的，因此这种实力对比优势可以是地方政府本身就具备的，例如在冲突初期，激进组织仍处于积累实力的阶段，此时地方警察力量本身就足以构成对激进组织的实力优势。随着冲突形势的发展，激进组织的族群影响力上升，此时地方温和派的实力优势可能丧失，也就是说在一定阶段地方温和派自身并不具备相对于激进组织的实力优势。在激进组织相对实力增强之后，中央政府可以通过加强投入等方式，扩充地方警察的人员数量，提高装备水平和训练水平，从而提高地方族群治理力量，帮助建立地方政府相对于激进组织的实力优势。

温和派具备相对于激进组织的实力优势，有助于族群治理策略达成控制人口和争夺民心的目标。首先，具备实力优势的地方温和派，具备打击激进组织有生力量的基本能力。激进组织有生力量的衰减，是有效族群治理进程的开始。与中央政府派出的部队不同，温和派也熟悉当地人文地理环境，具备人力情报优势，同时因为是同族群缘故，激进组织享有的动员优势也大大削弱，在战场竞争环境被大致拉平的情况下，实力优势可以发挥更大作用。其次，实力优势可以帮助争夺当地民心，赢得更多民众支持。在族群治理局势中，决定普通民众行为的往往是生命和财产安全方面的考虑。一个实力强于激进组织的温和派，更有能力保护民众的安全，促使反对激进组织的民众更有勇气发声，同时争取更多中立民众的支持。即使是那些同情激进组织的民众，此种情况下参与激进组织被惩罚的概率会提高，这都有助于对抗激进组织的成员招募和民众动员，从控制人口和争夺民心两个方面有助于族群治理目标的实现。

对于地方政府来说，具备了族群治理实力优势还并不足以让他们完全发挥同族群优势，还需要治理行动的主导权。实际上，本研究所指的族群治理机会包含两个方面的内容，一是地方温和派有发挥主导作用的意愿，二是中央政府愿意给温和派发挥主导作用的机会，两者缺一不可。地方政府必须首先具备发挥主导作用的意愿，才可能谈得上争取发挥主导作用的机会。由于同情激进组织或是害怕激进组织报复等原因，地方温和派有可能主动放弃族群治理主导权或者消极治理。地方温和派具备族群治理意愿之后，还受到中央政府族群治理策略的影响。如果中央政府不信任地方政府，或者出于其他政治原因，仍然直接发挥主导作用的话，地方温和派只是从属力量，此时无论一线族群治理力量是全部由中央政府安全部队组成，还是由安全部队与地方警察力量混合编队，都会被激进组织描绘成主体族群对少数族群的打击报复，也就无法充分发挥同族群优势。只有中央政府信赖并赋权地方温和派去主导治理行动，后者才有发挥同族群优势的机会。

		温和派是否拥有治理行动主导权	
		否	是
温和派是否具 备实力优势	是	1.缓和	4.平息
	否	2.升级	3.升级

图 10—1　同族群优势效用

资料来源：笔者自制。

在概念操作化方面，[①] 关于实力优势，在案例中主要是进行事实判断，即观察案例划分各阶段内温和派与激进组织之间实力对比的变化趋

---

　　① 由于不同案例具备的信息禀赋不同，能够获得的数据也因案例而异，例如实力优势和伤亡数据，平息冲突行动的细节等，因此本书选择在具体案例中制定操作化标准，相关操作化理念是可以谨慎运用到其他案例分析中的。

势，基本的逻辑是激进组织的数量和人员总数的增减，通过激进组织的数量增减，以及成员总数，特别是人员损失和招募情况分析来体现。治理行动主导权也是一个事实判断，即观察案例划分各阶段内，印度政府是让派驻当地的联邦安全部队主导一线的治理行动，还是由当地警察力量主导一线的治理行动。

根据温和派是否具备相对于激进组织的实力优势和是否拥有治理行动主导权，本研究通过如图 10—1 所示的四分图来考察同族群优势的族群治理效果，按逆时针方向依次分析如下：第一种情况，温和派具备族群治理实力，但没能主导治理行动。温和派具有族群治理实力但是未获得族群治理主导权、反而是中央政府在主导治理行动的事实，反映的要么是中央政府认为可以凭借自身强大的实力优势治理成功，要么是中央政府不信任地方温和派，此时不信任的内容更多的是温和派的意愿，或者温和派确实不具备族群治理意愿，这些情形都不利于央地两级政府协调一致努力实现族群和平。中央政府直接主导治理行动，将持续面临在战场环境、信息不对称和动员方面的劣势，此时中央政府或可以通过军事手段暂时压制实力处于劣势的激进组织，从而在控制人口方面具备绝对实力优势，但是激进组织可以利用环境优势和信息优势，与常规实力占优势的对手周旋下去，此时激进组织还享有动员优势，政府族群治理造成的间接伤害会被动员宣传成主体族群的压迫，不利于实现争夺民心的目标，激进组织始终能够在族群内部招募到新成员，从而至少保持冲突态势，也就是说冲突可能有所缓和但仍将持续下去。对于激进组织来说，冲突得以持续的收益在于中央政府可能放松军事手段或治理行动对民众的间接伤害扩大时，激进组织将有可能借机扩大族群内部对于自己的支持。

第二种情况，温和派不具备族群治理实力，也没能主导治理行动。与第一种情况类似，此时激进组织至少可以发挥同族群优势对抗中央政府的族群治理攻势，不同的是此时激进组织虽然继续面临一个常规实力占优势的中央政府，但在地方层面面临的是一个相对实力较弱的地方政府，激进组织可以在族群事务和地方事务中发挥更大影响力。此时激进组织在动员族群资源，以及在当地招募和补充武装人员的时候面临的温和派牵制较少，相对地提高了激进组织在族群内部能够获得的支持，激进组织将享有更充分的同族群治理优势。这意味着，在面临同等打击力度的情况下，激进组织可以发挥环境和情报优势保存实力，也可以发挥同族群动员优势，在相对较短的时间里补充损失的资源和武装人员。在缺少一个能有效制衡激进组织的地方温和派的情况下，政府族群治理策略在控制人口和争夺民心方面都面临巨大挑战，当地局势将更有可能进入升级状态。

第三种情况，温和派不具备族群治理实力，但主导了治理行动。这种情况相对于第二种情况导致的后果可能更加糟糕。在相对实力处于劣势的情况下发挥主导作用，温和派并不具备防范、牵制和打击激进组织的能力，甚至无法解决包括自身在内的当地民众的安全保障问题，此时的激进组织将在族群治理的博弈中获得相对优势。也可以从另一个逻辑来理解，没有族群治理实力的地方政府，即使表现出发挥主导作用的意愿并且获得中央政府的信任得以发挥主导作用，地方警察也更担心可能的报复，或者是对族群治理持消极态度，或者是在治理行动中被激进组织打败。这些情况都不利于实现控制人口和争夺民心的目标。在此情况下，治理行动失利是可预期的，温和派在族群内部的声誉下降，激进组织的影响力反而上升更快，此时激进组织能够招募到的新成员数量甚至可以大于在治理行动中损失的数量，激进组织的实力将持续扩大，当地局势将升级。[①]

第四种情况，温和派具备族群治理实力，也主导了治理行动。中央政府给予温和派族群治理主导权时，可以在多种情况下加强温和派的族群治理实力。例如，温和派本身实力就较强，或者是在实力较弱的情况下提供外部援助。在后一种情况下，中央政府有必要从财政、物力和政策等方面提供资助，类似举措除了可以帮助加强温和派警察力量，使得温和派有能力解决自身的安全需求，并且通过有效的治理行动来解决当地民众的安全需求，这些情况有利于实现控制人口和争夺民心两个目标。此时温和派主导治理行动，表明族群治理已经成为族群内部对于未来不同路径选择的战斗，温和派也生活在当地，对于当地社会、人文和地理环境熟悉，也有自

---

① 第二种和第三种情况下冲突都出现升级，但原因是不同的，前者是因为中央政府主导的行动无法控制当地局势，后者是因为地方政府无法对抗激进组织，前者反映的是面对实力更强大的对手，激进组织拥有同族群治理优势，后者反映的是相对于地方政府的力量，激进组织拥有实力优势。在同一场族群治理，两种情况下冲突升级导致的结果也不同，根据后文确定的冲突结果操作化标准，第三种情况下，由于激进组织拥有实力优势，针对温和派的报复行动会造成伤亡人数增加，而且增加的速度会更快，也就是说局势升级的速度相对更快。

身的民众基础，从而可以在一定程度上对抗或抵消激进组织拥有的同族群优势，降低治理行动对族群整体的负面影响，从而争取民众对治理行动的支持，此时激进组织将难以从族群内部依靠动员来补充损失的有生力量，随着激进组织人员的不断衰减，政府也将迎来治理成功的最有利时机。

第三节　锡克问题中的同族群优势

根据以上对同族群优势作用机制的分析和效用的考察，可以对印度政府治理和平息锡克问题进行分析。1966年印度原旁遮普邦被一分为二后，新旁遮普邦以旁遮普语为主体，当地锡克教民众多年来与印度政府博弈取得了比较理想的结果。但是对于锡克人来说，分邦后的历史遗留问题至少还包括：第一，昌迪加尔成为联邦管辖区，是旁遮普邦和哈里亚纳邦的联合首府，而旁遮普邦一直希望能独享昌迪加尔。第二，分邦后的水资源分配权仍归属于印度政府，旁遮普邦以农业为经济支柱，希望获得更多水资源。另外，还有一些旁遮普语地区被排斥在新旁遮普邦之外，将它们纳入新旁遮普邦，是建立和完善旁遮普语认同的重要诉求。1973年，阿卡利党发布了《阿南德普尔萨希布决议》，要求在国防、外交、货币、铁路和交通等权力以外，将其他事项的管理权移交给地方政府，寻求真正兑现联邦制下的央地权力分工。[1] 类似主张表明，作为锡克温和派的主要力量之一，阿卡利党强调在印度联邦体系范围内解决锡克人问题，但是它主导的争权运动最终却被极端派别利用，最终演变成一场持续十余年的分离主义冲突，期间印度政府的族群治理策略经历多次变化，并最终依靠温和派力量成功治理族群问题。[2]

根据上文分析框架，可以进一步将锡克问题发展趋势按照图10—2所示进行阶段划分。第一阶段是1983年冲突发生后到1984年10月，英迪拉政府认为地方温和派虽然具备绝对的实力优势，但是并不相信温和派会

---

① *Anandpur Sahib Resolution*, Authenticated by Sant Harchand Singh Longowal, http://www.satp.org/satporgtp/countries/india/states/punjab/document/papers/anantpur_sahib_resolution.htm.

② 关于锡克冲突原因的分析，可参见谢超《联邦制度与国内和平：浅析印度政府如何应对锡克武装分离主义》，《南亚研究》2016年第4期，第76—100页。

		温和派是否拥有治理行动主导权	
		否	否
温和派是否具备实力优势	是	1.缓和 （蓝星行动、伍德罗斯行动）	4.平息 （保护者Ⅰ和保护者Ⅱ行动）
	否	2.升级 （黑色闪电Ⅰ行动）	3.升级 （黑色闪电Ⅱ行动）

图 10—2 印度政府治理锡克问题不同阶段及其效果

资料来源：笔者自制。

有助于控制当地安全局势。中央政府利用绝对的实力优势，使得激进组织损失了很多成员，同时也造成严重的间接伤害，大量锡克青年无辜入狱，冲突势头有所缓和，但是这个阶段的治理行动并没有赢得当地民众支持。第二阶段是 1984 年 10 月印度总理英迪拉·甘地遇刺后，拉吉夫·甘地接过总理职位，一直到 1987 年 6 月为转变时间节点，关键性的证据之一印度政府没有能执行与温和派达成的《拉吉夫—隆格瓦尔协定》，致使地方温和派在族群内部的威信受到极大损害，激进组织趁势快速发展。此时中央政府仍然发挥主导作用，当地族群对立加剧，激进组织趁机加强了族群动员，激进组织的数量和成员总数都快速上升，对安全局势的破坏能力增强，当地局势开始升级。温和派与激进组织之间的实力对比发生逆转，地方温和派势力被削弱，此时温和派自身的安全都成为问题，根本无力制约激进组织在族群内的影响力。

第三阶段是 1987 年 6 月到 1991 年 6 月，主要是拉吉夫政府后半段和随后两个短期执政的政府。1987 年 6 月，拉吉夫政府宣布再次对旁遮普实行"总统管制"，中央政府直接控制地方政府。面对中央政府主导的多次治理行动无功而返，当地冲突反而不断升级的局面，拉吉夫政府决定放手让自己选择的地方政府开始发挥主导作用，关键性的证据是任命自己属意的旁遮普警察局局长吉尔以及 1988 年 4 月吉尔发起的"黑色闪电Ⅱ行动"。整个行动体现了温和派同族群优势，行动指挥部邀请了当地电视记者旁观，向普通民众直播了整个过程，展示了激进组织是如何祸害神圣金庙的，发挥了一定的族群治理动员效果。但是由于此时温和派相对于激进组织已经处于实力劣势，并没有能力发起大规模的治理行动，温和派也没有能力抵御激进组织因此加强的报复袭击，当地局势仍在恶化。

第四阶段是 1991 年 6 月纳拉辛哈·拉奥上任到 1994 年，关键性的证据是拉奥重新启用了主张强硬族群治理的前旁遮普警察局局长吉尔，以及吉尔主导的"保护者行动"。拉奥政府上台后，及时调整了在旁遮普的族群治理策略，不仅强调依靠旁遮普地方当局族群治理，而且给予了后者绝对的信任，提供了各种资源和政策支持。在吉尔的主导下，地方警察力量经历了一个实力快速提升的过程，地方警察的数量得到极大的扩充，大量锡克年轻人被吸纳进入警察队伍，资金有了更强有力的保障，警用装备也更新升级，印度政府派驻专业人员对地方警察进行了有针对性的族群治理训练，温和派在面对激进组织时具备了足够的实力优势。温和派主导的治理行动完全地发挥了同族群优势，此时开展的两个阶段"保护者行动"，重挫了激进组织的核心领导力量，为 1994 年治理成功奠定了基础。

第四节　全书总结

锡克问题的兴起有主权、经济和宗教因素，在冲突兴起后的早期阶段，印度总理英迪拉决定开展的"蓝星行动"对锡克整个族群的冲击无疑是巨大的，让一场原本冲突水平较低的族群治理上升到内战的程度。其实，无论是以事前还是事后的观点来看，对于宾德兰瓦里及其支持者掀起的袭击活动，印度政府更合适的选择应该是通过当地温和派力量应对。从族群动员的角度来看，激进组织正是通过在国家治理缺乏的地区提供平行于政府治理的形式，在当地民众中争取获得合法性。政府使用无区别的过度打击行为，被当地族群认为是历史在现代环境下的重演，直接造成了当地民众的国家认同下降，地方民族主义认同上升，激进组织也借此在动员中注入种群身份认同和民族主义等概念。实际上，我们甚至可以说，宾德兰瓦里等人的策略就是利用族群忠诚和高度"排他"的种群身份认同，利用印度政府扩大化的应对措施给激进组织提供了发展机会，后者则以民众安全提供者的角色开展行动。

对于同族群优势理论，经常提到的反例是法国未能成功平息阿尔及利亚殖民地冲突。[1] 不过本研究认为，到了 1959 年戴高乐上台执政后，由于国内政治的变化，法国政府采取了坚决放弃海外殖民地的战略，此时即使当时法国政府通过联合当地温和派已经获得族群治理主动权，但缺少了政府决心使用武力族群治理的先决条件。当中央政府缺少武力治理的政治决心，激进组织赢得战争和实现民族独立目标也就不足为奇了。当然并不是所有情况下的治理行动都能获得当地温和派的支持，或者掌握足够武装力量的当地温和派的支持。为了解决这个问题，驻阿富汗美军在进入阿富汗四年之后开始接受经验教训，并寻求人类学家们的帮助，由后者向驻阿美军讲授关于当地教派分歧和文化历史等知识。[2] 但是这无法消除当地民众对外部军队和当地子弟兵之间的情感区别，人类学家们提供的当地知识和族群治理建议可以发挥作用，但无法替代当地温和派对当地民众支持走向的影响力，无法替代同族群治理所具备的作用。

---

① Yoav Gortzak, "Using Indigenous Forces in Counterinsurgency Operations: The French in Algeria, 1954 – 1962", *Journal of Strategic Studies*, Vol. 32 No. 2 (2009), pp. 307 – 333.

② David Rohde, "Army Enlists Anthropology in War Zones", *New York Times*, October 7, 2007.

参考文献

中文文献

《菲律宾同意反政府武装建"次国家"》，2012 年 4 月 26 日，环球网，ht-
tp：//world. huanqiu. com/roll/2012 – 04/2667323. html。

《金庙事件 30 周年 印度阿姆利则金庙再爆冲突》，2014 年 6 月 6 日，环球
网，http：//world. huanqiu. com/exclusive/2014 – 06/5013686. html。

李安山：《论民族、国家与国际政治的互动：对卢旺达大屠杀的反思》，
《世界经济与政治》2005 年第 12 期。

刘中民、俞海杰：《"伊斯兰国"的极端主义意识形态探析》，《西亚非洲》
2016 年第 3 期。

庞大鹏：《俄罗斯车臣共和国新总理拉姆赞·卡德罗夫》，《俄罗斯中亚东
欧研究》2006 年第 5 期。

王红生：《90 年代以来印度的潘查亚特制度建设与政治改革》，《南亚研
究》2009 年第 2 期。

《"我没想再当个人"：印度博帕尔毒气泄漏事件 30 周年》，2014 年 12 月 3
日，澎湃新闻网，http：//www. thepaper. cn/newsDetail_forward_1282701。

谢超：《暴力方式与民心向背：寻找治理族群叛乱的条件组合》，《国际安
全研究》2018 年第 4 期。

谢超：《国内观众成本与印度国际危机谈判行为》，《外交评论》2016 年第
6 期。

谢超：《联邦制度与国内和平：浅析印度政府如何应对锡克武装分离主
义》，《南亚研究》2016 年第 4 期。

谢超：《印度政党政治碎片化的成因和历程》，《国际政治科学》2015 年第
4 期。

《炫耀击毙巴格达迪行动细节，特朗普泄了哪些密》，2019 年 10 月 30 日，人民网，http：//sc. people. com. cn/n2/2019/1030/c345527 – 33487607. html。

阎学通、孙学峰：《国际关系研究实用方法》（第二版），人民出版社 2007 年版。

赵龙庚：《从世界民族分裂主义看车臣危机》，《俄罗斯东欧中亚研究》2002 年第 2 期。

朱明忠：《锡克教的"五 K"》，《世界知识》1995 年第 5 期。

英文文献

A. C. Kapur, *The Punjab Crisis：An Analytical Study*, New Delhi：S. Chand and Com-pany, 1985.

Ajit Singh Sarhadi, *Punjabi Suba：The Story of the Struggle*, Delhi：U. C. Kapur & Sons, 1970.

Akhand Kirtani Jatha, http：//www. akhandkirtanijatha. org/.

Akshayakumar Ramanlal Desai, *Expanding Governmental Lawlessness and Organized Struggles*, New Delhi：Popular Prakashan, 1991.

Albrecht Schnabel, and Rohan Gunaratna eds, *Wars from Within：Understanding and Managing Insurgent Movements*, London：Imperial College Press, 2015.

Alexander B. Downes, "Desperate Times, Desperate Measures：The Causes of Civilian Victimization in War", *International Security*, 30（4）, 2006.

Alexander B. Downes, "Draining the Sea by Filling the Graves：Investigating the Effectiveness of Indiscriminate Violence as a Counterinsurgency Strategy", *Civil Wars*, 9（4）, 2007.

Alfred Stepan, Juan J. Linz, and Yogendra Yadav, *Crafting State-Nations：India and Other Multinational Democracies*, Baltimore, Maryland：Johns Hopkins University Press, 2011.

Ali Abdullatif Ahmida, *The Making of Modern Libya：State Formation, Colonization, and Resistance, 1830 – 1932*, Albany：State Univ. of New York Press, 1994.

Ali Ahmed, "Internal Security Crises in Punjab, Kashmir and Jaffna：The

Power of Moderation", *South Asian Survey*, 17 (2), 2010

Allen Hicken, Erik Martinez Kuhonta eds. , *Party System Institutionalization in Asia: Democracies, Autocracies, and the Shadows of the Past*, New York: Cambridge University Press, 2015.

All India Sikh Students Fedreation, http://aissf. in/.

Amanpreet Singh Gill, *Non-Congress Politics in Punjab (1947 – 2012)*, Amritsar: Bingh Brothers, 2015.

Amberish K Diwanji, "There is a limit to how much a country can take-The Rediff Interview/Lieutenant General Kuldip Singh Brar (retired)", 2004, http://in. rediff. com/news/2004/jun/04inter1. htm.

Amnesty International, "Civilian Casualties Rising in Sri Lanka Conflict", https://www. amnesty. org/en/latest/news/2009/04/victimas-civiles-aument-an-conflicto-sri-lanka-2009 0421/.

Anandpur Sahib Resolution, "Authenticated by Sant Harchand Singh Longowal", http://www. satp. org/satporgtp/countries/india/states/punjab/document/papers/anantpur_sahib_resolution. htm.

Anne Noronha Dos Santos, *Military Intervention and Secession in South Asia: the Cases of Bangladesh, Sri Lanka, Kashmir, and Punjab*, Connecticut: Greenwood Publishing Group, 2007.

AnyaMcGuirk, and Yair Mundlak, "Incentives and Constraints in the Transformation of Punjab Agriculture, Washington, DC: International Food Policy Research Institute", Research Report, No. 87, 1991.

Apurba Kundu, "The Indian Armed Forces' Sikh and Non-Sikh Officers' Opinions of Operation Blue Star", *Pacific Affairs*, 67 (1), 1994.

Arjun Chowdhury and Ronald R. Krebs, "Making and Mobilizing Moderates: Rhetorical Strategy, Political Networks, and Counterterrorism", *Security Studies*, 18 (3), 2009.

A. S. Sarhadi, *Punjabi Suba: The Story of the Struggle*, Delhi: U. C. Kapur & Sons, 1970.

Atul Kohli, *Democracy and Discontent: India's Growing Crisis of Governability*, Cambridge: Cambridge University Press, 1991.

Atul Kohli. ed. , *India's Democracy*：*An Analysis of Changing State-Society Relations*, Princeton：Princeton University Press, 1990.

Babbar Khalsa International, "South Asia Terrorism Portal（SATP）", https：//www. satp. org/satporgtp/countries/india/states/punjab/terrorist_outfits/BKI. htm.

Bhaskar Sarkar, *Tackling Insurgency and Insurgency*：*Blueprint for Action*, New Delhi：Vision, 1998.

Bidisha Biswas, *Managing Conflicts in India*：*Policies of Coercion and Accommodation*, Plymouth：Lexington, 2014.

Bommai verdict has checked misuse of Article 356, Frontline, 15（4）, 1998.

Bruce Hoffman, *Inside Terrorism*, New York：Colombia University Press, 2006.

Bueno de Mesquita, James D. Morrow, Randolph M. Siverson, and Alastair Smith, "An institutional explanation of the democratic peace", *American Political Science Review*, 93（4）, 1999.

Caleb Carr, *The Lessons of Terror*：*A History of Warfare against Civilians*, New York：Random House 2002.

C. Christine Fair, and Sumit Ganguly, eds. , *Policing Insurgencies*：*Cops as Counterinsurgents*, New Delhi：Oxford University Press, 2014.

C. Christine Fair, and Sumit Ganguly eds. , *Treading on Hallowed Ground*：*Counterinsurgency Operations in Sacred Spaces*, New Delhi：Oxford University Press, 2008.

C. Christine Fair, "Diaspora Involvement in Insurgencies：Insights from the Khalistan and Tamil Eelam Movements", *Nationalism and Ethnic Politics*, 11（1）, 2005.

C. Christine Fair, "Military Operations in Urban Areas：The Indian Experience", *India Review*, 2（1）, 2003.

C. Christine Fair and Sumit Ganguly, "Five Dangerous Myths about Pakistan", *The Washington Quarterly*, 38（4）, 2015.

Chand Joshi, *Bhindranwale*：*Myth and Reality*, New Delhi：Vikas Publishing

House, 1984.

Chris Smith, *The Diffusion of Small Arms and Light Weapons in Pakistan and Northern India. The Center for Defense Studies*, London: Brassey's, 1993.

Csaba Nikolenyi, "Recognition Rules, Party Labels and the Number of Parties in India: A Research Note", *Party Politics*, 14 (2), 2008.

Cynthia Keppley Mahmood, *Fighting for Faith and Nation: Dialogues with Sikh Militants*, Pennsyvania: University of Pennsylvania Press, 1996.

Daniel Byman, "The Logic of Ethnic Terrorism", *Studies in Conflict and Terrorism*, 21 (2), 1998.

Danny Hoffman, "The civilian target in Sierra Leone and Liberia: Political Power, Military Strategy, and Humanitarian Intervention", *African Affairs*, 103 (411), 2004.

Darshan Singh Tatla, *The Sikh Diaspora: The Search for Statehood*, London: UCL Press, 1999.

David Housego, "India Urged to Attack Camps in Pakistan Over Strife in Kashmir", *Financial Times*, April 9, 1990.

David Housego and Zafar Meraj, "Indian Premier Warns of Danger of Kashmir War", *Financial Times*, April 11, 1990.

David Mason, "Non-elite Response to State-sanctioned Terror", *Western Political Quarterly*, 42 (4), 1989.

David Rohde, "Army Enlists Anthropology in War Zones", *New York Times*, October 7, 2007.

David Siroky, and Valery Dzutsati, "The Empire Strikes Back: Ethnicity, Terrain, and Indiscriminate Violence in Counterinsurgencies", *Social Science Quarterly*, 96 (3), 2015.

David T. Mason, "Insurgency, Counterinsurgency, and the Rational Peasant", *Public Choice*, 86 (2), 1996.

David Westerlund, *Questioning the Secular State: The Worldwide Resurgence of Religion in Politics*, London: Hurst, 1996.

Dead Silence: The Legacy of Human Rights Abuses in Punjab, New York: Human Rights Watch, 1994.

Department of Economics and Statistics, *Statistical Outline of India* 2000 – 2001, Maharashtra: Tata Services, 2001.

Devin T. Hagerty, "Nuclear Deterrence in South Asia: the 1990 Indo-Pakistani Crisis", *International Security*, 20 (4), 1995.

Embassy of the United States in New Delhi, "U. S. Court Convicts Khalid Awan for Supporting Khalistan Commando Force", 20 December 2006, https://web. archive. org/web/20081211043630/http://newdelhi. usembassy. gov/pr122106b. html.

Emil Aslan Souleimanov and Huseyn Aliyev, "Evaluating the Efficacy of Indigenous Forces in Counterinsurgency: Lessons from Chechnya and Dagestan", *Small Wars & Insurgencies*, 27 (3), 2016.

Emil A. Souleimanov and Huseyn Aliyev, "Asymmetry of Values, Indigenous Forces, and Incumbent Success in Counterinsurgency: Evidence from Chechnya", *Journal of Strategic Studies*, 38 (5), 2015.

Emily Wax, "Tamil Tiger Rebels Admit Defeat in Sri Lanka, Vow to Silence Guns", *Washington Post*, http://www. washingtonpost. com/wp-dyn/content/article/2009/05/17/AR2009051700086. html.

Encyclopedia Britannica, "Nirankari", https://www. britannica. com/topic/Nirankari.

"Extremists in India Kill 80 on 2 Trains As Voting Nears End", *The New York Times*, June 16, 1991, http://www. nytimes. com/1991/06/16/world/extremists-in-india-kill-80-on-2-trains-as-voting-nears-end. html. https://www. nytimes. com/1988/05/29/world/india-bans-the-political-and-military-use-of-shrines. html.

"Four arrested for attack on Lt Gen K S Brar in London", *India Today*, http://indiatoday. intoday. in/story/four-arrested-for-attack-on-lt-gen-k-s-brar-in-london/1/223482. html.

Gail W. Lapidus, "Contested Sovereignty: The Tragedy of Chechnya", *International Security*, 23 (1), 1998.

"Gandhi Under Pressure to Oust Sikhs From Temple", *The New York Times*, May 11, 1998, https://www. nytimes. com/1988/05/11/world/gandhi-under-pressure-to-oust-sikhs-from-temple. html.

G. C. Malhotra, *Anti-Defection Law in India and Commonwealth*, Published for Lok Sabha Secretariat by Metropolitan Book Co., 2005.

GDP Capital of Indian States, http: //statisticstimes. com/economy/gdp-capita-of-indian-states. php.

Gil Merom, *How Democracies Lose Small Wars: State, Society, and the Failures of France in Algeria, Israel in Lebanon, and the United States in Vietnam*, Cambridge: Cambridge University Press, 2003.

Government of India, *Memorandum, Government of India, Commission on Centre-State Relations: Report. Part II*, New Delhi: Government of India Press, 1998.

Government of India, *The White Paper on the Punjab Agitation*, 1984.

G. S. Dhillon, *India Commits Suicide. Chandigarh*, India: Singh and Singh Publishers, 1992.

G. Singh. ed., *Punjab Today*, Delhi: Intellectual Publishing House, 1987.

"Gujarat riot death toll revealed", BBC, May 11, 2005.

Gurharpal Singh, and Ian Talbot. eds., *Punjabi Identity: Continuity and Change*, New Delhi: Manohar Publishers, 1996.

Gurharpal Singh, *Ethnic Conflict in India: A Case Study of Punjab*, London: MacMillan, 2000.

Gurharpal Singh, "Punjab since 1984: Disorder, Order, and Legitimacy", *Asian Survey*, 36 (4), 1996.

Gurharpal Singh, "The Punjab Crisis since 1984: A Reassessment", *Ethnic and Racial Studies*, 18 (3), 1995.

Gurmit Singh, *History of Sikh Struggles*, Vol. III, New Delhi: Atlantic, 1991.

Hamish Telford, "The Political Economy of Punjab: Creating Space for Sikh Militancy", *Asian Survey*, 32 (1), 1992.

Hannah Arendt, *On Violence*, New York: Harcourt, Brace and World, 1970.

Hari Jaisingh, *India after Indira: The Turbulent Years (1984 – 1989)*, New Delhi: Allied Publishers, 1989.

Harinder Baweja, and Ramesh Vinayak, "Slush Funds: Pay-Off Secrets", *India Today*, http: //indiatoday. intoday. in/story/scope-of-misuse-of-secret-funds-for-gathering-intelligence-remains-huge/1/288316. html.

Harish K. Puri, Paranmjit Singh Judge and Jarup Singh Sekhon, *Terrorism in Punjab: Understanding Grassroots Reality*, New Delhi: Har Anand Publications, 1999.

Harish Puri, "Anandpur Sahib Resolution: What Do the Akalis Really Want?", *Interdiscipline*, 15 (2), 1983.

Harnik Deol, *Religion and Nationalism in India: The Case of the Punjab*, 1960 – 1995, London: Routledge, 2000.

H. M. Rajashekara, "The Nature of Indian Federalism: A Critique", *Asian Survey*, 37 (3), 1997.

"I Have More Sikhs in My Cabinet than Modi: Canadian PM Trudeau", *The Indian Express*, March 13, 2016, http: //indianexpress. com/article/india/india-news-india/more-sikhs-in-my-cabinet-than-modi-canadian-pm/.

"India Bans the Political and Military Use of Shrines", *The New York Times*, May 29, 1988.

"India Deliverance: Rooting out Sikh extremists", *Time*, May 12, 1986, http: //content. time. com/time/magazine/article/0, 9171, 961349, 00. html.

"Indian Commandos Close in on Sikhs", *The New York Times*, May 18, 1988, http: //www. nytimes. com/1988/05/18/world/indian-commandos-close-in-on-sikhs. html.

"India's Premier Offers Concessions to Sikhs", *The New York Times*, January 12, 1990, Section A, https: //www. nytimes. com/1990/01/12/world/india-s-premier-offers-concessions-to-sikhs. html.

Ivan Arreguín-Toft, "How the Weak Win Wars: A Theory of Asymmetric Conflict", *International Security*, 26 (1), 2001.

Ivan Arreguín-Toft, "The [F] utility of Barbarism: Assessing the Impact of the Systematic Harm of Non-Combatants in War", paper presented at the annual meeting of the American Political Science Association, Philadelphia,

PA, August, 2003.

James D. Fearon, and David Laitin, "Ethnicity, Insurgency, and Civil War", *American Political Science Review*, 97 (1), 2003.

James Manor, "Party Decay and Political Crisis in India", *Washington Quarterly*, 4 (3), 1981.

James Manor, "Making Federalism Work", *Journal of Democracy*, 1998, 9 (3).

Jarnail Singh Khalsa Bhindranwale, translated by Ranbir Singh Sandhu, *Struggle for Justice: Speeches and Conversations of Sant Jarnail Singh Khalsa Bhindranwale*, Dublin, OH: Sikh Educational & Religious Foundation, 1999.

Jaskaran Kaur, and Barbara Crossette, *Twenty years of impunity: the November 1984 pogroms of Sikhs in India*, 2nd ed, Portland, OR: Ensaaf 2006.

Jason Lyall, "Are Coethnics More Effective Counterinsurgents? Evidence from the Second Chechen War", *American Political Science Review*, 104 (1), 2010.

Jason Lyall, "Does Indiscriminate Violence Incite Insurgent Attacks? Evidence from Chechnya", *Journal of Conflict Resolution*, 53 (2), 2009.

J. C. Aggarwal, and S. P. Agrawal, *Modern History of Punjab*, New Delhi: Concept Publishing Company, 1992.

Jeffrey T. Checkel, "It's the process stupid! Process tracing in the study of European and international politics", *Arena*, No. 26. , 2005.

Jerry Mark Long, and Alex S. Wilner, "Delegitimizing al-Qaida: Defeating an 'Army Whose Men Love Death'", *International Security*, 39 (1), 2014.

John Sullivan, *ETA and Basque Nationalism: The Fight for Euskadi*, 1890 – 1986, New York: Routledge, 1988.

Joyce Pettigrew, "Betrayal and Nation-building Among the Sikh", *Journal of Commonwealth and Comparative Politics*, 29 (1), 1991.

Joyce Pettigrew, "Martyrdom and Guerilla Organisation in Punjab", *Journal of Commonwealth and Comparative Politics*, 30 (3), 1992.

Joyce Pettigrew, *The Sikhs of the Punjab: Unheard Voices of State and Guerrilla Violence*, London: Zed Books Ltd. , 1995.

J. S. Grewal, and I. Banga eds. , *Punjab in Prosperity and Violence* 1947 – 1997, New Delhi: K. K. Publishers, 1998.

J. S. Grewal, *The Sikhs of the Punjab*, Revised Edition, New York: Cambridge University Press, 2008.

Jugdep S. Chima, "Controlling the Sunni Insurgency in Iraq: 'Political' and 'Military' Strategies from Successful Counterinsurgency in Punjab-India", *Small Wars and Insurgencies*, 18 (4), 2007.

Jugdep S. Chima, "The Punjab Crisis: Governmental Centralization and Akali-Center Relations", *Asian Survey*, 34 (10), 1994.

Jugdep S. Chima, *The Sikh Separatist Insurgency in India: Political Leadership and Ethnonationalist Movements*, New Delhi: Sage Publications, 2010.

Julio Ribeiro, *Bullet for Bullet: My Life as a Police Officer*, New Delhi: Penguin, 1998.

Kanwar Sandhu, and Ramesh Vinayak, "Beant Singh: Gaining Legitimacy, But Losing His Cool", *India Today*, June 17, 1993, http://indiatoday. intoday. in/story/gaining-legitimacy-but-losing-his-cool/1/302 413. html.

Kanwar Sandhu, "A timely reprieve", *India Today*, March 15, 1991, http:// indiatoday. intoday. in/story/in-the-second-phase-of-operation-rakshak-army-tries-to-avoid-mistakes-of-its-earlier-operations-in-punjab/1/317973. html.

Kanwar Sandhu, "In the second phase of Operation Rakshak, army tries to avoid mistakes of its earlier operations in Punjab", *India Today*, March 15, 1991, https://www. indiatoday. in/magazine/special-report/story/199103 15 – in-the-second-phase-of-operation-rakshak-army-tries-to-avoid-mistakes-of-its-earlier-operations-in-punjab – 814145 – 1991 – 03 – 15.

Kanwar Sandhu, "Punjab: The Wages of Terrorism", *India Today*, October 31, 1992, http://indiatoday. intoday. in/story/militants-carve-out-mini-empires-acquiring-land-trucks-houses-and-gurdwaras/1/307967. html.

Karen S. Cook eds. , *Whom Can We Trust? How Groups, Networks, and Institutions Make Trust Possible*, New York: Russell Sage Foundation, 2009.

"Karuna removed from the LTTE", TamilNet, March 6, 2004, http://www. tamilnet. com/art. html? catid = 13&artid = 11391.

Keith Surridge, "An example to Be Followed or a Warning to Be Avoided? The British, Boers, and Guerrilla Warfare, 1900 – 1902", *Small Wars & Insurgencies*, 23 (4), 2012.

"Khalistan terror camp in Canada plotting attacks in Punjab: India to Trudeau govt", *The Times of India*, May 30, 2016, http: //timesofindia. indiatimes. com/india/Khalistan-terror-camp-in-Canada-plotting-attacks-in-Punjab-India-to-Trudeau-govt/articleshow/52495693. cms.

Khushwant Singh, *A History of the Sikhs*, Volume 2, 1839 – 2004, New Delhi: Oxford University Press, 2004.

Khushwant Singh, *My Bleeding Punjab*, New Delhi: UBSPD, 1992.

K. P. S. Gill, and Ajai Sahni, eds. , *Terror and Containment: Perspectives on India's Internal Security*, New Delhi: Gyan, 2001.

K. P. S. Gill, "Endgame in Punjab: 1988 – 1993", Faultlines, 1 (1), 1999, http: //www. satp. org/publication/faultlines/volume/articles3_htm.

K. P. S. Gill, *The Knights of Falsehood*, New Delhi: Har Anand, 1997.

Kripal Dhillon, *Time Present & Time Past: Memoirs of A Top Cop*, New Delhi: Penguin, 2013.

Krishna K. Tummala, "India's Federalism under Stress", *Asian Survey*, 32 (6), 1992.

Krisitin M. Bakke, "State, Society, and Separatism in Punjab", *Regional and Federal Studies*, 19 (2), 2009.

Kristin M. Bakke, *Decentralization and Intrastate Struggles: Chechnya, Punjab, and Quebec*, New York: Cambridge University Press, 2015.

Kuldip Nayar, and Khushwant Singh, *Tragedy in Punjab*, New Delhi: Vision Books, 1984.

Kuldip Nayar, and Khushwant Singh, *Tragedy of Punjab: Operation Bluestar and After*, New Delhi: South Asia Books, 1985.

Lakhwinder Singh, and Nirvikar Singh. eds. , *Economic Transformation of a Developing Economy: The Experience of Punjab, India*, Singapore: Springer, 2016.

Lakshmi Krishnamurti, R. Swaminathan and Gert W. Kueck. eds. *Responding to*

Terrorism：*Dilemmas of Democratic and Developing Societies*，Madras：Book-venture，2003.

Lee J. M. Seymour，Kristin M. Bakke and Kathleen Gallagher Cunningham，"Epluribus unum，ex uno plures：Competition，Violence，and Fragmentation in Ethnopolitical Movements"，*Journal of Peace Research*，53（1），2016.

Lisa Hultman，"Battle Losses and Rebel Violence：Raising the Cost of Fighting"，*Terrorism and Political Violence*，19（2），2007.

Los Angeles Times，"Sikh Leader in Punjab Accord Assassinated"，August 21，1985，*Los Angeles Times*，http：//articles. latimes. com/1985 – 08 – 21/news/mn – 1021_1_sikh-militants.

Lt. General K. S. Brar，*Operation Blue Star*：*the True Story*，New Delhi：UB-SPD，1993.

Maloy Krishna Dhar，*Open Secrets*：*India's Intelligence Unveiled*，New Delhi：Manas Publications. 2005.

Manoj Josh，"K. P. S. Gill（1934 – 2017）：The man who finished Khalistani terrorism in Punjab"，scroll，May 27，2017，https：//scroll. in/article/838859/kps-gill – 1934 – 2017 – the-man-who-finished-khalistani-terrorism-in-punjab.

Marco Corsi，"Communalism and the Green Revolution in Punjab"，*Journal of Developing Societies*，22（2），2006.

Mark I. Lichbach，*The Rebels Dilemma*，Ann Arbor，MI：University of Michigan Press，1995.

Mark Tully，and Satish Jacob，*Amritsar*：*Mrs. Gandhi's Last Battle*，London：Jonathan Cape，1985.

Martha Crenshaw. ed. ，*Terrorism in Context*，University Park，PA：Pennsylvania State University Press，1995.

Martin E. Marty，and R. Scott Appleby. eds. ，*Fundamentalisms and the State*：*Remaking Polities，Economies，and Militance*，Chicago：University of Chicago Press，1993.

Martin E. Marty，and R. Scott Appleby. eds. ，*Fundamentalisms Observed*，Chicago: University of Chicago Press, 1991.

"Massive Turnout at Hola Mohala: Conference Re-endorses Khalistan", *World Sikh News*, March 31, 1989.

Matthew J. Webb, and Albert Wijeweera eds. , *The Political Economy of Conflict in South Asia*, London: Palgrave Macmillan, 2015.

Maya Chadda, *Ethnicity, Security, and Separatism in India*, New York: Columbia University Press, 1996.

M. G. Khan, "Coalition Government and Federal System in India", *The Indian Journal of Political Science*, 64 (3), 2003.

Michael E. Brown. ed. , *The International Dimensions of Internal Conflict*, Cambridge, Mass. : MIT Press, 1996.

"Michael Hamlyn. Journalists removed from Amritsar: Army prepares to enter Sikh shrine", *The Times*, June 6, 1984.

Michael Hechter, *Containing Nationalism*, New York: Oxford University Press, 2000.

Michael Hector, "Nationalism as Group Identity", *Ethnic and Racial Studies*, 10 (4), 1987.

Michael J. Engelhardt, "Democracies, Dictatorships, and Counterinsurgency: Does Regime Type Really Matter?", *Conflict Quarterly*, 12 (3), 1992.

Monohar Singh Gill, "The Development of Punjab Agriculture, 1977 – 80", *Asian Survey*, 23 (7), 1983.

Murray J. Leaf, "The Punjab Crisis", *Asian Survey*, 25 (5), 1985.

Nathan Leites, and Charles Wolf, *Rebellion and Authority: An Analytic Essay on Insurgent Conflicts*, Chicago, IL: Markham, 1970.

Navjeevan Gopal, "Beant and I survived terror attacks by spending nights at unknown places: Health minister", *The Indian Express*, April 8, 2014, https: //indianexpress. com/article/india/india-others/beant-and-i-survived-terror-attacks-by-spending-nights-at-unknown-places-health-minister/.

Nelson Kasfir, "Guerillas and Civilian Participation: The National Resistance Army in Uganda, 1981 – 86", *Journal of Modern African Studies*, 43 (2), 2005.

Nil S. Satana, Molly Inmanand Jóhanna Kristín Birnir, "Religion, Government Coalitions, and Terrorism", *Terrorism and Political Violence*, 25 (1), 2013.

Nirmala Ravishankar, "The Cost of Ruling: Anti-Incumbency in Elections", *Economic and Political Weekly*, 44 (10), 2009.

Nitin Gokhale, "Ajit Doval: The Spy who Came in from the Cold", NDTV, May 30, 2014, https://www.ndtv.com/people/ajit-doval-the-spy-who-came-in-from-the-cold-564734.

"Now, Gill slams author of Operation Black Thunder", July 29, 2002, Rediff.com, http://www.rediff.com/news/2002/jul/29onkar.htm.

Office of the Registrar General & Census Commissioner, India. Population by religious community: Punjab, 2011 Census of India, http://www.censusindia.gov.in/2011census/C-01/DDW03C-01%20MDDS.XLS.

Partha Chhibber, *Democracy without Associations: Transformation of the Party System and Social Cleavages in India*, New Delhi: Vistaar, 1999.

Partha S. Ghosh. ed., *Rivalry and Revolution in South and East Asia*, Aldershot, England: Ashgate Publishing, 1997.

"Pathnic Committee Disowns Gurjit Singh", *World Sikh News*, May 13, 1988.

Paul R. Brass, *Ethnicity and Nationalism: Theory and Comparison*, New Delhi: Sage, 1991.

Paul R. Brass, *Language, Religion and Politics in North India*, New York: Cambridge University Press, 1974.

Paul Staniland, *Networks of Rebellion: Explaining Insurgent Cohesion and Collapse*, Ithaca, NY: Cornell University Press, 2014.

Peter Janke. ed., *Ethnic and Religious Conflicts*, Aldershot, England: Dartmouth, 1994.

Philip Hultquist, "Countering Khalistan: Understanding India's Counter-Rebellion Strategies during the Punjab Crisis", *Journal of Punjab Studies*, 22 (1), 2015.

P. N. Hoon, *Unmasking Secrets of Turbulence: Midnight Freedom to a Nuclear*

Dawn, New Delhi: Manas, 2000.

"Political Package: Many Jodhpur detainees to be freed", *TheTribune*, March 4, 1989.

Prakarsh Singh, "Impact of Terrorism on Investment Decisions of Farmers: Evidence from the Punjab Insurgency", *Journal of Conflict Resolution*, 57 (1), 2013.

Prakash Singh, *Kohima to Kashmir: On the Terrorist Trail*, New Delhi: Rupa, 2001.

Pranab Mukherjee, *The Turbulent Years: 1980 – 1996*, New Delhi: Rupa Publications India, 2016.

Pratap B. Mehta, "Reform Political Parties First", *Seminar*, No. 297, January, 2001.

Praveen Donthi, "What Ajit Doval did during Operation Black Thunder Ⅱ", *The Caravan*, Februaruy 11, 2019. https://caravanmagazine.in/government/ajit-doval-operation-black-thunder-excerpt.

Praveen Swami, "To Bottle the Genie: The Police and Human Rights in Punjab", *Frontline*, November 18, 1994.

P. R. Chari, Pervaiz Iqbal Cheema, and Stephen P. Cohen, *Perception, Politics and Security in South Asia: The Compound Crisis of 1990*, London: RoutledgeCurzon, 2003.

Prem Mahadevan, "The Gill Doctrine: Model for 21st Century Counter-terrorism?", Faultlines, Volume 19, April, 2008.

Prem Mahadevan, *The Politics of Counterterrorism in India: Strategic Intelligence and National Security in South Asia*, London: I. B. Tauris & Company Ltd. , 2012.

Pritam Bhullar, *The Sikh Mutiny*, New Delhi: Siddharth Publications, 1987.

Pritam Singh, and Navtej K. Purewal, "The resurgence of Bhindranwale's image in contemporary Punjab", *Contemporary South Asia*, 21 (2), 2013.

Pritam Singh, "Class, nation and religion: changing nature of Akali Dal politics in Punjab, India ", *Commonwealth & Comparative Politics*, 52 (1), 2014.

Pritam Singh, *Federalism, Nationalism and Development: India and the Punjab Economy*, New Delhi: Routledge, 2008.

Pritam Singh, "The Political Economy of the Cycles of Violence and Non-Violence in the Sikh Struggle for Identity and Political Power: Implications for Indian Federalism", *Third World Quarterly*, 28 (3), 2007.

"Punjab on edge over hanging of Beant Singh's killer Balwant Singh Rajoana", *India Today*, March 28, 2012.

Rajat Ganguly, "The Move towards Disintegration: Explaining Ethnosecessionist Mobilization in South Asia", *Nationalism and Ethnic Politics*, 3 (2), 1997.

Rajiv-Longowal Accord, 1987, http: //www. sikhcoalition. org/about-sikhs/history/rajiv-longowal-accord.

Rajni Kothari, and Gobinda Mukhoty, *Who are the Guilty?*, New Delhi: People's Union for Democratic Right and People's Union for Civil Liberties, 1984.

Rajshree Jetly, "The Khalistan Moverment in India: The Interplay of Politics and State Power", *International Review of Modern Sociology*, 34 (1), 2008.

Ramachandra Guha, *India After Gandhi: The History of the World's Largest Democracy*, London: Macmillan, 2007.

Ramesh Vinayak, "Kashmir: Sliding into Gloom", *India Today*, 31 January, 1996.

Ramesh Vinayak, "Punjab: Prowling for a Living", *India Today*; December 15, 1995, http: //indiatoday. intoday. in/story/system-of-inducting-terrorists-as-double-agents-leaves-them-at-mercy-of-police-in-punjab/1/289745. html.

Ranjit K. Pachnanda, *Terrorism and Response to Terrorist Threat*, New Delhi: UBS Publishers, 2002.

Reed M. Wood, Jacob D Kathman and Stephen E Gent, "Armed Intervention and Civilian Victimization in Intrastate Conflicts", *Journal of Peace Research*, 49 (5), 2012.

R. G. Frey, and Christopher W. Morris. eds. , *Violence, Terrorism, and Justice*,

Cambridge: Cambridge University Press, 1991.

"Rival of Singh Becomes India Premier", *The New York Times*, November 10, 1990, https: //www. nytimes. com/1990/11/10/world/rival-of-singh-becomes-india-premier. html.

R. J. Rummel, "Democracy, Power, Genocide, and Mass Murder", *Journal of Conflict Resolution*, 39 (1), 1995.

Robert Art and Louise Richardson eds. , *Democracy and Counterterrorism*, Washington, D. C. : United States Institute of Peace, 2007.

Robert Desmond King, *Nehru and the Language Politics of India*, London: Oxford University Press, 1997.

Robert Jervis, "Cooperation Under the Security Dilemma", *World Politics*, 30 (2), 1978.

Robert Jervis, "Deterrence Theory Revisited", *World Politics*, 31 (2), 1979.

"Rwandan troops withdraw from Congo", BBC, February 15, 2009, http: //news. bbc. co. uk/2/hi/africa/7909897. stm.

Salman Akhtar, and Mary Kay O'Neil. eds. , *On Freud's the Future of an Illusion*, London: Jarnac Books, 2009.

Sameer Prem Lalwani, "Selective Leviathans: Explaining State Strategies of Counterinsurgency and Consolidation", PhD Dissertation, Massachusetts Institute of Technology, 2014.

Sandy Gordon, "Resources and Instability in South Asia", *Survival*, 35 (2), 1993.

Sarab Jit Singh, *Operation Black Thunder: An Eyewitness Account of Terrorism in Punjab*, New Delhi: SAGE, 2002.

Sebastian Schutte, "Violence and Civilian Loyalties: Evidence from Afghanistan", *Journal of Conflict Resolution*, 2016, 61 (8).

Sehar Mushtaq, "Identity Conflict in Sri Lanka: A Case of Tamil Tigers", *International Journal of Humanities and Social Science*, 2 (15), 2012.

Seymour M. Hersh, "A Reporter At Large: On the Nuclear Edge", *New York Times*, March 29, 1993.

"SGPC sacks head priests", *The Tribune*, May 31, 1988.

Shale Horowitzand Deepti Sharma, "Democracies Fighting Ethnic Insurgencies: Evidence from India", *Studies in Conflict & Terrorism*, 3 (8), 2008.

Shantha K. Hennayake, "The Peace Accord and the Tamils in Sri Lank", *Asian Survey*, 29 (4), 1989.

Shekhar Gupta, and Kanwar Sandhu, "K. P. S. Gill: 'Pakistan has lost'", *India Today*, http://indiatoday. intoday. in/story/you-can-say-i-have-vested-interest-in-restoring-normalcy-in-punjab-k-p-s-gill/1/302041. html.

Shekhar Gupta, "Arms for the Asking", *India Today*, July 31, 1989.

Shekhar Gupta, "Punjab: The Rule of Gun", *India Today*, January 15, 1991, http://indiatoday. intoday. in/story/punjab-militants-create-conditions-of-anarchy-hold-the-state-to-ransom/1/3177 28. html.

Shekhar Gupta, "There will be no sell-out of the Sikh community: Jasbir Singh Rode", *India Today*, March 31, 1988, https://www. indiatoday. in/magazine/special-report/story/19880331 – there-will-be-no-sell-out-of-the-sikh-community-jasbir-singh-rode – 797086 – 1988 – 03 – 31.

Shekhar Gupta and Vipul Mudgal, "Punjab: A Risky Move", *India Today*, March 31, 1988, https://www. indiatoday. in/magazine/special-report/story/19880331-centre-launches-carrot-and-stick-policy-in-punjab – 797064 – 1988 – 03 – 31.

Shinder Purewal, *Sikh Ethnonationalism and the Political Economy of Punjab*, New Delhi: Oxford University Press, 2000.

Shiromani Gurdwara Parbandhak Committee, http://sgpc. net/.

Shiromani Gurdwara Parbandhak Committee, *The Quintessence of Sikhism*, Amritsar: Golden Offset Press, 2017.

"Sikh group seeks prosecution of Modi in Canada", *India Today*, Apr 9, 2015.

"Sikh Human Rights Group Pushes for Charges Against Indian PM", *Toronto Star*, Apr 9, 2015.

"Sikhs attack India trains, killing 126", *Chicago Sun-Times*, https://www. highbeam. com/doc/1P2 – 4059486. html.

"Sikhs kill ex-army chief, massacre revenge hinted", *Chicago Sun-Times*, August 11, 1986.

"Sikhs Surrender to Troops at Temple", *The New York Times*, May 19, 1988, http: //www. nytimes. com/1988/05/19/world/sikhs-surrender-to-troops-at-temple. html.

"Sikh Who Promoted Truce is Shot to Dead", *The New York Times*, July 11, 1990, https: //www. nytimes. com/1990/07/11/world/sikh-who-promoted-truce-is-shot-to-death. html.

Sikiwiki, Amritdhari, http: //www. sikhiwiki. org/index. php/Amritdhari.

South Asia Terrorism Portal, www. satp. org.

S. R. Bommai vs. Union of India, *India Supreme Court Judgments*, 1994, www. indiacourts. in.

Stanley Kochanek, and Robert Hardgrave, *India: Government and politics in a developing nation*, New Delhi: Cengage Learning, 2007.

Stathis Kalyvas, The Logic of Violence in Civil War. Cambridge: Cambridge University Press, 2006.

Stathis N. Kalyvas, and Matthew A. Kocher, "How 'Free' is Freeriding in Civil Wars: Violence, Insurgency, and the Collective Action Problem", *World Politics*, 2007, 59 (2).

Stathis N. Kalyvas, "Wanton and Senseless? The Logic of Massacres in Algeria", *Rationality and Society*, 1999, 11 (3).

Stathis N. Kalyvas, "The Logic of Terrorism in Civil War", *Journal of Ethics*, 2004, 8 (1).

Stathis N. Kalyvas, "The Ontology of 'Political Violence': Action and Identity in Civil Wars", *Perspectives on Politics*, 2003, 1 (3).

Statistical Abstract of Punjab 1988, Economic and Statistical Organization, Government of Punjab, 1989.

Steven I. Wilkinson, *Army and Nation: the Military and Indian Democracy since Independence*, New Delhi: Ashoka, 2015.

Subhash C. Kashyap, "The Politics of Defection: The Changing Contours of the Political Power Structure in State Politics in India", *Asian Survey*, 1970.

Sudha Pai, *Dalit Assertion and the Unfinished Democratic Revolution*, New Delhi: Sage, 2002.

Sumit Ganguly, and David P. Fidler eds. , *India and Counterinsurgency: Lessons Learned*, London: Routledge, 2009.

Sumit Ganguly, "Ethno-religious Conflict in South Asia", *Survival*, 35 (1), 1993.

"Takht chief under fire", *The Tribune*, May 5, 1988.

"Talks only on 'Khalistan' ", *The Tribune*, April 12, 1988.

Tarun J. Tejpal, and Ramesh Vinayak, "Punjab: New Signs of Confidence", *India Today*, September, 15, 1992, http: //indiatoday. intoday. in/story/anti-terrorist-campaign-gives-punjab-police-an-edge-but-staying-on-top-to-prove-difficult/1/307655. html.

Tavleen Singh, "Julio Francis Ribeiro: 'No chance of success' ", *India Today*, May 15, 1987, http: //indiatoday. intoday. in/story/no-terrorism-can-be-fought-unless-you-win-hearts-and-minds-of-people-says-julio-francis-ribeiro/1/337049. html.

Tavleen Singh, *Kashmir: A Tragedy of Errors*, New Delhi: Viking, 1995.

Tavleen Singh, "Prophet of Hate: J S Bhindranwale", *India Today*, June 20, 2008, http: //www. india-today. com/itoday/millennium/100people/jarnail. html.

Ted Robert Gurr, *Peoples versus States*, Washington, D. C. : United States Institute of Peace Press, 2000.

The Constitution of India, The text is authenticated by the Ministry of Law and Justice, http: //lawmin. nic. in/olwing/coi/coi-english/coi-indexenglish. htm.

The Government of Punjab, India, Human Development Report 2004, Punjab, 2004.

The Hindu, Revisiting Punjab's secret search for peace, Chennai, India October 1, 2007.

The Religious Institutions (Prevention of Misuse) Act, September 1, 1988, www. mha. nic. in.

The Sikh Encyclopedia, "The Modern History of Skihs (1947 – present)", ht-

tps：//www. thesikhencyclopedia. com/the-modern-history-of-sikhs － 1947 －
present/population.

Thomas Schelling, *Arms and Influence*, New Haven：Yale University Press,
1966.

V. D. Chopra, R. K. Mishra and Nirmal Singh, *Agony of the Punjab*, New Delhi：
Patriot, 1984.

Ved Marwah, *Uncivil Wars*：*Pathology of Terrorism in India*, New Delhi：
Centre for Policy Research, 1996.

V. Grover, ed. , *The Story of Punjab Yesterday and Today*, Vol. 2 （2nd
edn）, New Delhi：Deep and Deep, 1999.

Vinay Sitapati, *Half Lion*：*How P. V. Narasimha Rao Transformed India*, New
Delhi：Penguin, 2016.

Vipul Mudgal, "Black Thunder's silver lining", *Hindustan Times*, May 13,
2008, https：//www. hindustantimes. com/india/black-thunder-s-silver-lin-
ing/story-yuadJLyFw8QlxJscUp3LLN. html.

"Vipul Mudgal and Shekhar Gupta. Success of Operation Black Thunder in Am-
ritsar clears Golden Temple Complex of terrorists", *India Today*, June 15,
1988, https：//www. indiatoday. in/magazine/cover-story/story/19880615-
success-of-operation-black-thunder-in-amritsar-clears-golden-temple-complex-
of-terrorists － 797338 － 1988 － 06 － 15.

"VP Urges Nation to Be Ready as Pak Troops Move to Border", *Times of Indi-
a*, April 11, 1990.

Walter Reich. ed. , *Origins ofTerrorism*：*Psychologies*, *Ideologies*, *Theologies*,
States of Mind, Washington D. C. ：Woodrow Wilson Center Press, 1998.

W. A. Wiswa Warnapala, *Ethnic Strife and Politics in Sri Lanka*：*An investiga-
tion into demands and responses*, New Delhi：Navrang, 1994.

William S. Latimer, *What Can the United States Learn from India to Counter-
Terrrorism?*, Monterey, CA：US Naval Post Graduate School, 2004.

"Will make peaceful push for Khalistan, says Dal Khalsa", *The Tribune*, Au-
gust 13, 2018, https：//www. tribuneindia. com/news/punjab/will-make-
peaceful-push-for-khalistan-says-dal-khalsa/636999. html.

World Bank, "Resuming Punjab's Prosperity", by Poverty Reduction and Economic Management Sector Unit, South Asia Region, Washington, D. C. : World Bank, 2004, http://documents. worldbank. org/curated/en/391351 468751535050/Resuming-Punjabs-prosperity-the-opportunities-and-challenges-ahead.

Yatish Yadav, "Return of the Superspy", *The New Indian Express*, June 7, 2014, https://www. newindianexpress. com/magazine/2014/jun/08/Return-of-the-Superspy –622565. html.

Yoav Gortzak, "Using Indigenous Forces in Counterinsurgency Operations: The French in Algeria, 1954 – 1962", *Journal of Strategic Studies*, 32（2）, 2009.

Yonah Alexander, David Carlton and Paul Wilkinson eds. , *Terrorism: Theory and Practice*, Bolder: Westview Press, 1979.

"You Are Not Acting Against Any Religion But Against a Section of Misguided People", June 9, 2004, Rdeiff. com, http://in. rediff. com/news/2004/ jun/07inter1. htm.

致　谢

　　本书是在我的博士论文基础上整理出来的。感谢我的导师阎学通教授，让我在锡克问题研究上快意前行，没有阎老师的鼓励和支持，我难以挑战这个选题并坚持到最后。即使缩小到国别研究范畴，锡克问题也是一条少有人走的路，困难和挑战不少，但一路走来却踏实快乐。2016年发表的《联邦制度与国内和平》，帮助我确定了研究选题，对锡克问题历史过程的梳理让我有了从冲突解决理论方面进行思考和总结的基础。2018年发表的《暴力方式与民心向背》体现出的解释框架已经日渐成熟，在此之前收到匿名评审老师先后提出近万字的评审意见，帮助我完善了论文的写作和思考。

　　2018年留校工作以后，在整理书稿的过程中进一步聚焦问题和细化案例研究，2020年发表的《同族群平叛优势理论再思考》进一步细化了原先的论证框架，该文也标志着我完成了在锡克问题上的研究计划，两年一台阶，完成了锡克研究三步走计划，在这三篇论文基础上，书稿得以顺利成形。自己能从整个过程感受到每一次小小的进步，学术研究带来的成就感和满足感也一点点释放，深远绵长。

　　阎老师治学严谨，在指导学生时强调以身作则，也强调循循善诱，博士论文观点和结构的成形，正是在无数次老师给予的启发式谈话中逐渐成形的。得良师如此，别无所求。耳濡目染之下，我开始深刻理解为学术而生活是一种什么样的思想境界，也知道了做一个诚实和正直的学者，需要具备多么大的勇气。阎老师强调博士研究生期间要了解和实现读书的异化，我也慢慢地有所感悟：如果说读书是我此前求学乃至谋生的手段，那么如今读书已经异化成为目的，我的生活目的已经是读书，读书即是我的生活。

　　我也曾愉快地与我爱人分享类似心得，她的即时回应甚是尖锐："那你生活的手段是什么"，急智之下我答曰"教书"，博得她一笑的同时算是通过了一次小小的考验。不过细想也确实如此，如今我已经追随父亲和大哥的脚步，成为一名光荣的教师。如果说读书已经是我生活的目的，那么教书就将是我生活的手段，未来如能进入教学相长的境界，学术生涯将别无他求。

　　本书的出版也宣告我在锡克问题上的研究暂告一段落，同时也意味着下一项研究的开始，我对于印度国内安全问题的兴趣和关注仍将持续。电影《阿甘正传》里，阿甘总是提到妈妈的话："人生就像巧克力，我们永远不知道下一块是什么口味。"想来这句话最能体现我对自己走上学术道路的感悟。人生就像巧克力，这个比喻本身传递的就是一种乐观向上的情绪，因为是巧克力，无论哪种口味，它的味道大概都不会太差。就如学术一样，能够从事自己喜欢的研究，无论接下来从事哪项研究，它带来的喜悦感都不会太差。

　　感恩在人生旅途中，能有数次机会尝试不同的道路：2004 年本科毕业之后，父母和大哥在家庭困难的情况下支持我放弃意向工作继续考研深造；2008 年硕士研究生毕业之后，我进入职场，打拼四年之后又回归学堂的想法，在妻子和父母的理解与支持之下，我再次获得五年半的奢侈时光，在几近而立之年可以全身心地去追求学术梦想。

　　面对生活慷慨赋予的机会，我也愿意回报以最投入的工作和最长情的坚持。感谢我的父母，他们给予我生命、爱和精神依靠，没有他们一直以来默默的支持，我无法坚持到现在。感谢我的妻子，她自始至终的理解、支持和陪伴，让我能放心选择学术这条更难走的路，并坚持至今。五年前儿子小午加入我们这个小家庭，让初为人父的我在苦读的日子里，有了无数天使般笑声的陪伴，在书稿完成之际，小女儿安安的降临，让我今后在学术道路上有了更多砥砺前行的恒久动力。

谢　超

2020 年冬月于清华园